ISBN 2 – 7192 – 0310 – 6

LES merveilles DE LA nature

PAR

B. M. PARKER

avec la collaboration de

R. BALLAND et R. CAZALAS
Agrégés des Sciences Naturelles
Professeurs au Lycée Henri IV

DEUX COQS D'OR

NOTE DE L'ÉDITEUR

Les matériaux qui constituent la Terre, les Plantes et les Animaux qui nous entourent, et la vie au cours des temps passés, autant de sujets qui suscitent naturellement un vif intérêt chez les jeunes. Partir de cet intérêt spontané pour éclairer la compréhension de la Nature, tel est le but de cet ouvrage :

LES MERVEILLES DE LA NATURE

De nombreuses figures aideront le lecteur à reconnaître Roches et Fossiles, Animaux et Plantes. Et, ce qui est plus important encore, ces figures illustreront les faits et les notions fondamentales sur le Monde et la Nature.

L'ouvrage donne toute leur valeur aux contacts personnels du lecteur avec la Nature. Un caillou brillant n'est pas seulement une jolie chose à mettre dans une collection, c'est aussi un fragment de l'une des pages qui nous révèlent l'histoire de la Terre. Un jardin n'est pas seulement un lieu où l'on récolte des légumes pour la table, ou des fleurs pour la joie des yeux; c'est aussi une collection de plantes acclimatées, venues de nombreux pays étrangers; il représente aussi les résultats de multiples essais faits dans la culture des végétaux. Et une Fourmi, ce n'est pas seulement un petit insecte désagréable, c'est l'une des quelques espèces animales qui, à côté de l'Homme, travaillent en communauté organisée.

En Science, les " vérités changent ", car des instruments plus perfectionnés et des méthodes de recherche meilleures nous permettent de serrer toujours de plus près les secrets de la Nature. Mais les notions fondamentales présentées dans cet ouvrage seront longtemps valables.

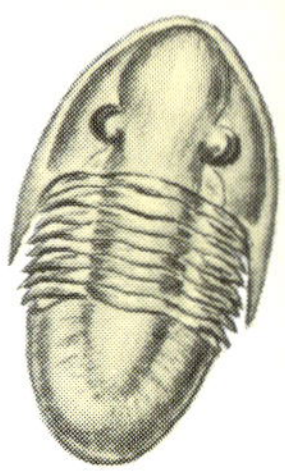

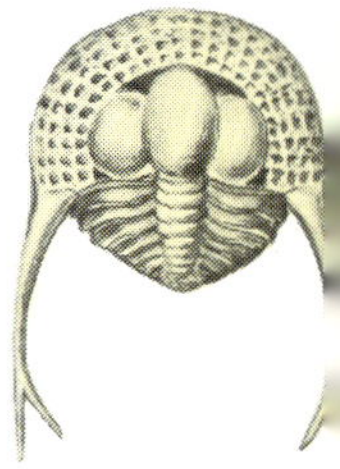

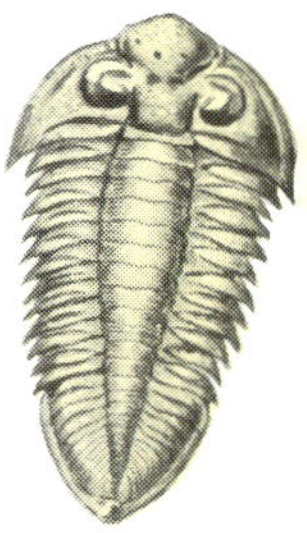

Il y a un demi-milliard d'années, tous les animaux vivaient dans l'eau.
Quelques-uns ressemblaient plus à des plantes qu'à des animaux.

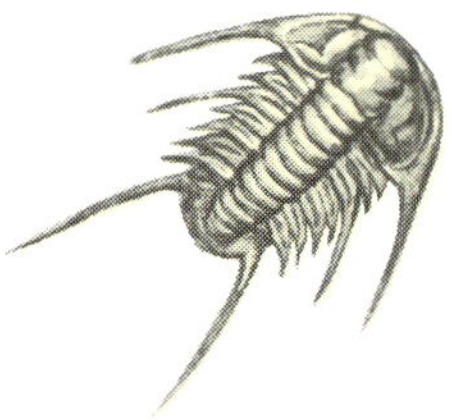

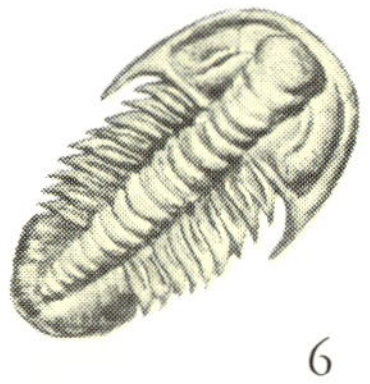

Une revue des animaux fossiles

Il y a un demi-milliard d'années, pullulaient déjà sur la Terre de nombreuses espèces animales. Mais le défilé de ces animaux — si on pouvait les faire défiler ! — ne serait pas très pittoresque. Ils vivaient dans l'eau, car les animaux de cette époque, — tout au moins ceux que nous connaissons —, étaient tous des animaux marins. De plus, ils étaient tous de petite taille.

Le centre de la scène, il y a un demi-milliard d'années, était tenu par les Trilobites. Si quelques-uns dépassaient à peine une dizaine de centimètres ils n'en étaient pas moins les plus gros animaux de l'époque et leur nombre était considérable.

Le nom de Trilobite fut donné à ces animaux des centaines de millions d'années après que le dernier eût disparu. Ils n'avaient point de nom lorsqu'ils vivaient; et le dernier même mourut longtemps, bien longtemps avant qu'il y eût quelqu'un sur la Terre pour leur donner un nom. Les savants les appelèrent Trilobites parce que la carapace qui les protégeait était divisée longitudinalement en trois lobes.

Les Trilobites furent les ancêtres lointains de nos Ecrevisses, de nos Crabes et de nos Homards. Ils peuplaient les eaux peu profondes des rivages marins. Avec leurs pattes articulées ils marchaient sur le fond de la mer tout comme font leurs descendants maintenant. Des branchies plumeuses leur permettaient de nager aussi bien que de respirer. Les Trilobites mangeaient d'autres animaux, sans doute des cadavres et aussi des animaux vivants. Ils mangeaient aussi des végétaux. De longues antennes et de gros yeux composés venaient à leur aide dans la recherche de leur nourriture.

Les Trilobites étaient des organismes bien simples comparés aux animaux actuels. Mais ils étaient déjà bien loin de la simplicité des premiers animaux. Un demi-milliard d'années ne représente nullement l'ancienneté de la vie sur la Terre. Peut-être y eut-il des animaux un milliard d'années avant l'apparition des premiers Trilobites. Les premiers animaux devaient être unicellulaires et minuscules. Les Trilobites, pensent les savants, se trouvent à peu près à mi-chemin entre les premiers animaux et l'Homme.

Durant cent millions d'années au moins, les Trilobites représentèrent la « classe régnante ». Mais ils avaient de nombreux voisins. Dès le début de leur règne, il y avait des Éponges, des Coraux et des Vers. Puis apparurent les ancêtres des Echinodermes et ceux des Gastéropodes et des Lamellibranches. Il y avait aussi des Brachiopodes, dont la coquille rappelle celle des Lamellibranches, mais dont le corps est tout différent à l'intérieur des deux valves de cette coquille. Les Éponges de ces périodes lointaines se fixaient aux rochers tout comme font les Éponges actuelles. Les Coraux construisaient eux-mêmes leur « édifice » calcaire et laissaient leur « maison » derrière eux après leur mort tout comme font les Coraux actuels. Etoiles de mer et Vers, Lamellibranches et Gastéropodes ressemblaient déjà suffisamment à ceux qui vivent aujourd'hui pour qu'il soit aisé de les reconnaître.

Plus tard les « Lis de mer » apparurent et devinrent abondants. Il en fut de même des Céphalopodes.

Les « Lis de mer » sont encore appelés « Crinoïdes » ou « Encrines ». Ceux qui vivaient à l'époque des Trilobites n'étaient pas très différents des Crinoïdes actuels. Ils ressemblaient davantage à des plantes qu'à des animaux, fixés aux rochers par des crampons semblables à des racines, avec une longue tige et des bras qui s'épanouissaient comme les pétales d'une fleur.

Les Céphalopodes étaient parents des Calmars actuels. Ils possédaient une coquille; certaines étaient enroulées comme des coquilles de Gastéropodes géants, d'autres étaient longues et droites. Sortaient par l'ouverture de la coquille la tête et les bras de l'animal.

La planche de la page ci-contre montre un Trilobite et un Céphalopode, trois Lis de mer et un récif de Coraux. Les polypes qui ont construit ce récif ne sont pas visibles. Une scène comme celle-ci était commune il y a quatre cent millions d'années.

Les Trilobites n'étaient pas tous exactement semblables à celui que l'on voit sur le fond de la mer. Beaucoup avaient une carapace plus compliquée; certaines présentaient de longs prolongements, sans que l'on puisse savoir si ces ornements étaient de quelque utilité.

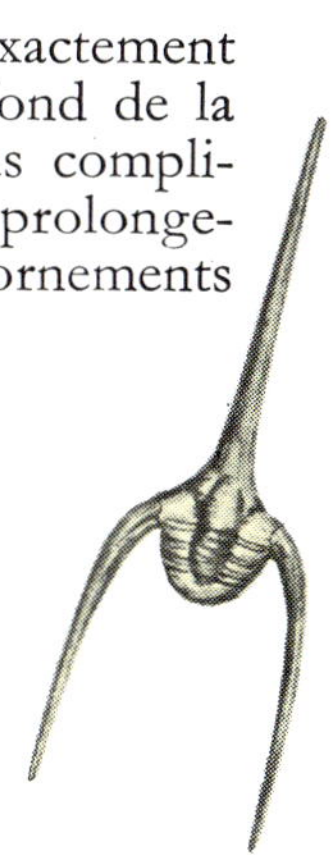

Des animaux vivant dans les mers anciennes

Durant une fort longue période, les Trilobites n'eurent pas de rivaux. Vint ensuite un moment où les Trilobites continuant à être très nombreux, les Céphalopodes devinrent cependant progressivement les maîtres des mers. Ils étaient plus gros que les Trilobites. Certains, aux coquilles droites *(Orthocères)* avaient plus de 6 mètres de long. Ces Céphalopodes étaient carnassiers et ils ont sans doute dévoré des quantités énormes de Trilobites. Comme ceux-ci, les Céphalopodes régnèrent sur les mers durant environ 100 millions d'années.

Les Trilobites survécurent au début du règne des Céphalopodes et pendant encore de nombreux millions d'années. Mais ils disparurent complètement voici quelque 200 millions d'années. On dit qu'ils s'éteignirent. De nombreuses espèces de Céphalopodes primitifs s'éteignirent aussi.

Ce serait une grave erreur que de penser que ces animaux des anciens rivages marins ont vécu précisément là où sont aujourd'hui les rivages de la mer. Les continents et les mers n'ont pas toujours été tels qu'ils sont aujourd'hui. Il fut un temps où les mers occupaient des régions comme le Bassin Parisien, les plaines du Nord de la France ou le Bassin d'Aquitaine et bien d'autres régions de par le monde qui sont aujourd'hui fort éloignées de la mer.

Le règne des Trilobites et celui des Céphalopodes sont parfois réunis sous l'appellation de règne des " animaux sans vertèbres ". Car les Trilobites, les Céphalopodes et les animaux voisins sont des Invertébrés. Ils n'ont pas d'os, leur squelette est externe.

Les savants divisent l'histoire de la Terre en longues périodes que l'on appelle les " ères ". Comme le montre le tableau des pages 178 et 179, le règne des animaux sans vertèbres, la période que l'on appelle parfois l' " Age des Invertébrés " correspond à la première partie de l'Ere Primaire que l'on appelle encore l'Ere Paléozoïque, c'est-à-dire l'Ere de la vie primitive.

La fin du Paléozoïque fut une période de calme et de silence. Pas un animal au monde n'avait de voix. Et de plus, sur les continents pas un animal qui aurait pu faire du bruit en courant. Seuls retentissaient le tonnerre et les bruits du vent et des vagues.

Les premiers animaux vertébrés furent des Poissons. Ils firent leur apparition alors que les Céphalopodes étaient la terreur des mers. Les premiers Poissons se répandirent rapidement. Et durant 50 millions d'années ils furent si nombreux qu'ils éclipsèrent tout à fait les animaux plus simples. La période qui vit leur apogée est couramment appelée " l'Age des Poissons ".

Les premiers Poissons avaient le corps et la tête couverts de plaques osseuses qui constituaient une véritable cuirasse. Certains n'avaient pas de mâchoires, tout comme les Lamproies actuelles. D'autres sont les lointains ancêtres de nos Requins. D'autres encore étaient des Dipneustes, c'est-à-dire des poissons à double respiration, qui pouvaient respirer à la fois avec des branchies et avec des poumons. Quand il y avait beaucoup d'eau, ils respiraient avec leurs branchies, tout comme les poissons ordinaires. Mais lorsque survenait la saison sèche, ils s'enfouissaient dans la vase et respiraient alors avec leurs poumons.

Dinichthys était l'un de ces Poissons cuirassés; *Din* veut dire terrible. C'était effectivement un poisson terrifiant. Long de 6 mètres et davantage, il possédait des mâchoires armées de dents pointues qui se refermaient avec force sur ses proies. Il est étrange que ce gros poisson féroce n'ait pu se perpétuer. Au cours des temps, il fut exterminé par des poissons ressemblant davantage aux poissons d'aujourd'hui.

Les Requins et les Dipneustes ne furent pas exterminés, mais ils devinrent moins abondants. Leur apogée était passée.

A l'Age des Poissons succéda la Période Carbonifère. C'est la dernière partie de l'Ere Paléozoïque. Au début de la Période Carbonifère, une grande partie de l'Europe occidentale était basse et marécageuse. Il en était de même de nombreuses régions sur le Globe. Des forêts poussaient dans ces marécages.

Les forêts étaient luxuriantes car le climat était doux et l'atmosphère, tout comme le sol,

Un poisson cuirassé : **Dinichthys** (1/60).

(1/3)
Araignée.

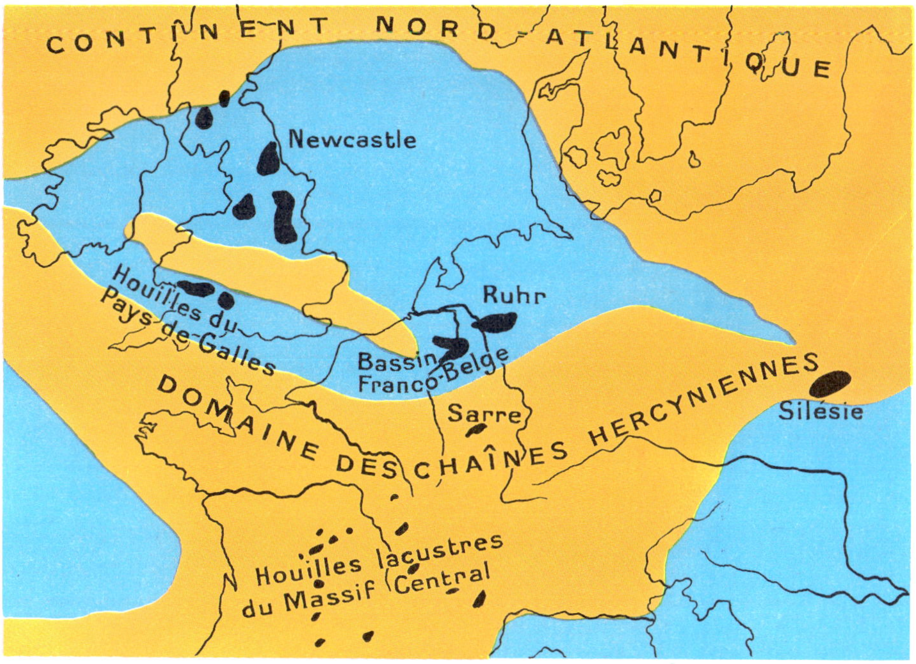

L'Europe occidentale à la Période Carbonifère

Libellule
(1/12).

Eryops
(1/40)

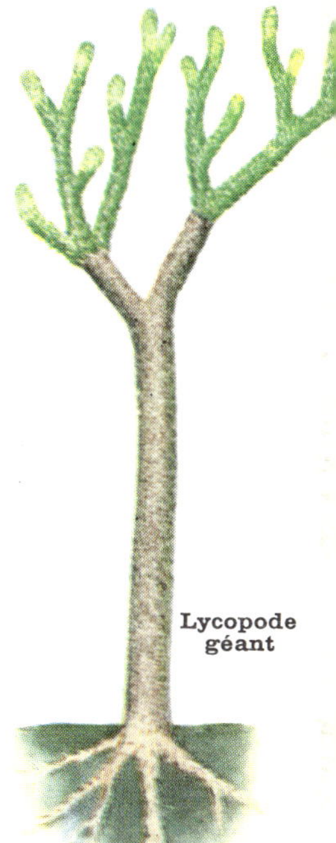

Lycopode
géant

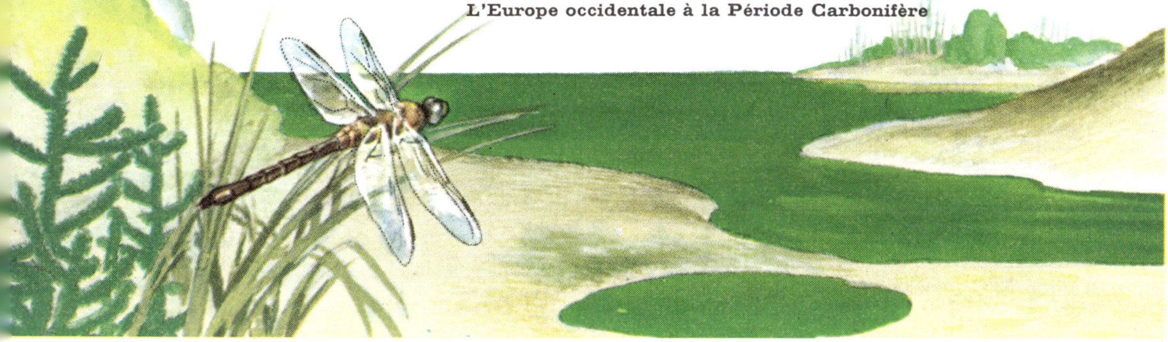

Un marécage de la Période Carbonifère

chargée d'humidité. Les arbres qui périssaient et tombaient dans les marécages, ne se décomposaient pas complètement. Ils formaient, au contraire, une couche épaisse de débris végétaux au fond du marais.

Dans ces marécages la profondeur de l'eau vint à augmenter progressivement, soit que le continent s'enfonçât doucement, soit que le niveau de la mer s'élevât : alors les eaux marines envahirent ces marécages. La transformation fut très lente, mais finalement, les forêts furent submergées. Les arbres noyés vinrent accroître les débris végétaux accumulés et la vase se déposa sur l'épaisse couche d'alluvions végétales.

Plus tard, la plus grande partie de l'eau qui couvrait ces anciens marécages se retira et de nouveau les forêts s'installèrent et prospérèrent. Et une nouvelle fois, ces forêts furent aussi noyées et ensevelies sous la vase.

Ainsi, maintes et maintes fois, les mêmes événements se succédèrent. A la fin, en bien des régions, nombreuses furent les couches végétales enterrées. Et, au cours des millénaires, ces couches furent transformées en charbon.

Les arbres qui constituaient les forêts carbonifères n'étaient pas des Chênes, des Ormes ou des Pins. Il n'y avait encore aucun des arbres de nos forêts actuelles, mais des Lycopodes géants, des Prêles et des Fougères.

La carte ci-dessus représente l'Europe occidentale telle qu'elle se présentait à l'époque Carbonifère. La mer couvrait alors une grande partie des terres aujourd'hui émergées.

Les animaux représentés de part et d'autre de la carte sont les animaux répandus à la Période Carbonifère. D'importantes transformations s'étaient manifestement produites dans le monde animal. Car ces trois animaux étaient des animaux terrestres, ou du moins passaient-ils la plus grande partie de leur vie sur la terre ferme. Le moment où un animal franchit le premier, avec succès, la frontière entre les eaux et les terres émergées fut l'un des épisodes les plus importants dans la longue histoire de la Terre.

Le premier animal qui vécut sur la terre ferme fut probablement voisin des Scorpions. Au temps des Trilobites, il y avait dans la mer des animaux semblables aux Scorpions. Ils gagnèrent les continents et les Araignées suivirent bientôt.

Plus tard apparurent les Insectes. Des Scorpions, des Araignées et des Insectes de diverses espèces étaient déjà bien installés sur les continents au

Eryops (1/12), un Amphibien de la Période Carbonifère.

début de la Période Carbonifère. Ils furent très abondants durant toute la longue période correspondant à la formation des couches de houille.

Certains des Insectes qui vivaient à la Période Carbonifère étaient beaucoup plus gros qu'aucun des Insectes actuels. Il y avait des Libellules géantes, dont l'envergure dépassait 60 centimètres, des Blattes ou Cafards de grande taille.

Araignées et Scorpions, ainsi que les Insectes, sont des animaux sans vertèbres. Les premiers Vertébrés qui vécurent sur la terre furent des Amphibiens, que l'on appelle encore Batraciens, parce que les Crapauds et les Grenouilles sont les principaux Amphibiens actuels. Ces animaux passent le début de leur existence dans l'eau, à l'état de larve. Les têtards sortis des œufs ressemblent tout à fait à de petits poissons. Plus tard, après leur métamorphose, ils deviennent des animaux à respiration aérienne et peuvent vivre sur la terre ferme. Les premiers Amphibiens commençaient aussi leur existence dans l'eau, mais devenus adultes, ils pouvaient vivre sur les continents.

Les savants pensent que les Amphibiens descendent des Poissons. On appelle parfois les premiers Amphibiens des " Poissons qui marchaient ".

L'un des Amphibiens de la Période Carbonifère était un géant, l'*Eryops*, qui atteignait près de 3 mètres. Il ressemblait à un énorme crapaud qui aurait conservé une queue. On croit que ce gros Amphibien avait trois yeux : deux à l'emplacement normal des yeux et un troisième au milieu du front.

La gueule de l'*Eryops* était énorme. Pour un animal de cette taille, il est impossible d'imaginer une gueule plus grande.

L'*Eryops* pouvait sans doute marcher, mais il n'était pas très rapide. Ses pattes, grosses et fortes, étaient si courtes que son abdomen s'appuyait sur le sol. Il passait fort probablement la plus grande partie de son temps à se chauffer au soleil au bord des marécages. Comme il était le plus gros des animaux terrestres il n'avait pas d'ennemis à craindre et il n'avait guère besoin de se hâter pour chercher sa nourriture ; depuis le bord de l'eau il pouvait aisément happer les plantes aquatiques et les mollusques qui constituaient ses repas. Mais, avec ses nombreuses dents pointues, l'*Eryops* devait aussi dévorer facilement quelques autres amphibiens de plus petite taille.

Bien que le crâne de l'*Eryops* fût énorme, il n'y avait guère de place à l'intérieur pour le cerveau. Et l'on peut facilement imaginer que ce gros animal, qui se chauffait au soleil, ne réfléchissait guère aux transformations qui se produisaient alors autour de lui, à la surface de la Terre.

L'*Eryops* fut sans doute le premier animal qui ait pu faire entendre sa voix. Et probablement ne pouvait-il émettre qu'un rauque coassement !

Bien que quelques Amphibiens aient survécu, l'*Eryops* est disparu depuis fort longtemps. La taille n'est pas nécessairement un gage de réussite et les plus gros Amphibiens actuels n'atteignent pas la moitié de la grosseur de ce lointain ancêtre.

Vers la fin de l'Ere Paléozoïque, il y a environ 250 millions d'années, un nouveau groupe d'animaux vertébrés apparut sur la Terre : les Reptiles. Alors que les premiers Amphibiens commençaient leur existence dans l'eau, les Reptiles commencèrent la leur sur la terre ferme. Les œufs des Amphibiens étaient entourés par une couche de gelée et se trouvaient maintenus humides par le séjour dans l'eau. Les œufs des Reptiles étaient recouverts par une coquille qui les empêchait de se dessécher. Les petits reptiles issus des œufs ne ressemblaient pas à de petits poissons mais ils étaient tout à fait semblables à leurs parents. Ils pouvaient se déplacer sur la terre ferme dès leur jeune âge parce qu'ils respiraient avec des poumons et non avec des branchies.

L'un des premiers Reptiles fut le *Dimétrodon* ou " Reptile au dos surmonté d'une voile ". Sa taille atteignait à peu près celle de l'*Eryops* mais il ne lui ressemblait pas du tout. Tout droit sur le milieu de son dos s'élevait une voile bizarre, ayant près d'un mètre de hauteur. Cette voile était formée d'une peau coriace tendue sur de longues épines osseuses qui se dressaient sur les vertèbres de l'animal. Comme la voile de ce Reptile ressemblait quelque peu à la nageoire dorsale d'un Poisson, on appelle parfois cet animal le " Reptile à nageoire dorsale ".

La tête de ce Reptile était très différente de celle de l'*Eryops*. Elle n'était ni aussi large, ni aussi plate. L'animal avait de nombreuses dents ; de part et d'autre de la gueule, il portait deux longues canines en forme de poignard ; c'était certainement un redoutable carnassier. Et il devait manger des animaux plus gros que des insectes !

En broyant ses proies, il arrivait sans doute assez souvent que ce Reptile brisât quelques-unes de ses dents. Mais cela n'avait pas d'importance. Les moignons brisés tombaient et de nouvelles dents poussaient à leur place. L'animal pouvait bien perdre certaines de ses dents de temps à autre, toujours d'autres poussaient pour les remplacer. C'était un avantage considérable pour un animal carnassier que de ne jamais être dépourvu de dents !

Personne ne peut dire à quoi pouvait bien servir la voile dorsale de ce Reptile. Elle devait plutôt constituer un ornement encombrant lorsque cet animal rôdait çà et là sous les arbres. Cependant il n'est pas le seul qui ait ainsi possédé cette sorte de voile; on en connaît encore au moins une autre espèce, parfois appelée le " Lézard-bateau " à cause de sa voile.

Deux Dimétrodons, les Reptiles au dos surmonté d'une voile (1/25).

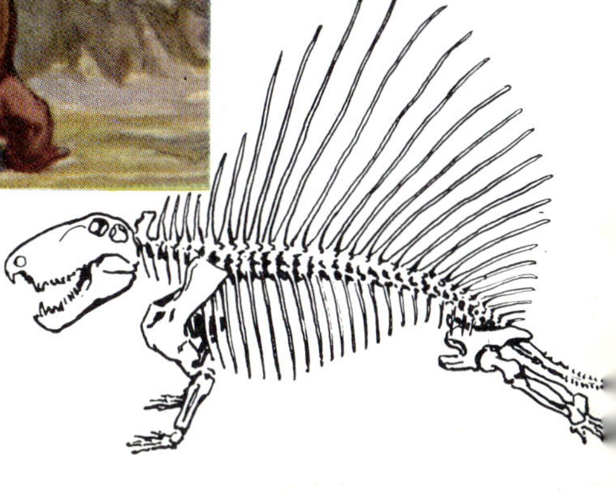

Tyrannosaure (1/120)

Triceratops (1/60)

Trachodon (1/90)

A l'époque des Reptiles primitifs, des modifications considérables se produisent sur la Terre. D'énormes chaînes de montagnes surgissent par endroits et de nouvelles lignes de rivages se constituent ailleurs. Des terres émergent et de nombreux marécages sont asséchés. Les climats changent aussi; ils deviennent plus froids en de nombreuses régions. Ces changements importants entraînent de profondes transformations dans les aspects de la vie sur la Terre. L'Ere Paléozoïque, l'ère de la vie primitive, est terminée et l'Ere Mésozoïque commence.

Avec les 35 derniers millions d'années de l'Ere Paléozoïque, cette Ere Mésozoïque représente " l'Age des Reptiles ". Pendant l'Ere Mésozoïque, les Reptiles présentent un épanouissement surprenant ; c'est leur apogée : ils règnent pratiquement sur toute la Terre.

Sur les Continents, un nouveau groupe important de Reptiles fait son apparition, ce sont les Dinosaures ou Dinosauriens, ce qui signifie " lézards terribles ". Les Dinosaures ne ressemblaient pas aux Lézards ; ils étaient pourtant des Reptiles, tout comme les Lézards. Et ils n'étaient pas non plus tous terribles. Quelques-uns étaient plutôt petits. D'autres, cependant de grande taille, étaient de paisibles herbivores. Mais certains Dinosaures étaient réellement terribles.

Les Dinosaures vécurent pendant 150 millions d'années. On en connaît des milliers d'espèces, sans doute au moins 5.000. Une espèce venait-elle à disparaître ? Une autre espèce prenait immédiatement sa place. La plupart de ces milliers d'espèces de Dinosaures ne sont pas désignées par des noms vulgaires, mais seulement par le nom scientifique qui leur a été donné par les savants.

Vous pouvez voir sur ces deux pages un certain nombre de ces Reptiles. Ils ne vécurent pas tous à la même époque, ni dans les mêmes régions, mais tous furent des Reptiles terrestres, des Dinosaures.

Tyrannosaurus et *Allosaurus* sont deux Dinosaures qui méritent vraiment d'être appelés terribles. Tous les deux étaient carnassiers. Comme le montrent les gravures, ils marchaient sur leurs pattes postérieures. Leurs pattes antérieures étaient tellement réduites qu'il semble qu'elles ne se soient pas développées normalement. Le Tyrannosaure — son nom signifie le " lézard tyran " — atteignait 6 à 7 mètres de haut. Ce fut le plus monstrueux des carnassiers de tous les temps. La tête de ce géant était énorme et ses mâchoires étaient si grandes qu'il pouvait ouvrir une gueule de plus d'un mètre. Cette gueule était armée de dents pointues. Ses doigts étaient terminés par des griffes aiguës comme celles d'un Aigle. La queue du Tyrannosaure était grosse et lourde, elle permettait à ce grand carnassier de marcher redressé, en station verticale.

Allosaurus, c'est le " lézard bondissant ". Ce Dinosaure carnassier utilisait en effet ses puissantes pattes postérieures pour bondir sur ses proies. *Allosaurus* n'était pas tout à fait aussi grand, ni aussi dangereux que *Tyrannosaurus*, mais il était beaucoup plus grand qu'aucun des carnivores actuels.

Avec des animaux comme *Tyrannosaurus* et *Allosaurus* guettant leur proie, la vie était une dangereuse aventure pour les autres animaux terrestres. Il n'est alors pas surprenant de constater que certains des autres Dinosaures disposaient d'une véritable armure pour se protéger. Le *Tricératops* était l'un de ces Dinosaures armés. Son nom indique qu'il portait trois cornes acérées sur la cuirasse qui recouvrait sa tête. En fait ce Dinosaure cuirassé portait toute son armure sur la tête. Aussi longtemps que, dans le combat, il pouvait faire face à son ennemi, il était bien protégé, mais, en arrière d'une grande collerette osseuse qui recouvrait son cou, le *Tricératops* n'avait rien d'autre que sa peau épaisse pour le garantir. Sans doute le *Tricératops* gagna-t-il quelques batailles, mais il est certain qu'en dépit de son armure il fut souvent la proie des carnassiers géants.

Le *Tricératops* était un herbivore. Le Brontosaure était un autre Dinosaurien herbivore. *Brontosaurus* peut se traduire par " lézard tonnant ". On ne lui a point donné ce nom parce que sa voix était comparable au tonnerre car il ne pouvait sans doute guère émettre qu'un cri aigu. Mais le savant qui lui a donné ce nom l'a choisi, dit-il, parce qu'il pensait qu'un animal d'une pareille taille devait ébranler le sol de ses pieds et faire un bruit de tonnerre lorsqu'il se déplaçait. C'était incontestablement un géant. Du bout du nez à l'extrémité de la queue il mesurait 25 à 30 mètres et devait peser quelque 35 tonnes.

Le Brontosaure ne mangeait que des plantes tendres. Il ne mangeait pas d'herbe — il n'y aurait jamais eu assez d'herbe pour apaiser sa faim —, mais les plantes aquatiques et celles qui poussaient dans les marécages. Cet énorme animal les avalait à pleine gueule, mais pour absorber la quantité de nourriture qu'exigeait son corps, il devait passer dans les étangs et les marécages la plus grande partie du temps. Là il trouvait en abondance de quoi vivre, et de plus l'eau soutenait cette masse énorme et pesante. En outre, lorsqu'il se trouvait au milieu d'un étang, il était à l'abri des attaques des Dinosauriens carnassiers. C'était d'ailleurs sa seule protection, outre l'épaisseur de sa peau. Il ne pouvait certes pas trouver son salut dans la fuite : ses membres étaient comme des troncs d'arbre et sa longue queue devait être bien pénible à traîner.

Allosaurus (1/90)

Brontosaurus (1/125)

La tête du Brontosaure était relativement petite et il n'y avait guère de place pour le cerveau. Ce cerveau devait peser à peine une livre; c'était bien peu pour un corps de 35 tonnes. Ce gros animal devait être parfaitement stupide !

Le *Trachodon* était un autre Dinosaurien herbivore, tout aussi inoffensif. C'était un Dinosaure à bec de canard. Comme le Brontosaure il passait dans l'eau la plus grande partie du temps. Il possédait même des pieds palmés. Vers la fin de " l'Âge des Reptiles ", le Trachodon était fort abondant. Il fournissait probablement le repas habituel du Tyrannosaure. De petits Dinosauriens constituaient sans doute aussi les proies des carnassiers. Certains de ces petits Dinosaures pouvaient toutefois s'enfuir sur leurs longues pattes postérieures. On peut voir l'un d'entre eux sur la gravure ci-dessous représentant un combat entre *Tricératops* et *Tyrannosaurus*.

Certains de ces petits Dinosaures qui couraient sur leurs deux pattes postérieures pouvaient parcourir rapidement de vastes espaces. La plupart trouvaient sans doute une partie de leur nourriture en dérobant les œufs des nids des autres Dinosaures. De leurs deux pieds antérieurs libres qu'ils utilisaient comme des mains, ils pouvaient ramasser les œufs. Et leur vitesse leur permettait d'échapper aux Dinosaures carnassiers dont ils pillaient les nids.

Un combat entre deux Dinosaures : Le **Tyrannosaure** attaque le **Triceratops** qui pointe ses trois cornes vers la poitrine de son ennemi.

Les deux Dinosaures représentés sur ces deux pages sont aussi deux herbivores. Le *Diplodocus* ressemblait beaucoup au *Brontosaurus*, mais il était plus allongé et plus svelte. Ce fut en réalité, l'animal le plus long qui ait erré sur les continents; il mesurait plus de 30 mètres du bout du nez à l'extrémité de la queue. S'ils existaient encore, il suffirait de faire défiler cinq ou six reptiles géants de cette espèce pour couvrir la longueur d'un pâté de maisons. Et ils pourraient aisément regarder dans les appartements par les fenêtres du troisième étage. Comme le Brontosaure, le Diplodocus était lourd, maladroit et stupide; son cerveau était à peu près de la taille du cerveau du Brontosaure.

Le *Diplodocus*, comme tous les Dinosaures, se reproduisait par des œufs. Nous savons que les œufs d'un Dinosaure de trois mètres de long étaient longs de trente centimètres. Si les mêmes proportions se retrouvaient chez le Diplodocus, quelles dimensions énormes devaient avoir ses œufs ?

Le *Stegosaurus* était un autre Dinosaure bâti sur le modèle des corps énormes et des petits cerveaux; son cerveau n'était guère plus gros que le poing d'un homme. C'était l'un des dinosaures armés, mais il ne portait pas son armure sur la tête. Le Stégosaure portait une double rangée de plaques osseuses tout le long du dos et des piquants acérés sur la queue. Lorsqu'il balançait sa queue de droite à gauche, c'était comme s'il avait balancé une gigantesque hache de bataille.

Le Stégosaure avait un cerveau si petit qu'il ne pouvait pas contrôler à la fois les muscles de ses pattes et ceux de sa queue. Ces derniers étaient contrôlés par un épaississement de la moelle épinière situé à la base de la queue. De là naquit l'idée que le Stégosaure devait avoir deux cerveaux. Une légende raconte que le Stégosaure pouvait réfléchir avec ses deux cerveaux à la fois et qu'il pouvait faire face à chaque problème à la fois avec la tête et avec la queue. Mais le Stégosaure ne pouvait certes rien faire de ce que nous appelons réfléchir. Il n'était d'ailleurs pas le seul Dinosaure armé, disposant de deux " cerveaux ".

Il y avait bien d'autres Dinosaures géants : *Brachiosaurus* était un énorme herbivore, voisin du Brontosaure, mais encore plus lourd : il devait peser au moins une cinquantaine de tonnes. *Titanosaurus*, lui aussi, était aussi gros que le Brontosaure ; son nom indique que c'était un géant. *Styracausorus* ressemblait au *Triceratops*, mais il avait une collerette osseuse encore plus marquée autour du cou. *Corythosaurus*, un Dinosaurien à bec de canard, avait une crête sur la tête, ce qui donnait à sa tête l'aspect du casque des anciens Grecs. *Parasaurolophus*, un autre Dinosaurien à bec de canard, avait une collerette osseuse qui lui descendait sur le cou à la manière de la coiffure d'un chef Indien.

Le Brontosaure, le Tyrannosaure, le Diplodocus et leurs semblables nous donnent une bonne idée des Dinosauriens géants. Ces gros Reptiles étaient vraiment énormes, mais ne furent pas les plus gros animaux qui aient existé. Aucun Dinosaure n'était aussi gros qu'une Baleine. Toutefois ils furent les plus gros quadrupèdes qui aient jamais erré sur la Terre.

Il y a environ 100 millions d'années, les Dinosaures s'éteignirent. Lorsqu'ils disparurent de la scène, l' " Age des Reptiles " touchait à sa fin. Pourquoi, ces Dinosaures qui furent les " seigneurs des continents " durant 150 millions d'années, sont-ils tous morts ? C'est un mystère.

Sans doute, leur corps était-il trop gros pour leur cerveau. Avec un corps plus petit et un plus gros cerveau ils auraient pu survivre. Ils s'épanouirent durant une très longue période parce que les conditions biologiques demeurèrent sensiblement les mêmes pendant des millions d'années. Lorsque ces conditions changèrent, ils ne purent s'adapter aux conditions nouvelles.

L'une des transformations qui provoquèrent

Le Diplodocus (1/80), l'animal le plus long qui ait jamais erré sur les continents.

Le Stégosaure (1/30), avec sa double crête dorsale de plaques osseuses.

la disparition des Dinosaures fut l'assèchement de nombreux étangs et marécages. Il y eut moins de pâturages aquatiques favorables aux grands Dinosauriens herbivores. Et lorsque les herbivores géants se firent de plus en plus rares, il y eut moins de proies pour les grands carnassiers.

Les changements de température furent aussi catastrophiques pour les Dinosaures. Comme tous les Reptiles, les Dinosaures étaient des animaux à " sang froid ". La température de leur corps suivait la température ambiante. Mais le climat devint plus froid en de nombreuses régions fréquentées par les Dinosaures. Et comme ils ne disposaient d'aucun moyen de régulation qui ait pu leur permettre de conserver un corps chaud au milieu d'un climat froid, ils devinrent plus lents et moins aptes à subvenir à leurs besoins. De plus, les œufs des Dinosaures ne purent éclore aussi bien dans un climat plus froid.

L'habitude qu'avaient certains Dinosaures de manger les œufs des autres a sans doute aussi joué un rôle important dans l'extinction de ces monstres. Le développement d'un nouveau groupe animal très important, les Mammifères, eut probablement aussi sa part dans cette extinction. Mais certains Reptiles, plus ou moins parents des Dinosaures, survécurent. Pourquoi aucun Dinosaure n'a-t-il subsisté ? C'est encore une énigme.

Un Plésiosaure (1/40) : grand reptile nageur.

Durant l' " Age des Reptiles ", tous ces monstres ne vivaient pas sur la terre. Un grand nombre d'entre eux vivaient aussi dans les mers.

Les Plésiosaures étaient parmi les plus caractéristiques. Ils descendaient d'anciens Reptiles terrestres, mais ils ne ressemblaient certes pas à leurs ancêtres terrestres. Ils étaient même très différents des gros Dinosauriens herbivores qui passaient la plus grande partie de leur temps dans les étangs.

Le corps du Plésiosaure était plutôt plat et ses membres étaient transformés en battoirs énormes. Le cou long et élancé, un peu comme celui du Brontosaure et du Diplodocus, portait une tête relativement petite, mais la queue fort courte, était très épaisse. La gueule, garnie de dents acérées nous indique clairement qu'ils étaient carnassiers.

Les plus gros Plésiosaures pouvaient atteindre une quinzaine de mètres de long. Quelques-uns possédaient une tête exceptionnellement longue; le crâne de l'un d'eux mesurait trois mètres.

Bien qu'ils aient vécu dans la mer, les Plésiosaures avaient conservé l'une des habitudes de leurs ancêtres terrestres : ils venaient pondre leurs œufs sur le rivage. Après l'éclosion, les petits Plésiosaures au long cou descendaient vers l'eau, un peu comme des serpents qui auraient décidé de mener la vie des tortues aquatiques.

Les Ichthyosaures, ou " lézards-poissons ", constituaient un autre groupe de grands Reptiles marins. Leur nom fut bien choisi, car les Ichthyosaures ressemblaient tout à fait à d'énormes Poissons. Les plus grands n'atteignaient pas la taille des grands Plésiosaures; ils ne dépassaient guère une dizaine de mètres. Il est vrai que chez les Plésiosaures, la plus grande partie de la longueur de leur corps était occupée par leur cou.

Les Ichthyosaures, comme les Plésiosaures, descendaient d'anciens Reptiles terrestres. Ils avaient une respiration pulmonaire, ce qui ne leur permettait pas de rester longtemps sous l'eau. Mais ils étaient cependant fort bien adaptés à la vie aquatique. Leur corps, allongé en fuseau, leur permettait de fendre aisément l'élément liquide. Leur queue et leurs membres étaient transformés en véritables nageoires comparables à celles des Poissons. Ils étaient d'excellents et rapides nageurs.

Ces " lézards-poissons " avaient des yeux énormes, plus gros que ceux d'aucun autre animal, de quelque époque que ce soit. Un œil d'Ichthyosaure était aussi gros que la tête d'un homme. Il était si gros qu'il n'aurait pu supporter la pression de l'eau s'il n'avait pas été protégé par un anneau osseux. Avec ses yeux énormes, l'Ichthyosaure pouvait chercher ses proies, même dans l'obscurité la plus profonde. Il mangeait surtout des poissons.

Aller pondre des œufs sur le rivage était certes une opération délicate pour les Plésiosaures. C'était absolument impossible pour les Ichthyosaures. Or, les œufs des Reptiles ne peuvent éclore dans l'eau. Les Ichthyosaures ont résolu le problème d'une façon élégante : ils gardaient leurs œufs dans leurs entrailles jusqu'à l'éclosion et ils mettaient alors directement au monde de petits Ichthyosaures.

Les Mosasaures constituaient un troisième groupe de grands Reptiles marins. Leur taille était très variable, certains atteignaient 20 mètres, d'autres ne dépassaient guère 1 mètre. Ils ne possédaient pas le long cou des Plésiosaures et n'étaient pas d'aussi bons nageurs que les Ichthyosaures. Ils ressemblaient à des Crocodiles qui auraient eu des nageoires à la place des pattes.

Les Plésiosaures, les Ichthyosaures et les Mosasaures s'éteignirent à la fin de l' " Age des reptiles ". La disparition des Ichthyosaures est particulièrement énigmatique. Ils étaient si bien adaptés à la vie aquatique qu'il est difficile de comprendre pourquoi ils n'ont pas survécu. Les Poissons parcouraient les mers bien longtemps avant qu'il y eût des Ichthyosaures; et ils pullulent encore aujourd'hui. De plus, les grandes transformations qui affectèrent les continents à la fin de l'Ere Secondaire n'ont pas entraîné la disparition de tous les Reptiles. Les Tortues et les Crocodiles, par exemple, ont survécu. Et pourtant les Plésiosaures, les Ichthyosaures et les Mosasaures se sont alors éteints tout comme les Dinosaures.

Quelques-uns des descendants des Reptiles primitifs, au lieu d'envahir le milieu aquatique, s'adaptèrent à une vie aérienne. Ce furent les Ptérosauriens ou " lézards-volants ". Les ailes des Ptérosaures étaient constituées par une membrane de peau comme les ailes des Chauves-Souris. Chaque " main " possédait un " doigt " très long qui soutenait le bord antérieur de l'aile. C'est pourquoi les Ptérosaures sont encore appelés Ptérodactyles.

Certains Ptérosaures étaient énormes. Les plus grands avaient une envergure atteignant une dizaine de mètres. Mais il existait aussi de petits Ptérosaures, guère plus gros qu'un Moineau.

L'un des premiers Reptiles volants, le Rhamphorhynque, avait environ un demi-mètre de long. Son envergure dépassait 3 mètres. Le caractère le plus singulier de cet animal était sa queue longue et mince se terminant par un morceau de peau étalé en forme de feuille. Peut-être cet appendice servait-il de gouvernail lorsque le Rhamphorhynque évoluait dans les airs.

Un Ichthyosaure (1/100),
le reptile le mieux adapté à la vie aquatique.

Deux Ptéranodons en vol (1/70)

Le Rhamphorhynque ne pouvait se poser sur le sol. Il s'accrochait au tronc ou aux branches des arbres. Parfois il pendait, la tête en bas, tout à fait comme font les Chauves-Souris. Il pouvait grimper aisément aux arbres avec les griffes qui terminaient ses doigts. La peau des ailes était soutenue par le quatrième doigt, laissant trois doigts libres pour s'accrocher.

Le Rhamphorhynque possédait des dents pointues, mais, chose singulière, ses dents avaient la pointe dirigée en avant. Des dents pointant vers l'arrière auraient été, semble-t-il, bien préférables pour saisir les poissons qui constituaient la nourriture de ce reptile volant, mais sa curieuse denture lui rendait sans doute les mêmes services.

Le Ptérodactyle ne possédait pas la longue queue du Rhamphorhynque, ni des dents aussi pointues. Le *Ptéranodon* était le géant des Ptérodactyles. Avec ses ailes de 4 mètres, il était, et de loin, plus gros qu'aucun des oiseaux actuels. La tête du Ptéranodon était énorme par rapport à son corps. Au premier coup d'œil il semblerait que ce Reptile ait constitué une exception à la règle des gros reptiles à petit cerveau. En fait, le cerveau des Ptérosauriens était assez gros pour des Reptiles. Mais le cerveau du Ptéranodon n'était pas aussi gros qu'on pourrait le supposer d'après la forme de son crâne. Et, détail curieux, sa tête en forme d'enclume était remplie d'air.

Les savants ne sont pas d'accord sur le vol de ces grands reptiles volants. Certains pensent qu'ils pouvaient voler admirablement bien avec leurs os creux — car la plupart des os des Ptérosauriens étaient creux — et leurs grandes ailes, ce qui constituait une parfaite adaptation au vol. D'autres disent que leurs ailes étaient faibles et que, malgré leurs os creux, ils avaient un corps trop lourd pour pouvoir voler aisément. Bien sûr, une déchirure de l'aile devait rendre celle-ci inutilisable, alors que la perte d'une plume ou deux n'importe guère à l'aile d'un oiseau. Et d'autre part si le *Ptéranodon*, en fonçant pour saisir un petit reptile, devait faire un atterrissage fortuit sur un sol plat, il devait ensuite avoir beaucoup de difficultés pour reprendre son vol.

On peut penser que le *Ptéranodon* représente le dernier essai des Ptérosauriens. Sa disparition, vers la fin de l'" Age des reptiles " marque la fin de ces étranges créatures volantes.

Les Oiseaux actuels ne ressemblent pas du tout aux Serpents, aux Tortues ou aux Crocodiles. Cependant les savants sont convaincus que les ancêtres des Oiseaux furent des Reptiles. Ils ne pensent pas toutefois qu'ils dérivent des Ptérosauriens, mais plutôt de petits Reptiles qui couraient rapidement sur leurs pattes postérieures et étaient assez légers pour bondir du sol jusqu'aux basses branches des arbres.

Progressivement, pensent ces savants, les écailles de ces Reptiles sont devenues des plumes et leurs membres antérieurs se sont développés en ailes. Les Reptiles qui se sont ainsi transformés en Oiseaux ont aussi subi une autre modification importante : leur sang prit une température constante, ils sont devenus des animaux à sang chaud.

Rhamphorhynque

Ptérodactyle (1/12)

L'*Archéopteryx* est le plus ancien Oiseau connu. Il était très différent des Oiseaux actuels. Il possédait des griffes à l'extrémité de ses ailes tout comme les Reptiles volants; et il utilisait sans doute ses ailes aussi bien que ses pattes pour grimper, de branche en branche, sur les arbres.

Cet Oiseau archaïque n'avait pas de bec, mais des mâchoires garnies de dents. C'était probablement un carnassier qui devait se nourrir de poissons morts rejetés sur les rivages des lacs.

La partie osseuse de la queue d'un Oiseau actuel est très courte. Les plumes de la queue sont dressées sur cette partie osseuse comme un éventail. La longue queue de l'*Archéopteryx* comportait de nombreuses vertèbres. De part et d'autre de ces vertèbres caudales, les plumes étaient disposées par paires, une paire pour chaque articulation.

L'*Archéopteryx* avait à peu près la taille d'un Corbeau. Et tout ce que nous savons permet de supposer qu'il était aussi noir qu'un Corbeau comme le représentent les figures ci-contre.

L'*Archéopteryx* fut le contemporain des Dinosaures, il y a environ 150 millions d'années. Un autre oiseau apparut aussi à l' “ Age des reptiles ”, mais plus tardivement que l'*Archéopteryx*, ce fut l'Hespérornis.

L'*Hespérornis* était un gros oiseau plongeur. Il était sans doute mieux adapté pour plonger qu'aucun des oiseaux actuels. Son corps, qui dépassait un mètre, était très élancé et son bec était long et pointu. Il avait des pattes puissantes, avec de gros pieds palmés qui constituaient des rames excellentes. Comme l'*Archéopteryx*, l'*Hespérornis* possédait de nombreuses dents et il pouvait aisément retenir les poissons qu'il attrapait.

Ce gros oiseau plongeur ne pouvait pas voler; il n'avait que des vestiges d'ailes. Il ne pouvait pas non plus marcher aisément, ses pattes étaient placées trop en arrière. C'est l'eau qui constituait son véritable élément tout comme pour les Manchots aujourd'hui.

L'*Hespérornis* était gros. Toutefois les véritables Oiseaux géants fossiles furent des oiseaux terrestres voisins des Autruches. Aucun de ces géants emplumés ne pouvait voler.

L'un d'eux, le *Phororhacos*, vivait en Patagonie, voici quelque 20 millions d'années; c'est-à-dire bien longtemps après la disparition des Dinosaures. Le *Phororhacos* avait une tête aussi grosse que la tête d'un Cheval actuel. Bien que cet oiseau eût près de 3 mètres de haut, sa tête était disproportionnée. Avec son bec, terminé par un crochet acéré, il pouvait déchirer la chair en morceaux.

Les plus grands oiseaux qui aient jamais vécu furent les *Moas* de Nouvelle-Zélande. Certains atteignaient 4 mètres. Les *Moas* ne sont pas très anciens. Lorsque les premiers Européens arrivèrent en Nouvelle-Zélande, ils purent entendre des histoires d'oiseaux qui étaient assez gros pour piétiner un homme jusqu'à ce que mort s'ensuive. Des hommes avaient manifestement été les contemporains des *Moas*. Les premiers habitants de la Nouvelle-Zélande ont sans doute contribué à l'extinction des Moas en les tuant pour se nourrir.

Un autre oiseau géant disparu est parfois appelé l'“ oiseau-éléphant ”. C'est l'*Aepyornis* qui vivait à Madagascar. Il n'était pas aussi grand que le Moa, mais il pondait des œufs aussi gros qu'un ballon de rugby. Un seul de ces œufs serait l'équivalent de plusieurs douzaines d'œufs de poule.

Certains pensent que ces Oiseaux fossiles, incapables de voler, tout comme les Autruches, Casoars et Nandous que nous connaissons aujourd'hui, descendaient d'Oiseaux primitifs qui n'avaient jamais appris à voler. Mais les savants ne sont pas d'accord. Ils pensent qu'au début tous les Oiseaux pouvaient voler et que par la suite certains ont perdu cette faculté. Peut-être n'eurent-ils pas longtemps besoin de voler pour chercher leur nourriture ou échapper à leurs ennemis !

L'Archéopteryx (1/6).
Le premier oiseau.

Un Mammifère primitif (1/6)

Les premiers Mammifères n'étaient pas des animaux imposants. Bien loin en arrière, dans l'Ere des Reptiles, celui qui eût vu ces petits animaux poilus, ayant à peine la taille d'un Rat ou d'une Souris, n'aurait jamais pu songer que leurs descendants prendraient un jour la place des Reptiles. C'est pourtant ce qui arriva. L'ère qui suivit l' " Age des Reptiles " est appelée par les savants l'Ere Cénozoïque. On l'appelle communément l' " Age des Mammifères ".

A la fin de l' " Age des Reptiles ", en de nombreuses régions, le climat était devenu plus froid. Cette transformation fut néfaste aux Reptiles, à " sang froid ". Mais il n'en fut pas de même pour les Oiseaux qui étaient des animaux à " sang chaud ", ni pour les Mammifères, eux aussi à " sang chaud ". Leur corps restait chaud au milieu du froid ambiant.

Leur fourrure fut une aide précieuse pour les premiers Mammifères. Le poil, ou la fourrure, est mauvais conducteur de la chaleur. Il leur permit de conserver la chaleur de leur corps. Pourvus d'une fourrure qui les protégeait contre le refroidissement, ils purent mener une vie active durant toute l'année, même pendant les plus grands froids de l'hiver.

Les premiers Mammifères pouvaient se déplacer rapidement. Aussi purent-ils se mettre aisément hors de portée de la dent des grands Dinosauriens carnivores. En outre, pour la plupart, ils étaient, eux aussi, des carnivores, et c'était un grand avantage.

Le soin plus grand que les premiers Mammifères prirent de leur progéniture leur assura un avantage considérable sur les Dinosaures. Les Reptiles pondaient leurs œufs et les abandonnaient. Les œufs et les jeunes reptiles qui en sortaient étaient à la merci des animaux carnassiers. Les Mammifères, au contraire — tout au moins le plus grand nombre — étaient vivipares. Ils portaient leurs œufs dans leurs entrailles jusqu'à ce qu'ils soient développés en un jeune animal. Après leur naissance les jeunes animaux étaient nourris avec le lait de leur mère. Ils étaient protégés jusqu'à ce qu'ils soient capables de se protéger eux-mêmes.

Et, fait capital, les Mammifères avaient un cerveau, proportionnellement à leur corps, beaucoup plus gros que celui des Reptiles. Ils pouvaient mieux s'adapter à un monde en transformation.

Durant l'" Age des Mammifères " — et nous y sommes encore —, des milliers d'espèces se sont diversifiées. L'Age des Mammifères dure depuis environ 60 millions d'années. Au cours de cette période, de nombreuses espèces sont apparues, se sont épanouies, et ont disparu. Quelques-uns de ces Mammifères éteints étaient très gros. Dans la longue histoire de la Terre, la période qui s'écoula entre la disparition des grands Dinosauriens carnivores et l'apparition de Mammifères géants fut relativement brève.

L'un de ces Mammifères géants fut le *Mégathérium*, dont le nom signifie précisément " bête géante ". Le *Mégathérium* était un énorme " Paresseux ". Les " Paresseux " actuels sont tous arboricoles. Ce sont d'étranges et lourdes bêtes maladroites qui s'accrochent par leurs pattes aux arbres et pendent ainsi presque sans mouvement. Bien qu'ils aient quatre pattes, celles-ci ne sont pas du tout adaptées à la marche. Au contraire, le *Mégathérium* vivait en permanence sur le sol.

Ce " Paresseux " était un herbivore inoffensif. Il avait une queue épaisse et de lourdes pattes postérieures. Lorsqu'il s'asseyait sur ses pattes postérieures et sa queue, comme il faisait souvent, il pouvait, avec ses pattes antérieures, arracher des racines ou briser les branches des arbres.

Ses membres antérieurs étaient si forts qu'il pouvait abattre des arbres entiers pour en brouter les feuilles. Lorsqu'il était assis il était à peu près deux fois plus haut qu'un Homme. Il avait une langue forte et longue qu'il utilisait pour cueillir les feuilles. Ses griffes recourbées et pointues lui étaient d'un grand secours pour arracher les racines, mais elles le gênaient plutôt lorsqu'il marchait. Il ne devait pas pouvoir les rentrer d'une façon commode, comme peut le faire un Chat. Et un tel handicap fut peut-être la cause de sa disparition.

Le *Glyptodon* était l'un des Glyptodontes, c'est-à-dire des anciens Tatous. C'étaient des Mammifères, bien qu'ils n'aient pas du tout de poils. Certains pouvaient être aussi gros qu'un Bœuf. Le *Glyptodon* était entièrement enveloppé dans une carapace. Comme le montre la gravure ci-dessous, son dos était couvert d'un bouclier comme celui d'un Tatou actuel. De plus, il portait une plaque osseuse sur la tête, des anneaux osseux autour de la queue et de nombreuses épines à l'extrémité.

Eh bien, malgré cela, toute l'armure des *Glyptodons* ne put les sauver. Ils disparurent, tandis que quelques-uns de leurs semblables, plus petits et moins bien armés, survécurent.

Uintathérium, *Titanothérium* et *Baluchithérium* sont trois autres Mammifères géants qui ont aussi leur place dans cette revue des animaux fossiles.

Uintathérium, la bête de Uinta, tire son nom des Montagnes de Uinta, la région où elle vécut. Ce gros animal est remarquable par ses cornes; il en portait trois paires sur sa face plate.

Mégathérium (1/30)

Glyptodon (1/30)

Le Cheval que nous connaissons s'est développé, au cours d'une longue période, à partir d'un animal pas plus gros qu'un Renard.

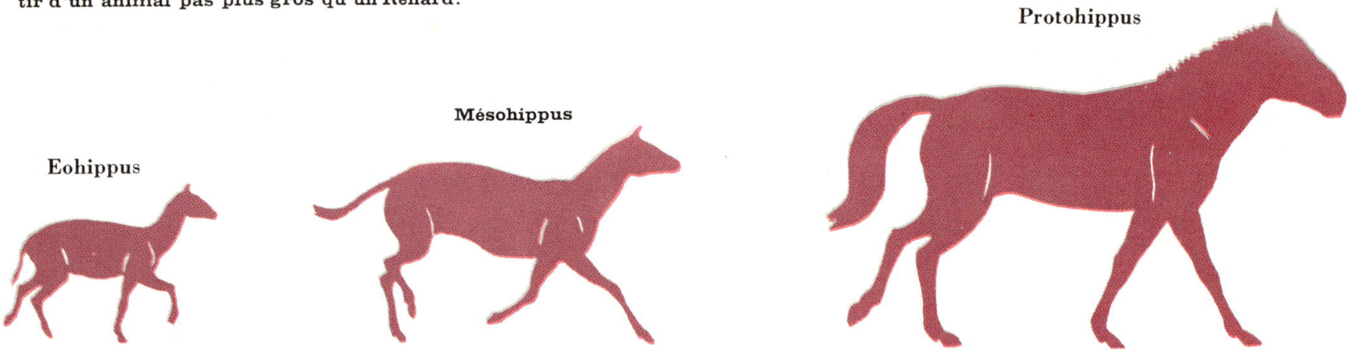

Titanothérium, la « bête géante », était bien encornée aussi. Cet animal en possédait une seule paire, mais elles étaient très grosses et placées juste au-dessus du museau où elles pointaient en avant. Le crâne de ce gros animal était incurvé en arrière du nez en forme de selle de cavalier. Comme on peut le supposer, la « bête géante » n'était pas le plus intelligent des animaux.

Le *Baluchithérium* vivait en Asie. C'était un animal voisin des Rhinocéros actuels, mais il était beaucoup plus gros. Il fut, en réalité, le plus gros Mammifère terrestre de tous les temps. Aux épaules, il était aussi haut qu'une Girafe et son poids était énorme.

Tous les Mammifères géants qui ont disparu ne vivaient pas sur la terre ferme. Le *Zeuglodon* était voisin de nos Baleines actuelles. Il pouvait atteindre 25 ou 30 mètres de long, mais il était très élancé. Si le *Zeuglodon* n'avait pas disparu bien longtemps avant l'apparition des hommes, nous saurions l'origine des histoires que racontent les marins au sujet d'énormes Serpents de mer.

Nous pouvons reconstituer l'histoire de quelques-uns des ancêtres de nos Mammifères actuels depuis des millions d'années. Nous pouvons voir les transformations, en vérité considérables pour certains, qui se sont produites depuis que les premiers et lointains ancêtres apparurent sur la Terre.

Le Cheval est l'un des Mammifères dont les savants ont retracé l'évolution. Son histoire commence avec l'*Eohippus*, le Cheval primitif.

L'*Eohippus* était un petit animal de la taille d'un Renard ; il vivait dans les marécages boisés de l'Amérique occidentale et de l'Europe. Ce Cheval primitif avait seulement quelques poils raides en guise de crinière. Il avait une petite queue, le cou très court et des dents qui pouvaient seulement mâcher des feuilles tendres. Et ce petit Cheval n'avait pas de sabots. Il possédait quatre doigts aux pattes antérieures et trois doigts seulement aux pattes postérieures. De plus, ses membres présentaient des os supplémentaires qui montrent que ses ancêtres avaient eu cinq doigts, avec des pieds aussi plats que ceux d'un Ours.

Eohippus était fort bien adapté à la vie dans les régions marécageuses et boisées. Il pouvait courir aisément parmi les arbres et se cacher pour se dissimuler à ses ennemis carnivores. Il pouvait brouter les feuilles des buissons et des basses branches des arbres. Le pied de ce petit Cheval était bien conformé pour la marche dans les terres marécageuses.

Survint alors une époque où les conditions changèrent dans les régions où prospérait l'*Eohippus*. Les marécages devinrent plus secs et le sol moins mou; des arbres poussèrent un peu partout. Génération après génération, l'*Eohippus* changea, lui aussi. Après de nombreux millénaires, il s'était tellement transformé que les savants lui donnèrent un nouveau nom, *Mésohippus*, le Cheval intermédiaire.

Les ancêtres des Eléphants, il y a cinquante millions d'années, ressemblaient plutôt à un Porc.

Cheval actuel

Cheval actuel

Le *Mésohippus* avait à peu près la taille d'un gros Chien. Il avait une petite crinière et sa queue était plus longue que celle de l'*Eohippus*. Ses pieds s'étaient aussi transformés. Le *Mésohippus* avait trois doigts à chaque pied et le doigt médian était plus gros que les deux doigts latéraux. Le gros doigt du milieu se terminait par un ongle très épais; c'était l'amorce d'un sabot.

Les conditions vinrent encore à changer sur la Terre. Le climat devint encore plus sec, dans les régions fréquentées par le *Mésohippus*. Les forêts disparurent pour la plupart. A leur place, il y eut des prairies. Si le *Mésohippus* n'avait pu se transformer, lui aussi, il n'aurait pu survivre et nous n'aurions jamais eu nos chevaux actuels.

Mais au cours des temps le *Mésohippus* se trans-
es branches des arbres se faisaient
dents se modifièrent de telle sorte
er l'herbe des prairies. Il devint
plus rapide et son cou s'allongea.
t sa vitesse il n'avait plus besoin
cacher dans les bois. Il pouvait
e que ses ancêtres parce qu'il
sur le sol que par un seul doigt
es autres doigts ne touchaient plus
doigt qui servait, les ongles étaient
sabots. De tels sabots lui auraient
res marécageuses, mais ils étaient
es plaines herbeuses et sèches. Ce
, qui courait sur le seul doigt médian,
rotohippus; il avait vraiment l'aspect

sivement, les Chevaux devinrent encore
nds et ils perdirent leurs doigts inutiles.
evaux actuels portent encore cependant la
es doigts aujourd'hui disparus mais que
aient leurs ancêtres. Cachés sous la peau il
es vestiges des os des doigts supplémentaires.

L'histoire des Éléphants ressemble beaucoup à l'histoire des Chevaux. Il y a environ 50 millions d'années, les ancêtres des Éléphants vivaient en Afrique. C'étaient de petits animaux ressemblant à un Porc ou un Tapir. Jamais personne n'a vu ces animaux vivants. Si quelqu'un avait pu les voir, il aurait été bien loin de penser que leurs descendants auraient une longue trompe, d'énormes oreilles et de longues défenses d'ivoire pesant plus de 50 kilos chacune.

Le Mastodonte (1/25), ancêtre des éléphants.

Ce petit animal, qui est supposé être l'ancêtre de tous les Éléphants est appelé *Mœrithérium*, car on a trouvé ses ossements dans la région du lac Mœris, qui était un ancien lac de l'Egypte.

Le *Mœrithérium* était trapu; il avait des membres massifs et un cou très court. Il possédait deux petites défenses, qui étaient simplement des dents anormalement grosses et pointues, à la mâchoire supérieure. Ces défenses lui permettaient d'incliner les branches vers sa gueule.

Moerithérium

Mammouth (1/60)

Les générations se succédèrent, les descendants du *Mœrithérium* devinrent plus grands. En même temps, certaines transformations se produisirent qui leur permirent de manger les plantes sur le sol. Leur cou s'allongea bien un peu, mais pas suffisamment. La plus grande partie de l'élongation intéressa la face : les deux mâchoires s'avancèrent, les défenses, plus longues, dépassant le maxillaire supérieur; le nez et la lèvre supérieure s'allongèrent eux aussi. La trompe des Eléphants s'annonçait.

Les descendants du *Mœrithérium* continuèrent à grandir. Leur cou, ce qui est plutôt singulier, se raccourcit. Mais leurs mâchoires, leurs défenses, leur lèvre supérieure et leur nez s'étirèrent suffisamment pour compenser non seulement l'allongement des membres, mais aussi le raccourcissement du cou.

Les Eléphants grandirent encore. Et il arriva une chose étrange. Juste comme leur cou, après s'être étiré, devenait plus court, leur mâchoire inférieure devint très courte. Leurs défenses, au lieu de pousser droit vers le bas, se recourbèrent vers le haut. Alors leur lèvre supérieure et leur nez, non soutenus par la mâchoire inférieure, pendirent entre les défenses. Ils avaient une véritable trompe.

La trompe se trouva constituer un excellent outil pour cueillir la nourriture à terre ou sur les branches des arbres. C'était une telle réussite qu'elle s'est fort peu modifiée durant des millions d'années.

Il y a environ deux millions d'années survint la Période Glaciaire. De vastes nappes de glace s'étendirent sur les régions situées autour du Pôle Nord et jusque sur la plus grande partie de l'Amérique du Nord et de l'Europe. A cette époque, les Eléphants s'étaient largement répandus. Deux types se rencontraient en abondance.

En Amérique du Nord le Mastodonte portait une fourrure laineuse qui le protégeait bien du froid. Ses défenses étaient plus longues que celles des Eléphants actuels.

En Europe pendant la période glaciaire le Mammouth était très abondant ; il vivait en grands

L'Ours des cavernes (1/25), qui disputait aux premiers hommes les abris des grottes.

Le Félin géant aux canines en forme de sabre (1/30).

L'enlisement d'un Mammouth dans le lac de bitume

troupeaux. Les Mammouths étaient aussi couverts de longs poils rudes qui les protégeaient du froid.

Personne ne sait exactement quand les Hommes firent leur apparition sur la Terre. Mais nous savons qu'il y avait des Hommes en Europe pendant la dernière partie de la Période Glaciaire. Ils vivaient dans des cavernes. Les Hommes des cavernes ont connu le Mammouth. Ils en ont tracé des dessins sur les parois de certaines de leurs grottes.

Les Mammouths étaient précieux pour les Hommes préhistoriques. Ils leur fournissaient la nourriture. On pense que certaines des gravures de Mammouth qui figurent sur les parois des grottes peuvent être considérées comme des " invocations " pour que la chasse au Mammouth soit fructueuse.

Les Hommes préhistoriques avaient d'autres " compagnons " parmi les animaux sauvages de l'époque. Plusieurs, avec le Mammouth, constituaient leur gibier; tels étaient, entre autres, les Rennes, les Bœufs musqués et les Bisons.

Mais tous les animaux contemporains de l'Homme des cavernes ne lui rendaient pas les mêmes services. Certains étaient même de dangereux ennemis.

L'un d'eux était l'Ours des cavernes. L'Homme préhistorique vivait dans les grottes pendant l'hiver pour se protéger du froid. L'Ours des cavernes cherchait un abri dans les mêmes grottes. Bien des combats ont eu lieu entre l'Homme et l'Ours. L'Ours des cavernes devenait féroce lorsqu'il était attaqué. Naturellement si l'Homme était victorieux, il gagnait une chaude peau d'ours dont il faisait une couverture ou un manteau. L'Homme préhistorique dépendait des animaux sauvages aussi bien pour ses vêtements que pour sa nourriture.

La gravure ci-dessus montre de quelle façon certains animaux de la Période Glaciaire trouvèrent la mort. La partie de l'Amérique du Nord qui forme aujourd'hui les Etats-Unis n'était pas entièrement couverte de glace pendant la Période Glaciaire. En certaines régions indemnes de glace, des volcans entrèrent en éruption. En d'autres régions, le bitume se répandit à la surface du sol et forma des étangs. Les eaux de pluies durent se rassembler dans ces étangs au-dessus du bitume. Des animaux comme les Mammouths et les Chevaux vinrent sans doute patauger dans ces étangs pour boire. Et ils furent pris au piège dans le bitume visqueux.

Les cris des animaux enlisés attirèrent fort probablement des carnassiers comme le " Félin géant aux canines en forme de sabre ". C'était un animal féroce qui possédait deux énormes crocs à la mâchoire supérieure. Avec ces crocs il pouvait aisément tuer un animal et arracher sa chair en lambeaux. Mais ces armes étaient bien inutiles lorsqu'un tel carnassier était lui-même enlisé dans le bitume. De nombreux Félins furent pris au piège ainsi que des Loups et des oiseaux de proie. Bien des animaux ont ainsi trouvé la mort dans ces étangs de bitume visqueux.

Nous sommes encore dans l'Ere Cénozoïque, l' " Age des Mammifères ". La Période Glaciaire et le temps qui s'est écoulé depuis, souvent appelés l' " Age de l'Homme ", font partie de l'Ere Cénozoïque. Les Mammifères continueront-ils à être les Rois de la Terre ? Ou bien, dans quelques millions d'années, la plupart des Mammifères actuels vont-ils prendre rang dans le défilé des animaux fossiles ? Personne ne peut le dire. Pensons que l'Histoire des Hommes ne se déroule guère que depuis un million d'années, alors que l'Histoire de la Terre se poursuit depuis quelques milliards d'années !

Le Journal de l'Ecorce terrestre

Les Fossiles nous racontent l'histoire des animaux qui ont vécu il y a bien longtemps. S'il n'y avait pas de fossiles, nous ne saurions rien des Trilobites, des Dinosaures et de tant d'autres espèces animales disparues. Nous connaissons aussi des végétaux fossiles. Les fossiles sont les traces laissées dans les roches par les êtres qui ont vécu aux époques géologiques.

Les fossiles peuvent être très divers. Ils peuvent être constitués par des animaux entiers qui furent ensevelis de telle manière que leur corps étant à l'abri de l'air, ne put se décomposer. Bien des Insectes furent ainsi englués dans la résine des *Pins* de l'Ere Tertiaire. Plus tard cette résine enfouie dans le sous-sol, devint de l'ambre contenant toujours ces Insectes parfaitement conservés. On peut voir, en bien des musées, des morceaux d'ambre montrant ces Insectes tels qu'ils étaient lorsqu'ils moururent, englués dans la résine, il y a des millions d'années.

On a trouvé quelques Mammouths, en Sibérie, emprisonnés dans le sol gelé depuis la Période Glaciaire. Naturellement ces Mammouths, conservés là comme dans un frigidaire, se décomposèrent très rapidement lorsqu'ils furent extraits de leur glacière.

Bien des fossiles sont des empreintes. L'une des gravures ci-contre montre un fragment de roche sur lequel on peut voir plusieurs empreintes de Trilobites. L'histoire de ces empreintes peut être reconstituée ainsi : Après la mort d'un Trilobite, le cadavre tombé au fond de la mer entra bientôt en décomposition, mais la carapace dure constitua une sorte de moule qui se remplit de vase molle. Plus tard la carapace dure se décomposa elle-même, et sa place s'emplit aussi de vase molle. Plus tard encore, cette vase durcit et tout autour la vase se transformait en roche solide conservant ainsi l'empreinte ou le moulage du Trilobite.

Les empreintes des feuilles, comme celles représentées ci-contre, sont aussi des fossiles. Les feuilles tombèrent dans la vase et y furent comprimées; elles se décomposèrent, mais laissèrent leur empreinte et cette empreinte se remplit alors de vase fluide. Plus tard, toute cette vase se transforma en une roche solide. Et lorsqu'on fendit cette roche en deux parties, l'une de ces parties portait l'empreinte de la feuille et l'autre le moulage ou contre-empreinte de la même feuille.

QUELQUES FOSSILES :
Trilobites.
Insecte dans l'ambre.
Feuille de fougère.

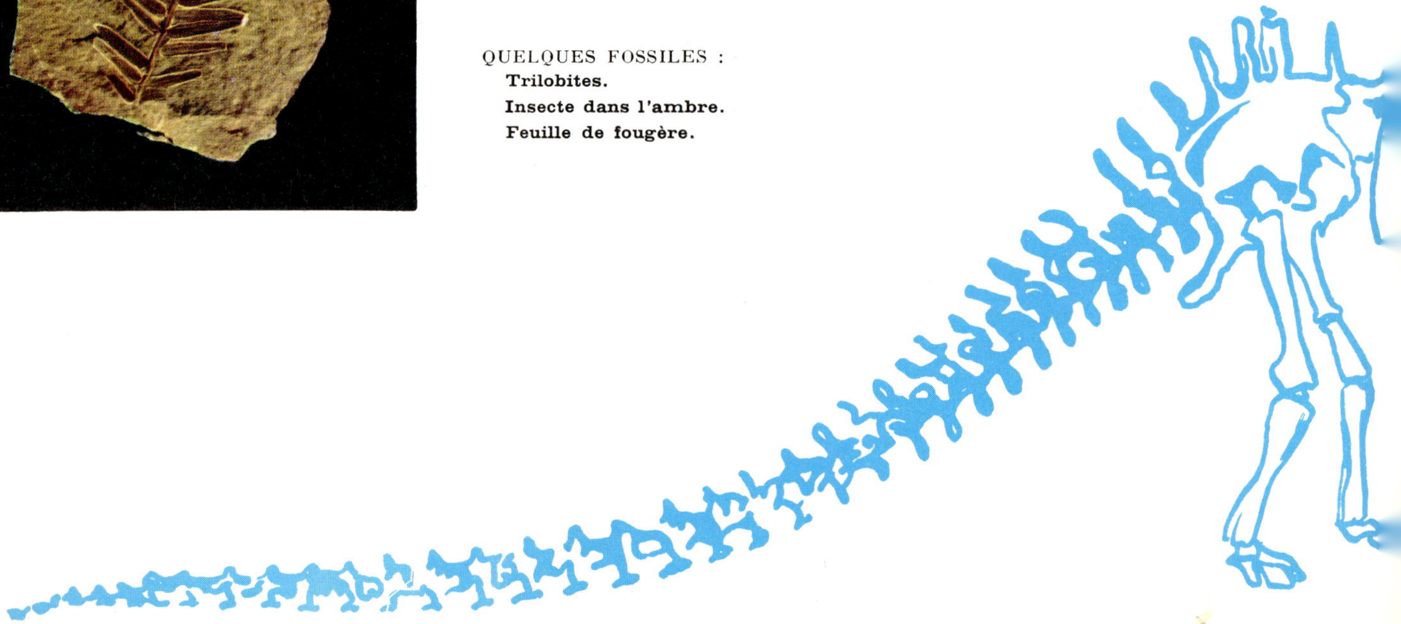

Le squelette du Diplodocus

On connaît aussi des empreintes de pieds fossiles. Celles qui sont représentées dans la gravure sont celles d'un Dinosaure marchant sur une couche de vase molle. Normalement de telles empreintes auraient pu être effacées ou abîmées par le passage d'autres animaux. Mais par suite de circonstances exceptionnelles, ces empreintes de pied ne furent pas détruites. Et lorsque, plus tard, la vase se transforma en roche solide, ces empreintes furent conservées.

Dans nos Musées, dans la Galerie de Paléontologie du Muséum d'Histoire Naturelle, par exemple, on peut voir de nombreux squelettes d'animaux fossiles. Le squelette d'un animal comme le Diplodocus pèse plusieurs tonnes, car les os qui le constituent sont lourds, ils sont pétrifiés. Cette pétrification s'est faite de la manière suivante : après la mort de l'animal, les chairs se sont décomposées assez vite, mais les os sont restés; ils ont été ensevelis dans des vases sableuses ou limoneuses; et l'eau a progressivement dissous leurs constituants, en laissant à la place des minéraux. Ainsi, peu à peu, l'os véritable a été transformé en un os de pierre; il a été vraiment reconstruit en pierre. Les bois pétrifiés se sont constitués d'une manière analogue.

C'est un travail considérable que d'extraire les os pétrifiés des roches qui les contiennent. Il est aussi très difficile de reconstituer, avec des os isolés, un squelette comme celui qui est représenté ci-dessous.

Certains fossiles sont tout simplement constitués par les parties dures des plantes ou des animaux qui ont été conservées telles qu'elles étaient. Il en est ainsi, par exemple, de certaines coquilles ou de certains os. Des étangs de bitume de Californie on a pu extraire de grandes quantités d'os. Ces os ne sont pas pétrifiés, mais simplement conservés par le bitume.

L'écorce ou " croûte " superficielle de la Terre est faite de roches très variées. Certaines ont pour origine les graviers, le sable et la vase entraînés par les rivières et les fleuves jusque dans les lacs et les mers. Ces roches, formées au fond des eaux, sont souvent appelées des " roches sédimentaires ". D'autres roches ont pour origine des matériaux très chauds et plus ou moins fluides montés des profondeurs de la Terre; on les appelle " rognes ignées " ou parfois " roches volcaniques ". On sait bien, en effet, que les bouches volcaniques, ou cratères, émettent souvent des laves chaudes et fluides.

Il y a aussi des roches qui, au cours de leur histoire, ont été profondément transformées. Ce sont les " roches métamorphiques ".

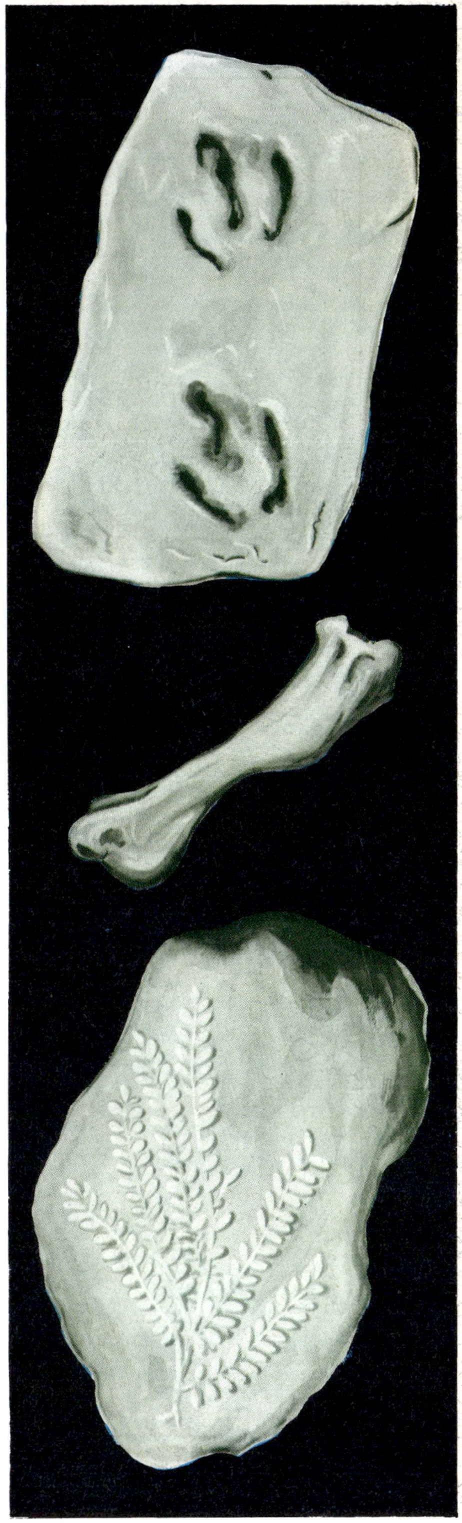

QUELQUES FOSSILES :
Empreintes de pieds de Dinosaure.
Os fossilisé.
Fougère.

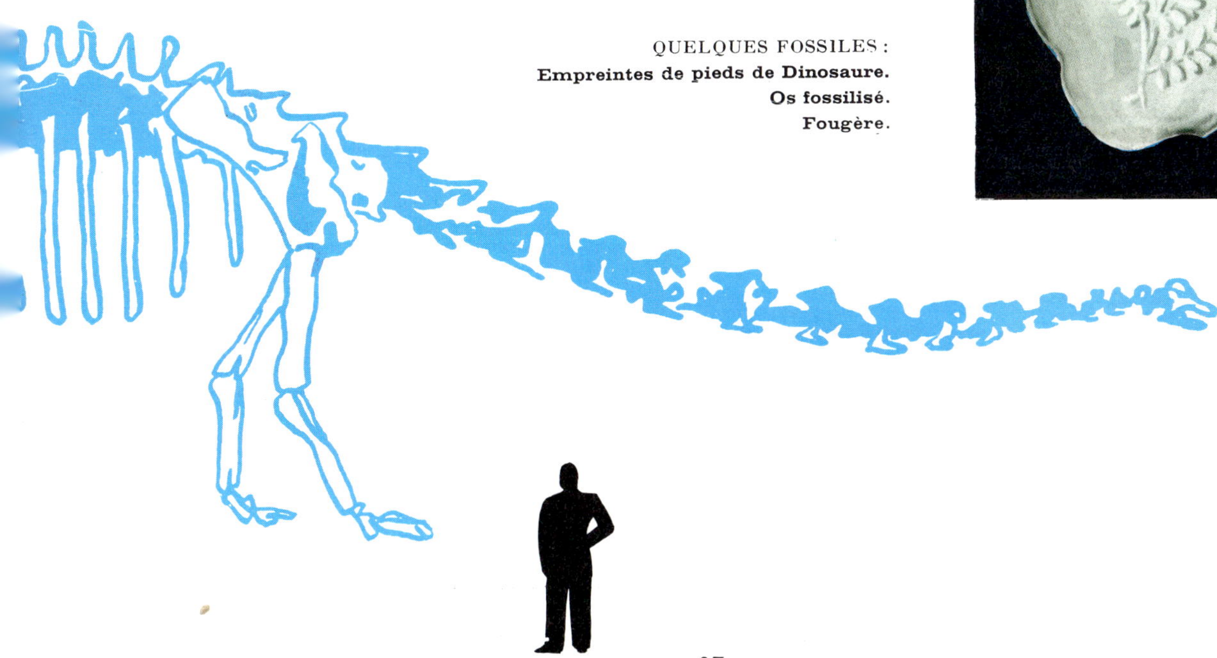

EN HAUT
A gauche : **Grès.**
A droite : **Houille.**

AU CENTRE
A gauche : **Argile.**
A droite : **Sel gemme.**

EN BAS
A gauche : **Conglomérat.**
A droite : **Calcaire.**

Les différentes couches de roches qui constituent l'écorce terrestre peuvent être considérées comme les pages " du journal " de l'histoire de la Terre. Elles racontent l'histoire de la Terre au cours des longues périodes écoulées avant que des Hommes soient apparus et qu'ils aient pu songer à décrire les transformations auxquelles ils assistaient. Une entaille profonde, comme le Grand Canyon du Colorado révèle de nombreuses pages de cette histoire à celui qui peut les lire.

Les couches des roches sédimentaires sont les pages qui racontent l'histoire des plantes et des animaux d'autrefois. L'eau et la vase n'ont-elles pas un rôle capital dans la fossilisation ?

Le Grès, le Calcaire et l'Argile sont trois roches sédimentaires fort communes. Le Grès est constitué par des grains de sable unis par un ciment. L'Argile est de la vase durcie. Le Calcaire s'est déposé au fond des eaux. Quiconque a vu le calcaire déposé à l'intérieur d'une bouilloire sait que l'eau peut contenir une grande quantité de calcaire dissous. Mais le Calcaire peut aussi être formé par les coquilles des animaux aquatiques. Un très grand nombre d'animaux peuvent utiliser le calcaire dissous dans l'eau des lacs et des mers pour édifier leur coquille. A leur mort, les coquilles tombent au fond. Et ces animaux étaient si nombreux qu'en bien des endroits leurs coquilles ont constitué d'épaisses couches de Calcaire. Un bloc de Calcaire peut représenter un nombre considérable de coquilles fossiles.

Les Conglomérats sont aussi des roches sédimentaires; ils se rapprochent des Grès, mais contiennent des graviers; ceux-ci apparaissent nettement sur la figure en face.

La Houille est constituée par les débris végétaux de forêts ensevelies. On y trouve de nombreuses plantes fossilisées. On peut ainsi déterminer la nature des arbres qui poussaient à la Période Carbonifère.

Le Sel gemme est encore une roche sédimentaire. Puisque l'eau de mer est salée, on conçoit aisément qu'en certains endroits se soient déposées des couches de Sel lorsque une forte évaporation s'est produite, comme c'est aujourd'hui le cas dans les marais salants et les lagunes.

Le Grand Canyon du Colorado

ROCHES IGNÉES

Ponce

Obsidienne

Tuf volcanique

Basalte

Granite

Les couches des roches sédimentaires, que l'on appelle encore les " strates ", nous fournissent, sur l'histoire de la Terre, d'autres renseignements que ceux qui ont trait aux plantes et aux animaux du passé. Elles nous disent les emplacements successifs occupés par les lacs et les mers. Les continents et les océans ont considérablement changé au cours des temps.

La carte de la page 9 nous montre que l'Europe occidentale était bien différente de ce qu'elle est aujourd'hui lorsque se formaient les couches de Houille. De grands bras de mer couvraient de vastes espaces aujourd'hui occupés par les terres. On peut l'affirmer car on trouve entre les couches de Houille, des Grès et des Schistes contenant des fossiles marins.

Les roches à travers lesquelles s'est encaissée la rivière Colorado, en creusant le Grand Canyon, sont, à l'exception de celles qui sont à l'extrême base des gorges, des roches sédimentaires. Elles nous disent que cette région du Globe a été recouverte par les eaux durant des siècles innombrables. Les géologues peuvent lire l'histoire des terres et des mers, en quelque région que ce soit, par l'examen des roches qui affleurent.

Ils pensent aussi, par l'étude de ces roches, reconnaître les transformations des climats au cours des temps géologiques. Le Sel gemme par exemple n'a pu se déposer que sous un climat sec et chaud provoquant une forte évaporation dans les lagunes et les mers.

Les fossiles trouvés dans les roches sédimentaires nous renseignent aussi sur ces changements climatiques. La découverte d'Orangers et d'autres plantes méridionales à l'état fossile au Groenland nous montre que ce pays bénéficia autrefois d'un climat bien plus chaud que celui dont il jouit aujourd'hui.

Les schémas ci-dessous montrent comment un Volcan apparaît et se développe. Des matériaux à température élevée et à l'état fluide, venus des profondeurs de l'écorce terrestre, montent vers la surface. Ils constituent ce qu'on appelle le " magma ". Ils font éruption à la surface et s'épanchent en longues coulées de " lave ". Parfois

Comment se forme et s'accroît un volcan

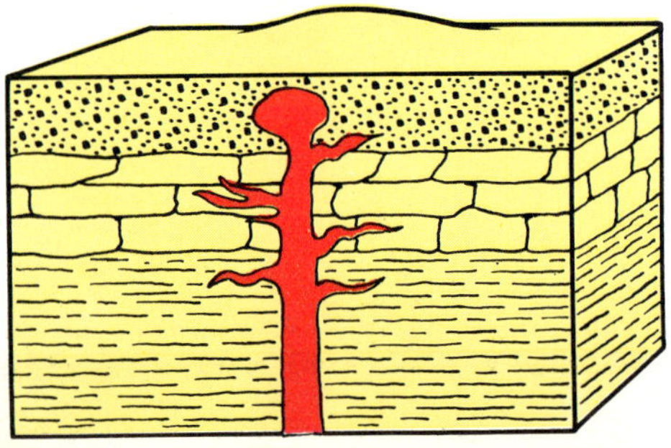

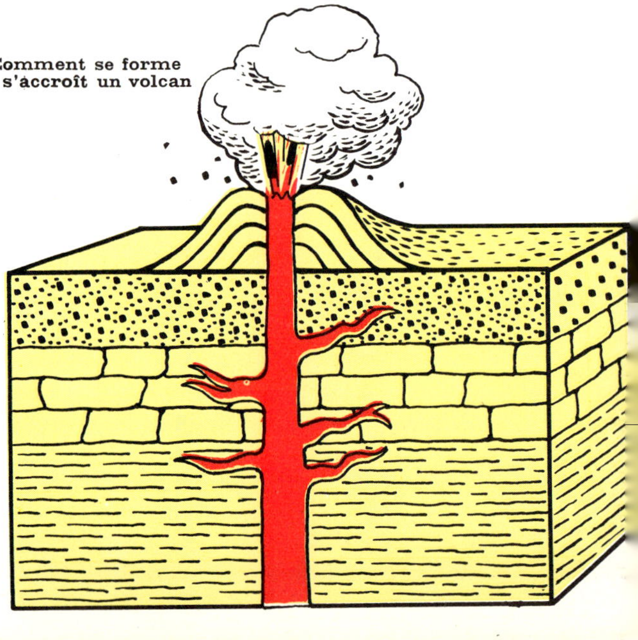

l'éruption est si violente que des paquets de lave fluide sont lancés dans les airs.

Ces matériaux projetés dans l'atmosphère se refroidissent, se solidifient et retombent sous forme de " lapillis " et de cendres. Progressivement s'édifie de cette manière une colline conique autour du cratère. Les laves rejetées par le Volcan forment même souvent de véritables montagnes.

La lave qui s'épanche du cratère peut se refroidir rapidement. Elle peut le faire si vite qu'elle emprisonne des bulles gazeuses tout comme cela se produit pour les scories des hauts-fourneaux. Ainsi se constituent des roches, les Ponces, si légères qu'elles flottent sur l'eau.

L'Obsidienne est une autre roche formée également par des laves qui se sont refroidies très rapidement. L'Obsidienne ressemble au verre, aussi l'appelle-t-on souvent " verre des volcans "; elle est d'un noir brillant.

Les Tufs volcaniques sont des roches ignées constituées par des cendres volcaniques consolidées.

Le Basalte est constitué par une lave qui s'est refroidie assez lentement. C'est une roche sombre et terne comme on peut le constater sur la figure ci-contre. Le Basalte est une roche commune; en certains endroits il forme des couches très épaisses. Ces Basaltes se présentent parfois solidifiés en prismes hexagonaux. On peut voir des prismes basaltiques à Espaly, près du Puy-en-Velay, ainsi qu'à Saint-Flour. La " Chaussée des Géants ", en Irlande, est aussi constituée par des colonnes basaltiques.

Le magma peut se refroidir lorsqu'il se rapproche de la surface et se solidifier dans le sous-sol. Une roche ignée très commune, le Granite, s'est ainsi formée par la solidification du magma, dans la profondeur, avant d'atteindre la surface. On connaît des Granites rouges et des Granites gris, mais on y voit toujours des cristaux sombres qui lui donnent un aspect tacheté. Bien qu'il se soit formé dans la profondeur, on trouve le Granite en surface parce qu'il a été débarrassé des roches qui le recouvraient et qui ont été détruites et entraînées par l'érosion. Le Granite est très dur, on l'appelle parfois la " roche éternelle "; il est utilisé pour faire des pavés, des bordures de trottoir et aussi des pierres tombales, car on peut le polir aisément.

Il y a un grand nombre d'autres roches ignées. Certaines, comme le Granite, se sont formées par un refroidissement si lent que des cristaux assez gros ont pu se constituer. D'autres, comme la Ponce, l'Obsidienne et le Basalte, se sont formées par un refroidissement rapide des laves épanchées à la surface; on n'y trouve guère de cristaux, ou seulement de tout petits cristaux.

Par l'étude des roches ignées, les géologues peuvent reconnaître, en des régions où l'on ne voit aujourd'hui aucun volcan en éruption, les témoins d'une intense activité volcanique dans le passé : ainsi, des coulées de laves se sont épanchées par de grandes fissures de l'écorce terrestre; c'est ce que l'on peut voir, en particulier, en Auvergne et aussi en Bretagne.

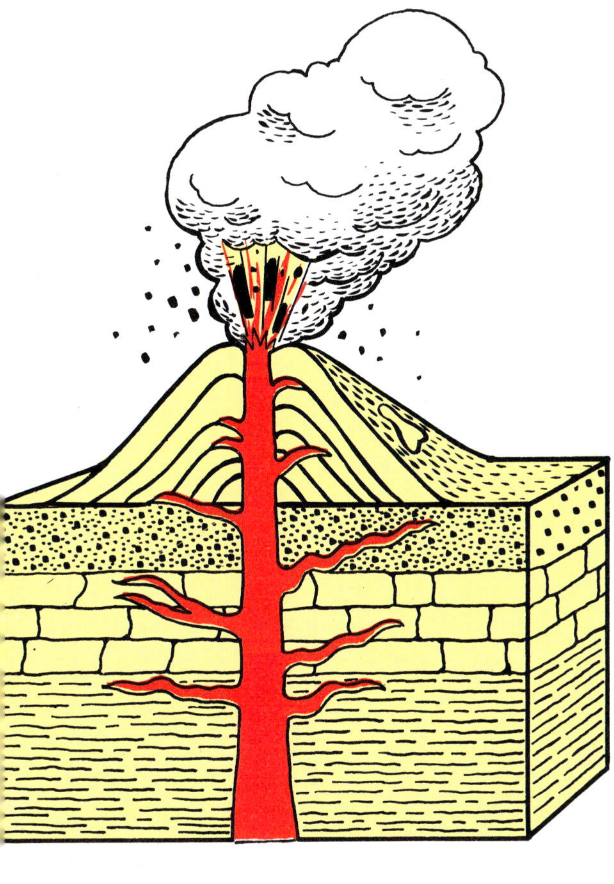

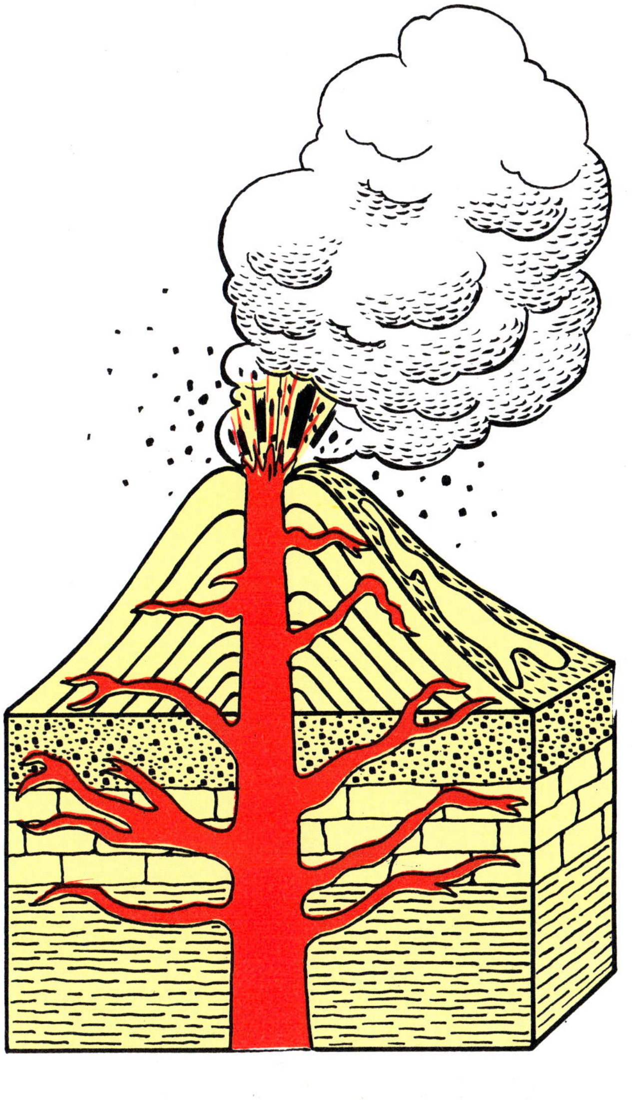

Les roches métamorphiques représentent, dans l'histoire de l'écorce terrestre, des pages qui auraient été écrites plusieurs fois. Après le dépôt des roches sédimentaires, celles-ci ont été parfois fortement comprimées et plissées; elles furent parfois aussi soulevées par le magma montant des profondeurs. Les fortes pressions et les températures élevées provoquèrent alors des transformations dans ces roches. Les Marbres, l'Ardoise et les Quartzites sont des roches métamorphiques très communes. Tous les Marbres furent autrefois des Calcaires, l'Ardoise a été de l'Argile et les Quartzites ont été des Grès. De même l'Anthracite fut de la Houille. Les Micaschistes et les Gneiss proviennent aussi de la transformation de diverses autres roches.

Le Quartzite est une roche très dure avec laquelle on fait parfois des pavés pour les rues.

Tout le monde connaît l'Ardoise; on en fait des tableaux noirs et on l'utilise pour la couverture des maisons. Certaines Ardoises peuvent être débitées en feuillets très minces à la surface très lisse. Beaucoup d'Ardoises sont d'une couleur gris noirâtre, mais certaines sont vertes, rouges ou violettes.

Le Marbre est la plus belle des roches métamorphiques. On peut lui donner un très beau poli. Le Marbre le plus pur est blanc, mais il est des Marbres gris, verts, rosés, rouges ou noirs. Certains Marbres colorés sont veinés de blanc.

L'Anthracite est un combustible plus propre que la Houille. Il ne forme pas de poussière et ne produit que très peu de fumée lorsqu'il brûle.

Le Micaschiste scintille parce qu'il contient de nombreuses paillettes de Mica. Les Grenats se présentent souvent comme des enclaves dans le Micaschiste; c'est le cas de celui qui est représenté ci-contre.

La pression et la chaleur s'exerçant sur le Granite peuvent lui donner un aspect rayé, strié, — il devient alors du Gneiss.

Un galet est un petit morceau d'une roche quelconque. Une poignée de gravier recueillie sur un rivage comprend habituellement quelques échantillons de roches sédimentaires, d'autres de roches ignées et enfin d'autres de roches métamorphiques. Ces galets, pour la plupart ont été longtemps roulés par les vagues, transportés par les courants ou même par les glaciers de la période Quaternaire.

Dans leurs longs voyages, ces galets ont eu leurs angles rugueux adoucis par les chocs et les frottements. Certains galets ont été tellement usés par les eaux qu'il est très difficile, à moins de les briser, de dire la nature de la roche qui les constitue. Mais le galet le plus petit a une histoire et peut nous renseigner sur les lacs et les mers d'autrefois, sur les volcans et les coulées de lave, et sur les poussées qui ont provoqué la formation des collines et des montagnes à la surface de la Terre.

Les roches sont constituées par des minéraux. Une roche peut être formée d'un seul minéral, mais la plupart des roches en contiennent plusieurs; souvent les minéraux forment des cristaux.

Les cristaux peuvent avoir des formes variées. Chaque espèce minérale est cristallisée suivant une forme déterminée. Les cristaux de Mica noir, par exemple, sont de minces feuillets; les cristaux de Quartz sont hexagonaux, les cristaux de Feldspath sont des prismes à quatre faces, ceux de Tourmaline sont des prismes à trois faces. Comme on peut le voir sur la figure, les cristaux de Grenat ont de nombreuses facettes, souvent 12 ou 24.

Le Granite est constitué par trois de ces minéraux. Tous les Granites sont formés de Quartz et de Feldspath et les cristaux sombres que l'on y voit sont souvent du Mica noir.

Dans le Granite, les cristaux ne sont pas aussi gros et aussi parfaits que ceux représentés ci-contre; mais il n'est pas difficile d'en extraire les trois espèces. Le Granite, bien qu'il soit une roche très dure, peut être altéré à la longue, par l'action de l'air et de l'eau. La plus grande partie du sable de nos plages provient de l'altération du Granite. Les grains de sable sont de petits cristaux de Quartz.

Il y a tellement de minéraux différents qu'il faudrait des années d'étude pour les connaître tous. Les cristaux de certains de ces minéraux sont si beaux qu'ils sont utilisés en joaillerie. Les Diamants, les Rubis, les Saphirs, les Emeraudes et les Améthystes sont les plus connus. Les Améthystes sont les pierres précieuses les moins chères; ce sont des cristaux de Quartz colorés en violet par la présence de traces de Manganèse.

Des roches et des minéraux de l'écorce terrestre proviennent aussi l'Or, l'Argent, le Fer, l'Etain et de nombreux autres métaux.

Les roches constituent souvent un véritable trésor. Certaines ont certes beaucoup plus de valeur que d'autres. Mais toutes jouent leur rôle pour nous raconter l'histoire de la Terre.

QUELQUES ROCHES MÉTAMORPHIQUES ET QUELQUES MINÉRAUX

Quartzite

Ardoise

Marbre

Anthracite

Micaschiste

Mica noir

Tourmaline

Gneiss

Quartz

Feldspath

Grenat

A gauche : **Les couches sédimentaires ont été comprimées et plissées.**

Halte du Crapaud
entre deux Lépiotes

Les êtres vivants

Le monde vivant se compose de plusieurs milliers de groupes de plantes et d'animaux. Certains êtres vivants, les bacilles de la typhoïde et les Paramécies, par exemple, sont si petits qu'ils ne peuvent être vus sans microscope. D'autres, au contraire, sont si gros qu'ils pèsent plusieurs tonnes. Certains vivent à peine un jour, d'autres ne sont pas encore vieux à 100 ans. De telles différences n'empêchent cependant pas les êtres vivants de se ressembler par certains caractères. Tous sont faits de cette mystérieuse matière vivante qu'on appelle le protoplasme. Tous sont faits de minuscules gouttes de protoplasme, les cellules. Mais tandis que le bacille de la typhoïde, qui est une plante, et la Paramécie, qui est un animal, sont tous deux faits d'une seule goutte de protoplasme, les plantes et les animaux les plus gros sont faits de milliards de cellules. Mais petits ou gros, tous les êtres vivants sont organisés.

Un Chêne a des racines, un tronc, des branches, des feuilles, des fleurs et des graines. Un Tigre

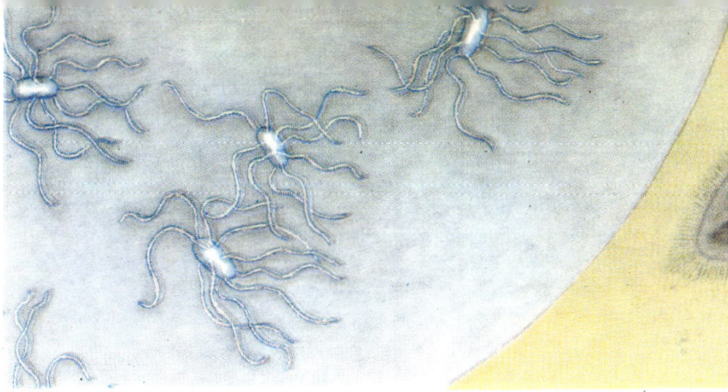

Bacilles de la typhoïde

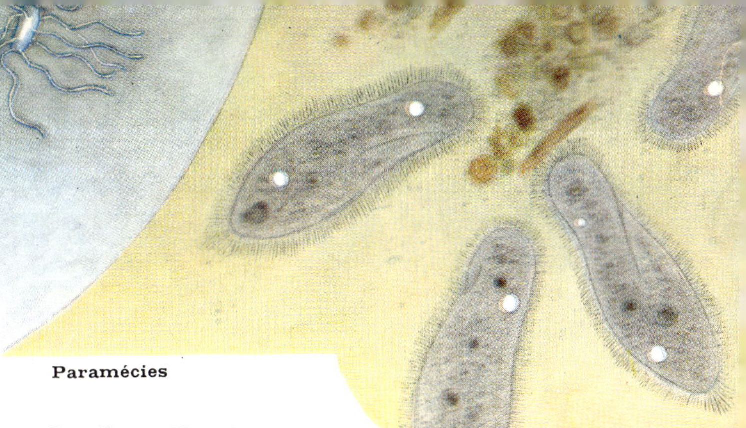

Paramécies

a un tronc, une tête, une queue, des membres, des yeux, des oreilles, une bouche, sans parler des nombreux organes situés à l'intérieur du corps. La minuscule Paramécie dispose aussi d'une bouche qui lui sert à ingérer sa nourriture; son corps est couvert de cils qu'elle utilise pour nager en se vissant dans l'eau.

Tous les êtres vivants ont des besoins qui leur sont communs; il leur faut de la nourriture, de l'eau et de l'oxygène. Des transformations chimiques se produisent chez tous les êtres vivants. Les aliments sont employés à fournir de l'énergie. Du protoplasme nouveau est fabriqué. La matière vivante trop vieille est détruite. Des déchets sont constamment produits qui doivent être éliminés. Tous les êtres vivants peuvent grandir et grossir, c'est-à-dire croître. Ils ont tous la possibilité de produire ou d'aider à produire des êtres qui leur ressemblent. Tous possèdent, plus ou moins, quelque aptitude au mouvement. Sans doute, la plupart des plantes et certains animaux restent-ils à la même place toute leur vie, mais le protoplasme de leurs cellules n'en est pas moins mobile. Tous les êtres vivants réagissent plus ou moins aux changements du milieu qui les environne. Les feuilles de la Sensitive retombent quand on les touche; un Chat griffe quand on l'ennuie; un Tournesol, comme son nom l'indique, tourne sa fleur vers le soleil; un Eléphant barrit s'il est effrayé.

Il est donc clair que toutes les plantes et tous les animaux ont en commun de nombreux caractères. Aussi étrange que cela paraisse, il n'est pas facile de dire en quoi toutes les plantes diffèrent de tous les animaux. En réalité, il n'existe aucun caractère distinctif qui permette de séparer nettement les plantes des animaux. Bien sûr, il ne serait pas difficile de trouver une vingtaine de caractères différents entre un Crapaud et un Champignon. Mais ces caractères ne vaudraient pas pour toutes les plantes et tous les animaux. Une des différences essentielles entre un Crapaud et un Champignon, c'est qu'un Crapaud peut se déplacer, tandis qu'un Champignon doit passer toute sa vie à la même place. Mais tous les animaux ne se déplacent pas, alors que certaines plantes peuvent le faire. Une Patelle ou Bernique, par exemple, vit fixée à un rocher ou à tout autre support solide, c'est pourtant un animal. Un bacille de la fièvre typhoïde est une plante, quoiqu'il puisse se déplacer dans l'eau à l'aide de cils minuscules. Un Crapaud a des yeux, des oreilles, des os, des muscles et un cerveau. Un Champignon ne possède aucun de ces organes. Et il en est de même de la minuscule Paramécie. La plupart des plantes sont vertes; mais les champignons sont des plantes et ils ne sont pas verts. La plupart des animaux réagissent assez rapidement quand une perturbation se produit dans leur voisinage. Mais une plante, telle que la Sensitive, réagit plus fortement qu'un Escargot.

Les cellules de la plupart des plantes ont des parois faites d'une substance appelée cellulose.

Au contraire, les cellules des animaux n'ont pas de paroi cellulosique. Mais cette différence n'est pas encore un moyen absolument sûr de distinguer les plantes des animaux.

Comment donc les savants peuvent-ils assurer qu'un être vivant est une plante ou un animal? Dans quelques cas, la distinction s'avère impossible. Ainsi, certaines moisissures du bois mort — des Myxomycètes — sont des plantes pour certains, des animaux pour d'autres. Quand elles se déplacent, elles se comportent comme des animaux; quand elles s'arrêtent, elles ressemblent davantage à d'autres moisissures, que l'on classe parmi les plantes.

La nature présente d'autres cas aussi embarrassants. Quelques êtres vivants ont la couleur des plantes vertes, tout en ressemblant aux animaux par certains caractères. A la vérité, de tels cas sont plutôt rares, si on les compare aux centaines de milliers d'êtres vivants que l'on n'hésite pas à classer soit parmi les plantes, soit parmi les animaux. Dans la plupart des cas, en effet, la classification d'un être vivant dans un groupe ou dans l'autre est aussi facile que s'il s'agissait d'un Crapaud ou d'un Champignon.

Un Myxomycète

ARACHNIDES
INSECTES
MAMMIFÈRES
OISEAUX
REPTILES
MYRIAPODES
CRUSTACÉS
POISSONS
VERTÉBRÉS
AMPHIBIENS
CÉPHALOPODES
ARTHROPODES
ANNÉLIDES
PROCHORDÉS
BIVALVES
GASTÉROPODES
MOLLUSQUES
VERS RONDS
CHORDÉS
VERS PLATS
ECHINODERMES
CTÉNAIRES
CŒLENTÉRÉS
EPONGES
PROTOZOAIRES
INVERTÉBRÉS
ANCÊTRES DES PROTOZOAIRES

Protozoaires très grossis

Homard (1/10)

Le Règne animal

AUJOURD'HUI, on connaît presque un million d'espèces d'animaux et il est possible qu'on en découvre encore beaucoup d'autres. Puisque certains animaux sont microscopiques, il n'est pas surprenant que de nouvelles espèces soient constamment découvertes. Après avoir comparé entre eux tous les animaux connus, les savants ont pu établir la classification du règne animal. Les grandes divisions sont appelées des embranchements. Il y en a 20 environ, dont certains groupent des animaux peu connus. Les embranchements sont divisés en classes. Les classes à leur tour sont divisées en ordres, les ordres en familles, les familles en genres et les genres en espèces.

Le Vulcain est un papillon. Il appartient au genre Vanesse. Chaque animal a un nom scientifique qui exprime son genre et son espèce. Celui du Vulcain est *Vanessa atalanta*. C'est un nom latin, comme tous les noms scientifiques donnés aux animaux. Ainsi, le papillon, appelé communément Belle-Dame, et qui appartient au même genre que le Vulcain, a comme nom scientifique, *Vanessa cardui*.

Les Vanesses forment une famille importante qui fait partie de l'ordre des Insectes à ailes écailleuses (Lépidoptères). Les Insectes sont groupés en une classe qui appartient à l'embranchement des animaux à pattes articulées, ou Arthropodes. Le dessin de la page ci-contre donne une vue d'ensemble du règne animal. Dans ce dessin, qui représente un arbre généalogique, les animaux les plus simples sont en bas, les plus compliqués au sommet. On suppose que tous les animaux actuels sont les descendants de lointains ancêtres qui n'étaient que des animaux minuscules à une seule cellule. Ces animaux relativement simples, qui auraient été les premiers animaux de la Terre, sont appelés des Protozoaires.

Les Vertébrés, c'est-à-dire les animaux pourvus d'une colonne vertébrale, sont les animaux les plus remarquables de la faune actuelle. Mais ils ne sont pas les plus nombreux, loin de là. Bien que les Invertébrés aient perdu la place prépondérante qu'ils occupaient il y a des centaines de millions d'années, ils forment encore 95 pour 100 des espèces animales actuelles.

Les animaux figurés sur la page 37 représentent quelques Invertébrés dont les noms sont bien connus.

Araignée

Huître

Ver de terre

Vulcain

Crocodile

Il y a 5 grandes classes de Vertébrés : les Poissons, les Amphibiens ou Batraciens, les Reptiles, les Oiseaux et les Mammifères. Leur colonne vertébrale est faite d'os séparés appelés vertèbres, et c'est à la présence de ces vertèbres qu'ils doivent leur nom de Vertébrés.

Leur squelette est formé d'os assemblés, qui contribuent à donner sa forme à l'animal. Trois des classes de Vertébrés comprennent des animaux à " sang froid ". Ils empruntent au milieu extérieur la chaleur nécessaire. De ce point de vue, ils ressemblent aux Invertébrés. Les Vertébrés à sang froid sont les Poissons, les Amphibiens et les Reptiles.

Les Oiseaux et les Mammifères, au contraire, sont dits à sang chaud. Toute leur chaleur est produite par la combustion des aliments qu'ils absorbent. Leur corps est chaud, même quand il fait froid autour d'eux.

La Truite de rivière est un poisson bien connu. Tout le monde sait que les Poissons sont des animaux aquatiques. Ils n'ont pas de pattes, mais des nageoires. Ils respirent avec des branchies; certains d'entre eux disposent en outre d'un ravitaillement complémentaire en oxygène. La plupart des Poissons ont le corps couvert d'écailles.

La Grenouille verte est un Amphibien. Les Amphibiens doivent leur nom à leur mode de vie. Amphibie signifie " qui peut vivre dans 2 milieux ". Un Amphibien naît et commence sa vie dans l'eau. Il absorbe l'oxygène dissous dans l'eau avec ses branchies, comme un petit poisson. Il n'a pas de pattes. Plus tard, il devient un animal à respiration aérienne. Des pattes se développent en même temps que les poumons. Cet aspect du développement est le trait fondamental des Amphibiens. Les Amphibiens n'ont pas d'écailles; leur peau est nue et presque toujours humide.

Le Crocodile est un Reptile. Le mot Reptile vient d'un mot latin qui signifie ramper. Les Reptiles ont de courtes pattes, le plus souvent. Mais il y a des Reptiles qui n'en ont même pas, comme les Serpents. La plupart des Reptiles sont des animaux terrestres et si quelques-uns, comme celui de la figure ci-dessus, passent presque tout leur temps dans l'eau, ils n'en viennent pas moins à terre pour y déposer leurs œufs. Les Reptiles sont organisés comme des Amphibiens adultes, mais ils en diffèrent par deux caractères importants : ils respirent toute leur vie avec des poumons et presque tous ont la peau couverte d'écailles. Ces écailles sont toujours sèches, contrairement à ce que l'on pense habituellement.

Les Oiseaux sont mieux connus que les Reptiles. Chaque jour, on peut en voir, même en ville. Leur corps est couvert de plumes et ce sont des animaux à sang chaud. La température du corps atteint même chez quelques espèces 44°. Tous les Oiseaux sont aériens. Alors que les premiers Oiseaux avaient des dents, tous les Oiseaux actuels en sont dépourvus. A la place, ils ont un gésier, estomac mécanique, qui écrase la nourriture.

Grenouille verte

Truite

Truie et ses petits

Le Porc est un Mammifère. On appelle Mammifère tous les Vertébrés qui allaitent leurs petits à l'aide de mamelles ou glandes à lait. Ce sont des animaux à sang chaud, comme les Oiseaux. Ils respirent toute leur vie avec des poumons, comme les Oiseaux et les Reptiles. Tous ont des poils. Poils et mamelles distinguent les Mammifères de tous les autres animaux.

On pourrait penser que les grands groupes de Vertébrés constituent chacun un embranchement. Mais les caractères communs sont si nombreux et importants, que malgré bien des différences, les savants ont réuni les 5 groupes en un vaste ensemble. Et cet ensemble ne forme même pas un embranchement, mais un sous-embranchement. C'est qu'il y a des animaux, tels les Lancelets, qui ne sont pas des Vertébrés, mais qui s'en rapprochent par certains caractères. Ils forment avec les Vertébrés, l'embranchement des Chordés. Les Lancelets ou Amphioxus, et quelques autres animaux peu connus sont dépourvus de colonne vertébrale, mais possèdent, tout au moins pendant une partie de leur vie, une colonne, qui en tient lieu, sous la forme d'une baguette dorsale rigide. Cette baguette, appelée notochorde, existe aussi chez les Vertébrés, au cours des premiers stades de leur développement.

Couple de Colombes

Cydippe Physalie Grande Méd

Les animaux du littoral

Le littoral est actuellement habité par des milliers d'espèces marines, qui appartiennent au vaste ensemble des animaux invertébrés. Depuis toujours, les rivages marins ont connu une vie intense, comme l'attestent les découvertes géologiques.

Les animaux du littoral sont soumis à l'action des marées; ils connaissent les effets des vagues puissantes qui battent les rivages. Certains d'entre eux synchronisent leurs déplacements avec ceux de la mer.

D'autres s'enfoncent dans le sable, à marée basse, attendant là le retour du flux. D'autres encore se fixent solidement aux rochers sur lesquels ils vivent.

Beaucoup d'animaux marins du littoral sont protégés par des cuirasses résistantes. Mais certaines espèces, comme les Méduses, les Cydippes et les Physalies ont le corps complètement dépourvu de parties dures. Les Cydippes ne sont pas de véritables méduses. On les trouve en abondance dans le plancton, servant de nourriture à de nombreux animaux marins. Ils font partie du groupe des Cténophores, c'est-à-dire des animaux porteurs de peignes, qu'ils utilisent comme rames natatoires. Ces peignes sont faits de cils minuscules agglutinés en palettes vibratiles, unies entre elles comme les dents d'un véritable peigne. Ils sont disposés en huit rangées, à la surface du corps ovoïde. Le Cydippe (page 40) est un Cténophore aux couleurs délicates, aussi beau la nuit que le jour. Sa phosphorescence signale, en effet, sa présence dans la nuit. Pour capturer les proies, ce petit animal utilise deux longs tentacules gluants qui flottent dans la mer.

La Physalie et la grande Méduse, figurées ci-contre, sont des Cœlentérés. L'organisme de la Physalie n'est pas simple. C'est une colonie de petits animaux. Ces divers animaux ne sont pas tous pareils et ils ne font pas le même travail. Les uns ne font que manger et digérer la nourriture. D'autres pêchent et protègent la colonie contre ses ennemis. D'autres encore, particulièrement sensibles, enregistrent les impressions venues du dehors, tandis qu'un certain nombre préparent les œufs. La colonie flottante dispose d'une sorte de voile, qui est ici un petit sac rempli de gaz. On a souvent comparé cette colonie à un bateau de guerre, sans doute parce qu'elle est munie de dards venimeux, qui peuvent tuer, même un gros poisson, ce qui n'a pas manqué de faire penser aux canons d'un cuirassé. La plupart des Physalies flottent sur la mer, et, au cours des fortes tempêtes, un certain nombre d'entre elles sont emportées et projetées sur les rivages. En haute mer, les Physalies voyagent souvent en compagnie de petits poissons, qu'on pourrait croire en danger. Mais ils n'ont rien à craindre des dards de leurs compagnons de route; le voisinage des Physalies leur assure au contraire une protection efficace.

La grande Méduse (page 40) nage paresseusement en ouvrant et fermant son ombrelle. La bouche s'ouvre à la face inférieure du corps. Autour de la bouche, pendent 4 bras, les palpes labiaux. Avec ces palpes, la Méduse saisit les petits animaux, qu'elle mange. Les longs filaments ou tentacules, disposés autour de l'ombrelle, servent aussi à prendre la nourriture. Leur surface est pourvue de dards minuscules pleins de poison. Quand un petit animal heurte un tentacule, il est immédiatement percé par un dard venimeux. Comme le Cydippe, la grande Méduse, figurée ici, est phosphorescente dans la nuit.

Des formes très gracieuses, comme celle dessinée ci-dessous, sont édifiées par de minuscules animaux, des Hydrocoralliaires. Ces animaux sont sédentaires; ils sont attachés à la demeure, qu'ils ont eux-mêmes construite en tirant la chaux dissoute dans l'eau de mer. Quand ils meurent, ils laissent au-dessous d'eux leur maison de pierre.

Les " Eventails de mer " sont des Cœlentérés, au même titre que les Méduses et les Physalies. Dans le même groupe on trouve encore les Coraux, les Anémones de mer, et les Hydres d'eau douce.

Hydrocoralliaire en éventail

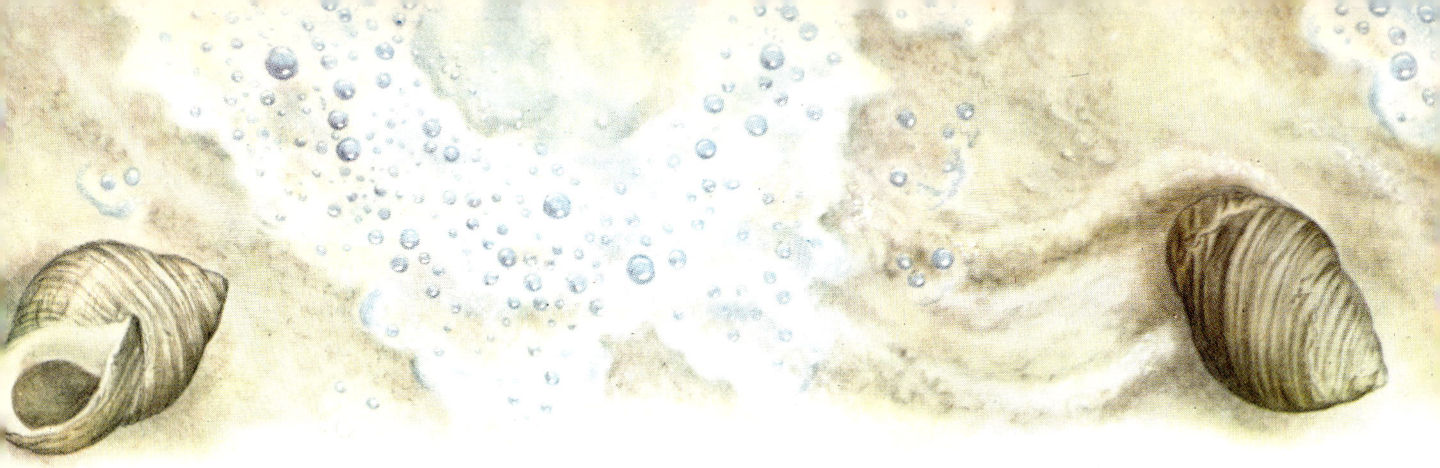

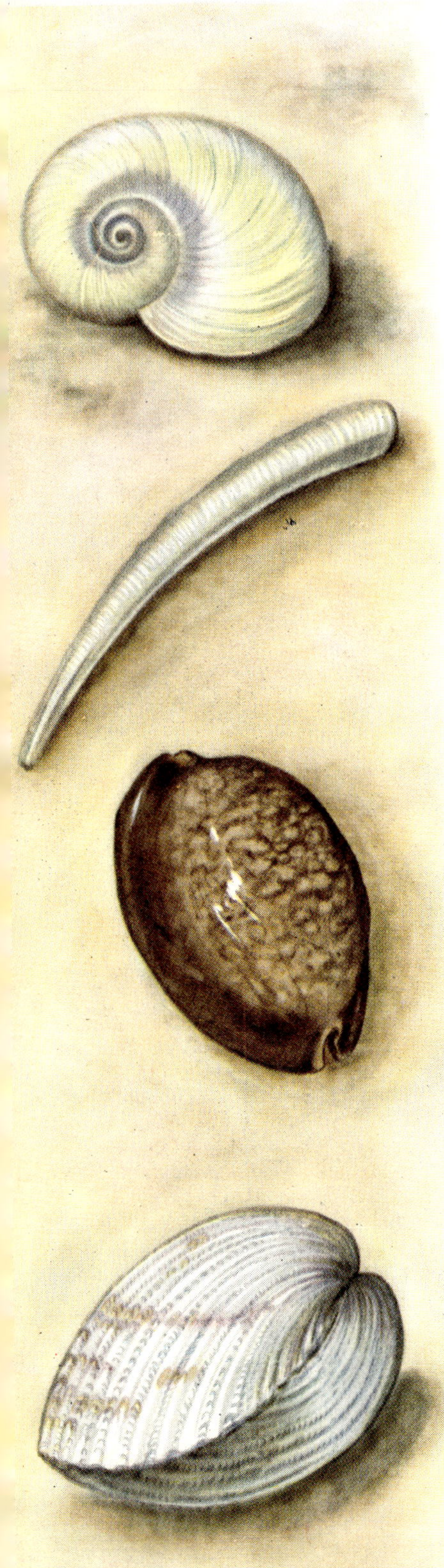

Bigorneaux

Natice

Dentale

Porcelaine

Coque

Les Mollusques sont nombreux sur les rivages. On les appelle ainsi parce que leur corps est mou; aucun os d'aucune sorte. Mais presque tous ont une coquille dure.

Toutes les coquilles représentées sur cette page sont des coquilles de Mollusques. A les voir, il est évident que chaque espèce construit sa coquille sur un modèle qui lui est propre.

La Natice, la Porcelaine, le Bigorneau appartiennent au groupe des Mollusques gastéropodes. Le mot Gastéropode signifie " estomac-pied ". Les Gastéropodes comprennent tous les escargots et leurs proches parents. Ces animaux glissent lentement sur un large pied, tout en portant leur coquille sur le dos. Quand il y a danger ou qu'il faut se reposer, le corps mou se rétracte dans la coquille. Cette coquille est d'une seule pièce chez les Gastéropodes. Elle est souvent enroulée. On dit que les Gastéropodes sont des univalves. Tous les Gastéropodes ont une langue couverte de petites dents disposées en nombreuses rangées. Grâce à toutes ces petites dents, la langue est une bonne râpe. Le Gastéropode peut donc gratter les pierres, en détacher de petites plantes, déchirer en menues parcelles des plantes plus volumineuses, et même percer la coquille d'un autre animal.

Les Dentales sont des Mollusques différents. Ils forment un groupe peu important. On leur a donné ce nom à cause de la forme de leur coquille. Ils ne se déplacent qu'au cours de leur croissance. Dès qu'ils ont fini de grandir, ils restent à la même place, la tête enfouie dans le sable, la coquille seulement restant visible.

Les Coques font partie d'un très grand groupe de Mollusques qu'on appelle les Pélécypodes. Pélécypode signifie " hache-pied ". On les appelle encore Bivalves, parce que leur coquille a toujours 2 valves. Citons parmi les Bivalves, les Huîtres, les Moules, les coquilles Saint-Jacques et les Clams. Tous ces animaux à pied en forme de hache n'ont pas de tête. Ils ne glissent pas sur leur pied comme font les escargots; ils s'en servent, au contraire, comme d'une bêche et parfois même comme d'une perche, pour sauter.

On a souvent utilisé les coquilles comme monnaie. Les coquilles des Porcelaines, solides et belles, les coquilles des Dentales et celles des Clams, sont parmi celles qui furent les plus recherchées.

Pendant des millions d'années, les Céphalopodes ont été la terreur des mers. Actuellement les espèces sont moins nombreuses et dans l'ensemble moins redoutables.

Les Nautiles, les Calmars ou Encornets, les Seiches et les Pieuvres sont les principaux représentants du groupe des Céphalopodes actuels. Céphalopode signifie " tête-pied ". A la place d'un large pied, un Céphalopode a des bras ou tentacules autour de la tête. Ces bras servent à prendre la nourriture. En général, ils sont équipés de ventouses. Sur la tête des Céphalopodes, on trouve les yeux les plus perfectionnés qu'on puisse voir chez les Invertébrés. Les Calmars, appelés parfois " flèches de mer " à cause de leur forme, ont 2 nageoires. En les remuant, l'animal nage lentement. Mais s'il est inquiété ou s'il veut atteindre une proie, il vide d'un coup sa cavité branchiale, dont l'eau est projetée par un tube évasé en une sorte d'entonnoir. De cette manière, le Calmar se déplace en flèche, soit vers l'avant, soit vers l'arrière. Deux tentacules sont plus longs que les 8 autres. Quand un Calmar veut manger un poisson, il part à sa poursuite et il le capture avec les 2 longs tentacules. Une fois qu'il le tient, il le tire en arrière jusqu'à ce que les autres bras puissent l'atteindre; le poisson est alors solidement tenu tandis que le Calmar le mange.

Quand un Calmar essaie d'échapper à un ennemi, il a l'habitude de partir en flèche vers l'arrière. En même temps, il dispose d'un bon " truc ", il lance un jet d'encre brune dans l'eau de mer. Peut-être cette encre dissimule-t-elle le Calmar; peut-être aussi l'ennemi est-il tout bonnement surpris; toujours est-il que le Calmar peut alors s'éloigner sans danger.

Le Calmar peut encore éviter le danger d'une autre façon. Il change de couleur et prend celle du milieu qui l'entoure.

La taille des Calmars est très variable. Si la plupart de ceux qui fréquentent les rivages ne dépassent guère 50 ou 60 cm de longueur, il y en a de géants qui peuvent atteindre une quinzaine de mètres; leurs ventouses sont aussi grosses que des tasses à thé. Les Calmars n'ont pas de coquille; toutefois, leur corps mou est légèrement soutenu par une lame cornée en forme de plume.

A la différence du Calmar, le Nautile a une coquille; c'est même l'une des plus belles coquilles. Elle est divisée en loges ou chambres par des cloisons. Quand l'animal est jeune, la coquille n'a qu'une chambre. A mesure qu'il grandit, il ajoute des chambres, l'une après l'autre. Une fois adulte, le Nautile a une coquille à plusieurs chambres, mais il n'occupe que la dernière qu'il a construite.

La Pieuvre est un autre Céphalopode bien connu. Elle n'a pas de coquille du tout. Les plus grosses Pieuvres peuvent atteindre 5 mètres, bras étendus; elles sont probablement restées pour leurs voisins, comme l'étaient leurs ancêtres, la terreur des mers.

Calmar

Nautile

Araignée de mer

Crabe violoneux

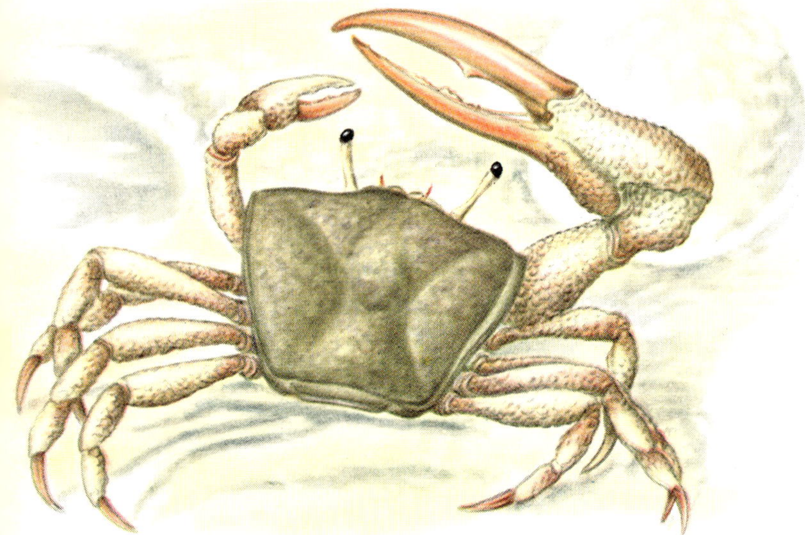

Crabes, Crevettes et Homards sont communs sur les rivages. Ces animaux sont étroitement apparentés; ce sont tous des Crustacés.

Les Crustacés, comme le montre l'arbre généalogique de la page 36, forment un groupe dans l'embranchement des animaux à pattes articulées, qui est celui des Arthropodes.

Les Trilobites, si abondants il y a plusieurs centaines de millions d'années, et disparus à la fin de l'ère primaire, étaient des Crustacés.

Tous les Crustacés ont un tégument corné. Leur carapace est différente de la coquille des Mollusques. Si le Bernard-l'Ermite paraît avoir une coquille, c'est qu'il l'a empruntée à quelque mollusque. Le Bernard représenté page 45, a remplacé le corps mou d'une Natice. C'est un Crabe qui a besoin d'être protégé, car la partie postérieure de son corps est molle. Et une coquille vide de Mollusque gastropode fait souvent très bien l'affaire.

Crevette grise

Crabe bleu

Une carapace de Crustacé n'est pas extensible. C'est pourquoi l'animal doit changer de carapace au cours de sa croissance. Les 6 Crustacés des pages 44 et 45 ont dix pattes. Les 2 premières se terminent par des pinces qui servent à prendre et à écraser de petits animaux.

Tous les Crustacés ont 2 paires d'antennes et leurs yeux sont portés par des pédoncules. Tous respirent à l'aide de branchies. 5 paires de pattes, 2 paires d'antennes, yeux pédonculés, branchies, carapace, tels sont les caractères fondamentaux des Crustacés.

Mais en dépit de leurs ressemblances, les Crustacés diffèrent entre eux. Ainsi, les Crabes sont faciles à distinguer des Crevettes et des Homards. Ils n'ont pas de queue. Les Langoustes ressemblent tellement aux Homards qu'on n'hésite pas à dire que ce sont des Crustacés, mais elles n'ont pas de pinces.

Certains Crustacés sont moins faciles à reconnaître comme tels. Il en est ainsi des Anatifes et des minuscules Puces de mer.

Bernard-l'Ermite

Homard

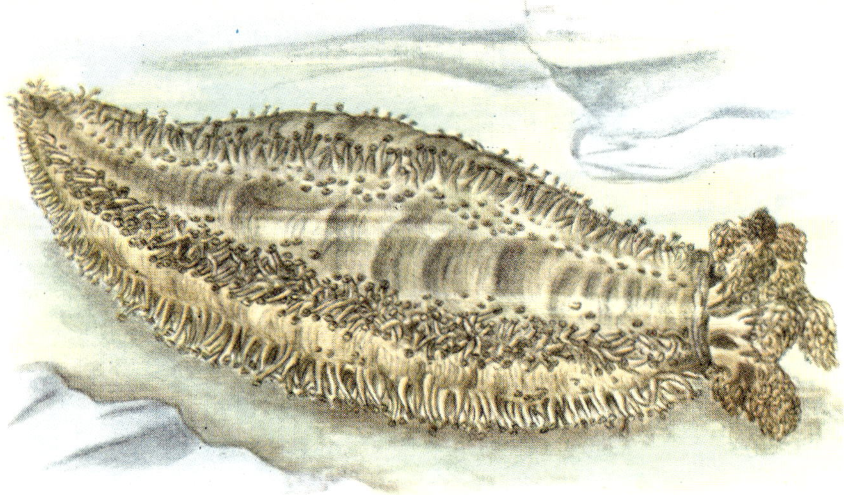

Concombre de mer

Les Mollusques entrent pour une part assez importante dans notre alimentation. On mange chaque année des tonnes d'Huîtres, de Moules, de Coquilles St-Jacques. Avec les coquilles, on fait des boutons de nacre. En outre, Huîtres et Clams fabriquent ce qu'il est convenu d'appeler des perles fines. En somme, les Mollusques sont des animaux dont il serait difficile de se passer. On pourrait en dire autant des Crustacés. Homards, Crevettes et Crabes sont consommés par milliards chaque année. Sans parler des Écrevisses, qui sont des Crustacés d'eau douce.

Examinons maintenant les animaux représentés sur ces deux pages. Quoi de plus différent ? A les voir, on ne dirait pas que ce sont de proches parents. Il s'agit pourtant des animaux d'un même groupe, à peau garnie de piquants et qu'on appelle pour cela des Echinodermes.

Les Echinodermes sont bien moins utiles pour nous que les Crustacés et les Mollusques. Nous n'en tirons à peu près aucune nourriture, ni aucun produit de valeur. Parmi les Echinodermes, l'un des mieux connus est sans doute l'Etoile de mer, qui n'est pas figurée ici. On a donné à pas mal d'Echinodermes des noms trompeurs. Il faut savoir qu'un Concombre de mer n'est pas un légume, que le Lis de mer n'est pas une plante à fleurs. Les animaux de ce groupe diffèrent de tous les autres par la présence d'un système de canaux aquifères à l'intérieur de leur corps. Ces canaux communiquent avec des tubes ambulacraires terminés en général par une ventouse. Ces tubes servent à la locomotion et à la respiration. Ils peuvent servir aussi à attraper les proies. Une Etoile de mer, par exemple, s'approche d'une Huître. Elle la prend dans ses bras, dont les tubes à ventouses adhèrent fortement aux valves de la coquille. Au début, l'Huître tient bon, mais elle se fatigue et finit par céder. L'Etoile de mer ouvre la coquille et se met à manger l'Huître.

Le Concombre de mer s'y prend autrement pour manger sa proie. Il n'utilise pas ses tubes ambulacraires. Très paresseux, il attend que la nourriture vienne jusqu'à lui. Assez souvent de petits animaux s'aventurent dans le voisinage de sa bouche et les tentacules qui remplacent les lèvres n'ont qu'un mouvement à faire pour assurer la capture. Si les petits animaux sont en nombre insuffisant, le Concombre de mer peut attaquer des proies plus importantes, telles que de petits Crabes et de petits Homards. Quand l'un d'eux est à sa portée, il lui lance un bouquet de filaments blancs, ce qui constitue un piège efficace. Les filaments sont normalement à l'intérieur du corps où ils jouent le rôle d'organes respiratoires.

Dollar des sables

Châtaigne de mer

Lis de mer

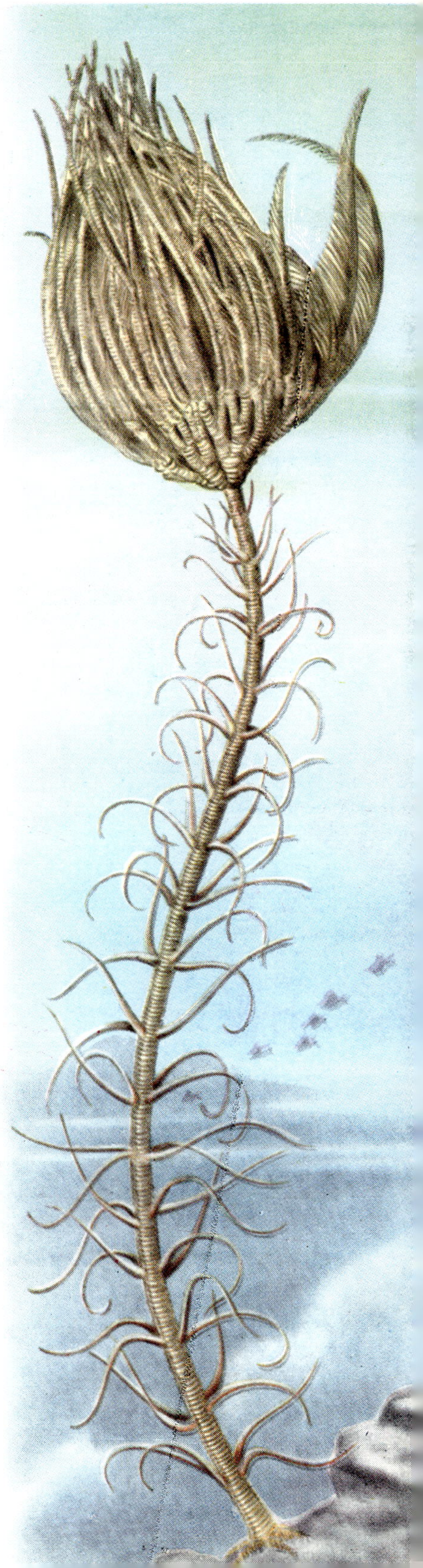

Le Concombre de mer, qui a utilisé une fois son piège, ne peut pas recommencer. Il doit attendre qu'il en pousse de nouveaux, ce qui ne tarde pas. Le pouvoir de régénération du Concombre de mer est d'ailleurs très important. Cet animal refait très facilement la partie du corps qui a été enlevée ou blessée. L'Etoile de mer montre la même aptitude et l'observation en est facile sur les plages. Des Crustacés aussi régénèrent les parties perdues : un Homard, par exemple, peut refaire une nouvelle pince après amputation. Le " Dollar des sables ", qui doit son nom à sa forme, a l'habitude de vivre sur les fonds marins sableux, dans des endroits plutôt abrités. Il se déplace à l'aide de ses tubes ambulacraires. Placé sur le dos, il se retourne facilement en faisant un saut périlleux. Les piquants du Dollar des sables sont souples et l'on croirait que l'animal a un manteau de velours. On trouve plus souvent la carapace vide que l'animal vivant. Cette carapace ou squelette est faite de calcaire. C'est elle qui donne sa forme au Dollar des sables.

La Châtaigne de mer — l'Oursin — a également un squelette calcaire. Les plaques du squelette présentent des mamelons alignés, sur lesquels s'articulent les piquants bien visibles. Très pointus et solides, ils peuvent user le rocher et l'Oursin sait les manœuvrer pour creuser sa demeure.

Le Lis de mer était déjà présent au temps des Trilobites. C'est un animal fixé, qui vit toujours au même endroit. Son ravitaillement se fait donc sur place. La " fleur ", située au sommet d'une longue tige, est faite de tentacules préhenseurs, qui attrapent les petits animaux passant dans le voisinage.

Les Echinodermes n'ont ni tête, ni queue. Un Oursin, ou un Dollar des sables, en déplacement présente à l'avant n'importe quelle partie de son corps circulaire. De tels animaux sont construits suivant un plan de symétrie rayonnée plutôt que suivant un plan de symétrie bilatérale. Toutes les plaques de leur squelette sont disposées comme les rayons d'une roue. Tous les Echinodermes adultes sont construits sur ce même plan, comme d'ailleurs les Méduses et les Cténophores que nous avons signalés. Mais par une sorte de bizarrerie de la Nature, les jeunes Echinodermes n'ont pas de symétrie rayonnée. Ils sont, au contraire, bilatéraux, comme tous les animaux supérieurs. Ils ressemblent même pas mal aux embryons des Chordés inférieurs, les Chordés supérieurs étant plus couramment appelés les Vertébrés.

Beaucoup d'animaux du littoral ont de proches parents qui vivent dans les eaux douces des étangs et des cours d'eau. Chacun a pu voir des Crabes et des Moules d'eau douce, des Planorbes et des Limnées, et surtout des Ecrevisses. Mais il n'y a aucun Echinoderme d'eau douce. Tous les Echinodermes, sans exception, vivent dans la mer.

Papillon Lune (1)

(1) Actias selene (Saturnide)

Les Insectes

Actuellement, les espèces d'Insectes sont si nombreuses que notre époque est parfois appelée l'âge des Insectes, au lieu de l'âge de l'Homme.

Plus de la moitié des espèces animales appartiennent au groupe des Insectes. On en compte au moins 600.000. Peut-être ce nombre ne signifie-t-il pas grand-chose. Essayons de faire comprendre son importance. Pour cela, supposons que les noms scientifiques de toutes les espèces d'Insectes soient imprimées sur un ruban de papier en caractères analogues à ceux de ce livre. Le ruban de papier aurait 22 kilomètres de longueur ! Supposons maintenant qu'on veuille étudier les Insectes, en consacrant une journée à chaque espèce; il faudrait vivre près de 2.000 ans pour pouvoir les étudier toutes. Supposons encore qu'on assiste à un défilé d'images, chacune représentant une espèce animale du monde actuel, que le défilé ait lieu jour et nuit et que l'on consacre une minute à chaque image; il faudrait 2 ans pour ne rien perdre de cette revue. Eh bien ! la partie du défilé consacrée aux Insectes exigerait 1 an et 1 mois.

Il n'y a pas seulement beaucoup d'espèces d'Insectes; il y a aussi beaucoup d'insectes de chaque espèce. Un seul arbre peut héberger 20 millions de pucerons. Une nuée de moucherons peut compter des centaines de milliers d'individus. Tout le monde a entendu parler des fléaux de criquets. Si tous les habitants de la Terre étaient répartis également à la surface des continents, il y aurait 20 à 25 personnes par km². Si les insectes étaient dispersés de la même manière, il y en aurait 10 millions. Autrement dit, pour 1 homme on compte actuellement 500.000 insectes.

Les Insectes constituent une classe — la plus importante — de l'embranchement des animaux invertébrés à pattes articulées, ou Arthropodes. On appelle parfois les Insectes des Hexapodes. " Hexapode " signifie " 6 pattes ". Ce nom leur convient parfaitement, car tous les Insectes ont 6 pattes. Si on les a appelés insectes, c'est parce que leur corps est divisé. Insecte vient, en effet, du mot inciser, qui signifie couper. Le corps de tous les Insectes est divisé en 3 parties : la tête, le thorax et l'abdomen. En plus de ces 2 caractères, communs à tous les Insectes, on remarque, sur la tête de ces animaux, 2 filaments articulés : ce sont les antennes. Tous les Insectes ont encore une carapace faite d'une substance très remarquable, la chitine. Cette chitine est imperméable, légère, élastique. La plupart des Insectes ont des yeux composés, c'est-à-dire des yeux formés chacun d'un grand nombre d'yeux minuscules.

Presque tous les Insectes ont des ailes et presque tous les Insectes ailés en ont 2 paires. C'est dire que certains n'ont qu'une paire d'ailes et qu'il y a des Insectes qui n'en ont pas du tout.

Ainsi caractérisés, les Insectes se distinguent facilement des animaux des autres groupes, tout en étant très différents les uns des autres. Voyez les figures de ces deux pages; chacune des espèces représentées ne ressemble guère à sa voisine. L'un des tableaux de la page 181 indique 18 ordres d'Insectes. Mais dans d'autres ouvrages vous pourriez trouver certains de ces ordres réunis. Des savants ont, par exemple, réuni dans le même ordre les Mantes religieuses, les Phasmes ou Bâtons du diable et les Sauterelles. En haut de cette page on a représenté un papillon nocturne; certains le considèrent comme le plus bel insecte.

Grillons

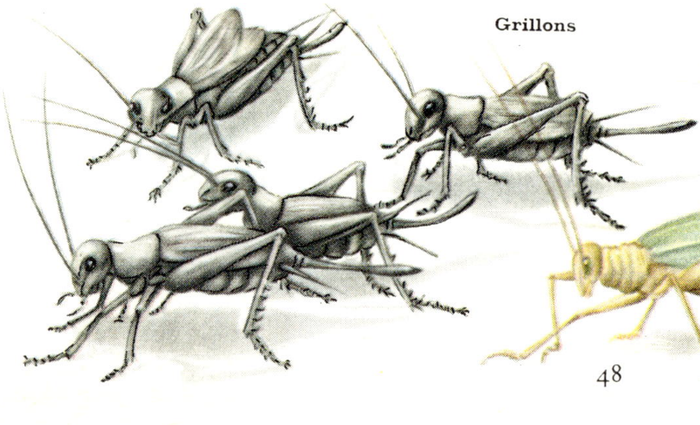

Sauterelles

Lucioles

La Luciole est un Coléoptère. C'est un insecte qui peut allumer et éteindre ses feux, c'est-à-dire lancer des éclairs. Comment arrive-t-il à produire de la lumière sans dégagement de chaleur appréciable, on ne le sait pas encore. Et l'on voudrait bien connaître ce secret de fabrication.

On a fait défiler ci-dessous quelques insectes. On reconnaît de gauche à droite : les Grillons, les Sauterelles, les Criquets, les Bâtons du diable, les Coccinelles.

Comme les Lucioles, les Coccinelles sont des Coléoptères. Les autres insectes sont faciles à classer : il suffit de consulter le tableau de la page 181.

On peut dire qu'on trouve des insectes dans tous les milieux; ce sont les insectes terrestres qui sont les plus nombreux. S'ils vivent assez souvent dans l'eau douce des lacs et des étangs, ils sont plutôt rares dans l'eau salée. Leur densité dans chaque milieu peut varier, mais il n'est pas de plages et de montagnes, de forêts et de prairies, de terres chaudes et de terres froides qui n'aient leurs populations d'insectes.

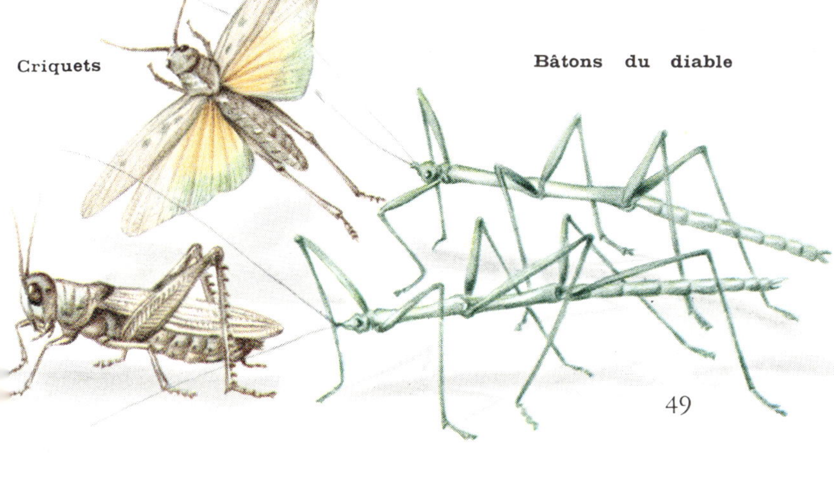

Criquets

Bâtons du diable

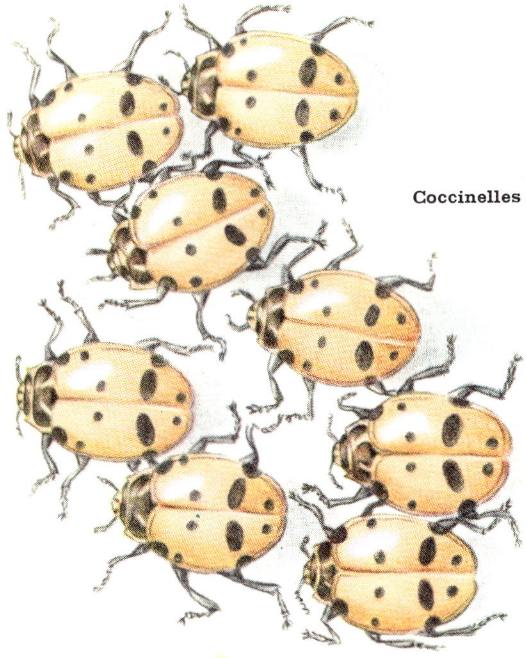

Coccinelles

Guêpe maçonne (1)

(1) Eumène.

Plus de la moitié des ordres d'Insectes ont leur nom scientifique terminé par « ptère ». Il n'y a qu'à consulter le tableau de la page 181 pour s'en convaincre. Cette terminaison signifie « ailes ». Les ailes, en effet, sont d'un précieux secours pour identifier les Insectes.

Le nom scientifique de l'ordre des Papillons, qu'ils soient de jour ou de nuit, est Lépidoptère. Ce nom signifie « ailes écailleuses ». C'est que les ailes de tous les papillons sont couvertes de minuscules écailles, qui ressemblent à de la poudre quand on les détache.

La Vanesse des bouleaux et des saules, le Morio, n'a pas d'écailles visibles. Isolées, les écailles sont trop petites pour être vues sans microscope.

La Guêpe maçonne et l'Abeille appartiennent toutes deux aux Hyménoptères, Insectes à ailes membraneuses. La Punaise d'eau géante ou Nèpe est le type des Hétéroptères, Insectes à ailes faites de 2 parties différentes. Un autre ordre, celui qui comprend les mouches, les moucherons et les moustiques, est l'ordre des Diptères.

Diptère signifie 2 ailes. Les Coléoptères (les Hannetons, par exemple) ont 2 ailes dures impropres au vol formant un étui qui recouvre les 2 ailes membraneuses. Et ainsi de suite.

Tout insecte, quel que soit l'ordre auquel il appartient, comme n'importe quel animal, a besoin d'oxygène et de nourriture. Presque tous les Insectes ont dans leur corps un système de tubes qui conduisent l'air aux tissus des organes. L'air passe par de petites ouvertures appelées stigmates. Quelques Insectes ont un appareil respiratoire spécial conforme à leur manière de vivre. Les larves de Moustiques, par exemple, sont aquatiques et respirent à l'aide d'un tube s'ouvrant à la surface de l'eau.

Les Insectes se nourrissent de plantes et d'animaux variés. Leurs pièces buccales sont adaptées à leur régime alimentaire. Le Criquet qui mange des feuilles a des pièces buccales broyeuses. Ses mandibules déchirent et écrasent la nourriture.

La Nèpe, au contraire, a des pièces buccales suceuses. Munie d'un bec solide, elle perce sa proie et aspire la nourriture.

On a représenté sur les pages 50 et 51, 4 Insectes qui diffèrent par leur régime alimentaire. La Punaise d'eau se nourrit d'animaux aquatiques : têtards, limnées, insectes, petits poissons. La Guêpe maçonne est carnassière dans le jeune âge, mais devient assez vite végétarienne. Il lui faut des araignées, quand elle est jeune, et ce sont les parents qui en font la capture. La Guêpe maçonne construit un nid de boue. Dans chaque loge, elle dépose un œuf. Ensuite, elle y place une ou deux araignées que la jeune larve mangera au sortir de l'œuf. Une fois adultes, les guêpes maçonnes se nourrissent de nectar, c'est-à-dire de jus sucré qu'elles trouvent en butinant les fleurs.

Les Abeilles mangent le miel qu'elles font avec du nectar et du pollen, cette poudre jaune récoltée dans les fleurs.

Le quatrième Insecte figuré ici, la Vanesse Morio, mange des feuilles quand elle est à l'état de chenille. Adulte, elle se nourrit de nectar. Il va sans dire que les pièces buccales de la chenille diffèrent beaucoup de celles du papillon. L'adaptation des pièces buccales au régime alimentaire est si précise qu'une Punaise aquatique mourrait sûrement de faim si elle n'avait pour se nourrir que le menu de la Vanesse.

Punaise d'eau

Abeilles

Il n'est pas exagéré de dire que toutes les plantes alimentaires utilisées par l'homme le sont également par les insectes. Pour vivre, l'homme doit donc lutter contre de redoutables rivaux. S'il n'intervient pas à temps, le champ de blé ou le champ de maïs donnera à manger aux insectes bien avant la moisson. Chaque sac de farine charançonnée, chaque pomme véreuse, chaque pot de confiture endommagé par les fourmis, autant de preuves que les Insectes ont gagné la partie.

Chaque élément d'une forêt peut fournir la nourriture à une espèce d'Insecte. Certains sucent la sève des arbres, d'autres mangent les feuilles, l'écorce, les jeunes pousses ou les racines. L'arbre abattu est autant attaqué que l'arbre sur pied. Des Insectes mangent le bois encore vert, d'autres se régalent du bois mort.

Il en est ainsi dans les diverses plantations. Les capsules tendres du Cotonnier sont mangées par certaines espèces, pendant que d'autres se nourrissent de sève, de feuilles et de racines.

Le régime alimentaire des Insectes varie donc beaucoup suivant les espèces. Et comme celles-ci sont très nombreuses, on ne doit pas être surpris de constater que la plupart des produits servent de nourriture aux Insectes. Les fourrures, les laines, le sang même..., etc., sont mangés par les Insectes. On peut dire que les gens dépensent annuellement une fortune pour mettre à l'abri des mites leurs fourrures et leurs vêtements de laine.

Et les moustiques ? Encore n'y a-t-il que les femelles adultes qui piquent et sucent le sang; les mâles, en effet, nous laissent tranquilles, préférant au sang le jus des plantes. Tous les jeunes sont aquatiques; ils ne nous incommodent donc pas, mais ils deviennent adultes!

Chacun sait bien que les moustiques ne sont pas les seuls insectes suceurs de sang; les puces des chiens et des chats viennent aussi nous faire visite.

Les Insectes ne luttent pas seulement contre l'homme. Ils luttent entre eux. Certains insectes pondent dans le corps des chenilles, qui servent de nourriture aux jeunes à l'éclosion.

D'autres insectes sont cannibales; ainsi, il n'est pas rare qu'une Mante femelle dévore le mâle.

Une espèce de Mouche, aux ailes en dentelle, connaissant probablement les terribles défauts de sa progéniture, dépose ses œufs de telle manière que les premières larves qui éclosent sont dans l'impossibilité de manger leurs sœurs plus jeunes. Elle en est donc arrivée à placer chaque œuf au sommet d'une petite brindille, ce qui provoque la dispersion des jeunes cannibales. Le fait que le régime alimentaire d'un insecte adulte diffère très souvent de celui de la larve suggère l'idée que des changements importants doivent se produire au cours du développement. Et c'est bien ce que l'on constate, en effet. Que de difficultés pour l'entomologiste débutant, du fait des différences profondes qui existent entre l'adulte et le jeune ! Sans doute peut-on reconnaître facilement une jeune Punaise d'eau (Nèpe) si l'on connaît l'adulte, mais il n'en serait sûrement pas de même si l'on avait affaire à une Guêpe maçonne, à une Abeille, ou à une Vanesse.

Vanesse et sa chenille (1)

(1) Vanessa antiopa (= Morio).

Un Paon de nuit (Amérique)

Ce beau papillon est un Paon de nuit. Les étapes de son développement sont indiquées par les figures ci-contre. La femelle pond sur les feuilles d'un pommier ou d'un cerisier, par exemple. Des œufs sortent de minuscules chenilles noires, qui sont des larves. Ces larves n'ont pas d'ailes et pas d'antennes. Elles se déplacent à l'aide de 6 courtes pattes situées près de la tête, et de plusieurs fausses-pattes que l'on voit plus en arrière. Ces fausses-pattes terminées chacune par une ventouse facilitent la locomotion. Le corps de la chenille est divisé en anneaux ou segments. Sur la peau, on voit de petits boutons ou tubercules.

Dès l'éclosion, chaque chenille se gave avec des feuilles. Elle grandit rapidement et sa peau peu extensible devient vite trop petite. Il n'y a qu'une chose à faire, c'est l'abandonner, autrement dit, changer de peau. C'est ce qu'elle fait, de temps en temps, au cours d'une mue. Après la première mue, la peau est orange; après la deuxième, elle est jaune, et le corps dépasse 2 cm. La chenille va encore grandir et 2 mues sont encore nécessaires. On la voit maintenant d'un beau vert avec des tubercules bleus, rouges et jaunes. C'est une belle chenille, par ses couleurs.

Il est évident qu'il lui faut respirer, pendant

qu'elle grandit. Elle le fait, comme la plupart des Insectes, en utilisant des stigmates. Ce sont des orifices que l'on peut voir sur presque tous les segments de son corps.

Quand la chenille d'un Paon de nuit arrive au terme de sa croissance, elle a à peu près 6 cm de long et la grosseur d'un doigt. Alors, elle s'arrête de manger. Désormais sédentaire, elle va cracher un long fil de soie qu'elle enroule autour de son corps. A la fin, elle est si bien emmitouflée qu'on ne la voit plus du tout. La chenille est devenue une nymphe, ici une chrysalide, dans une loge de soie, qu'on appelle un cocon. Pour faire son cocon, la chenille se fixe solidement à une brindille et travaille avec une grande habileté. Elle ménage une sortie en un point, où l'épaisseur de la paroi reste mince. Ainsi le papillon pourra se frayer un passage, quand il sera prêt à sortir. Bien entendu, la chenille ne réfléchit pas au cours de son travail; elle a hérité cette façon de faire, comme l'adulte a hérité les belles couleurs de ses ailes.

Le stade chrysalide est souvent appelé un stade de repos. En réalité, de profonds changements se produisent à l'intérieur du cocon de soie. La chenille se change en papillon. Un Paon de nuit passe habituellement l'hiver dans son cocon. Au printemps, il se fraye un chemin à travers la soie pour sortir. A l'éclosion, ses grandes ailes sont toutes fripées et encore humides. Mais elles vont bientôt s'étaler, à mesure que les tubes des nervures s'emplissent d'un liquide qui provoque leur turgescence. Une fois séchées, quelques exercices suffisent à préparer l'envol. Que d'efforts pour une vie si éphémère ! A partir de ce moment, le papillon ne prend plus de nourriture; si la femelle trouve un compagnon, elle n'attend guère pour pondre, et la mort survient peu après. Mais le départ d'une nouvelle génération a été donné.

Quatre mots suffisent pour résumer le cycle de développement d'un Paon de nuit : œuf, chenille, chrysalide, adulte. Beaucoup d'Insectes ont un cycle analogue; on dit qu'ils présentent des métamorphoses complètes (“ métamorphose ” signifie changement).

Tous les papillons de nuit et tous les papillons de jour se forment au cours d'une métamorphose complète. Il en est de même des scarabées, des abeilles, des guêpes, des fourmis, des mouches, des moustiques et de bien d'autres encore.

Si le cycle de développement de tous ces Insectes est le même, les larves varient selon les groupes et on leur donne des noms différents.

Celles des Scarabées sont des vers blancs, celles des Mouches, des asticots, etc.

Les nymphes varient également. Chez les Papillons, c'est une chrysalide, chez les Mouches, c'est une pupe. Après la nymphose, l'adulte a tout de suite sa taille définitive. Les petites mouches que l'on voit voler ne deviendront pas de grosses mouches. Il en est de même chez tous les Insectes à métamorphoses complètes.

DÉVELOPPEMENT D'UN PAON DE NUIT

Criquet

Le Criquet et la Libellule sont des Insectes dont le cycle de développement ne présente pas les 4 stades que nous venons de signaler. Trois noms suffisent à caractériser leur cycle : œuf, larve, adulte.

Pour pondre, une femelle de Criquet utilise un organe spécial appelé oviscapte ou ovipositeur. Les œufs sont déposés dans le sol ou dans du bois en décomposition.

Une ponte compte 20 à 200 œufs environ. A l'éclosion, on reconnaît tout de suite qu'on a affaire à de petits criquets; pourtant, les jeunes diffèrent de leurs parents par 2 caractères importants : ils sont beaucoup plus petits et n'ont pas d'ailes. Les larves muent 5 ou 6 fois au cours de leur croissance. Après la dernière mue, le Criquet, pourvu de 2 paires d'ailes, a fini de grandir. Ce nombre d'ailes peut surprendre un observateur pressé : on n'en voit, en effet, qu'une paire. Deux ailes sont cachées par la première paire.

Un Criquet adulte a 2 longues et fortes pattes de derrière et ce caractère est déjà visible chez les jeunes. De telles pattes permettent à l'insecte de sauter facilement, d'où le nom de " sauterelles " qu'on donne couramment à ces animaux.

Un Criquet a 2 antennes, comme tous les Insectes. Il a aussi 2 yeux composés, entre lesquels s'ajoutent 3 yeux simples. Ses oreilles sont moins faciles à voir, car elles ne sont pas à la place habituelle. Il faut les chercher sous les ailes.

Le bruit des Criquets est bien connu; il ne s'agit pas ici de sons émis par un organe vocal situé dans le gosier; les Criquets " chantent " soit en frottant leurs 2 pattes de derrière, soit en frottant ensemble une patte et une aile.

Les Criquets mangent des feuilles et de fortes mandibules leur permettent même de mâcher des feuilles coriaces. Certes, les feuilles tendres gardent leur préférence, mais les Criquets ne meurent pas de faim en leur absence.

Il est curieux de les voir manger : chaque feuille est habituellement tenue entre les 2 pattes antérieures. Tous ceux qui ont observé des Criquets sont d'accord pour dire que deux habitudes les caractérisent. Un Criquet tient à rester propre; on le voit passer ses pattes de devant sur sa face ou bien placer une antenne sous un pied. Un mouvement de la tête sur le côté et l'antenne est nettoyée. Pour essuyer les pattes, il suffit de les frotter ensemble.

La seconde habitude est moins plaisante. Un Criquet crache parfois un liquide brun, souvent appelé " jus de tabac ". Ce jus a un goût fort désagréable. Peut-être aide-t-il à le protéger des oiseaux qui se régalent habituellement d'un dîner de " sauterelles ".

Les Criquets se distinguent assez facilement des véritables Sauterelles. Ils ont des antennes plus courtes que le corps; les Sauterelles, au contraire, ont des antennes fort longues.

Larves de Criquet

Libellule

On a comparé la Libellule à une aiguille à ravauder, non parce qu'elle pique, mais parce que son corps est long et frêle. Parmi les divers surnoms qu'on lui a donnés, celui d'" aiguille du diable " ne s'explique guère.

La Libellule commence sa vie dans l'eau. C'est dans l'eau, en effet, que les œufs sont pondus. La femelle peut soit les laisser tomber, soit les fixer à quelque plante aquatique. Les œufs éclosent en larves, qui ne ressemblent pas du tout aux adultes. Personne ne devinerait en voyant ces larves qu'elles vont donner de magnifiques insectes aux grandes ailes en dentelle.

Les larves de Libellules disposent d'un piège très efficace : c'est leur lèvre inférieure. Cette lèvre est faite de pièces articulées qui en font un appendice préhenseur très sûr. Quand une proie nage ou flotte dans le voisinage, la longue lèvre se détend. La capture faite, la lèvre se replie et ramène la proie à la bouche.

Une larve de Libellule grandit et mue comme une larve de Sauterelle. Mais elle grandit plus lentement. Elle reste dans l'eau 2 ou 3 ans. Pendant tout le temps de sa vie aquatique, la larve respire à l'aide de son rectum, dont les replis absorbent l'oxygène dissous dans l'eau.

Quand la vie aquatique approche de son terme, la larve grimpe le long d'une tige et s'arrête au-dessus de l'eau. Elle mue pour la dernière fois, étale ses ailes argentées et s'envole. La belle Libellule s'éloigne dans la lumière.

Dans la figure ci-dessous, on voit une peau abandonnée, accrochée comme un fantôme à la tige d'une plante aquatique. La Libellule en vol montre ses ailes transparentes aux délicates nervures et, sur la tête, 2 yeux composés énormes, dont chacun ne compte pas moins de 30.000 yeux élémentaires. Elle file dans l'air comme une flèche, capturant les insectes qu'elle rencontre : mouches, moucherons, moustiques.

Beaucoup d'autres Insectes ont un développement comparable à celui des Sauterelles et des Libellules. Certains se transforment graduellement jusqu'à l'état adulte, comme les Criquets; d'autres se modifient brusquement comme les Libellules. Mais aucun ne présente un stade qui corresponde à la nymphose des Insectes à métamorphoses complètes. On dit que leurs métamorphoses sont graduelles ou incomplètes.

Il y a encore des Insectes chez lesquels la femelle garde les œufs dans son corps, même après leur éclosion. Dès la naissance, les jeunes ont donc l'aspect des adultes.

Il en est ainsi des Pucerons, qui naissent au lieu d'éclore. Mais un tel mode de développement n'est pas habituel chez les Insectes.

Larves de Libellule

Soufre

Monarque

La plupart des Papillons de nuit ou de jour, figurés sur ces 2 pages, sont bien connus.

Les premiers volent en général la nuit; c'est pourquoi on les observe moins facilement que les seconds. On reconnaît les Papillons de nuit à leur corps trapu, à leurs ailes étalées à plat au repos, à leurs antennes en forme de plume. Les Papillons de jour, au contraire, ont le corps généralement grêle, leurs ailes relevées comme une voile et les antennes renflées en massue.

Si les 2 groupes de Papillons diffèrent nettement, ils n'en possèdent pas moins des caractères communs. L'un d'eux est la présence d'écailles sur les ailes. Sans doute, les ailes des Papillons de nuit sont-elles en général plus grandes que les ailes des Papillons de jour. Les plus grands Paons de nuit ont des ailes plus grandes que celles des plus grands Paons de jour. Mais toutes les ailes des papillons sont écailleuses et c'est pourquoi l'ordre des Papillons a été appelé l'ordre des Lépidoptères.

Point d'interrogation

Lycènes des herbes

Porte-queue

Cuivrés

Grand nacré

Cuivré d'Amérique

Un autre caractère commun à tous les papillons est la présence de chenilles dans leur développement. Certaines d'entre elles sont très poilues, si poilues qu'on les a comparées à des ours ébouriffés. Il y en a de belles par leurs vives couleurs, mais beaucoup sont d'une laideur telle qu'elle les protège contre leurs ennemis.

Le Monarque est souvent appelé le papillon de l'Euphorbe, parce que sa chenille se nourrit des feuilles de cette plante. Sa chrysalide est fort belle avec son manteau vert ponctué de jaune, qui l'a fait comparer à une « serre aux clous d'or ».

Le Porte-queue représenté page 56 est le type de ces nombreux papillons aux ailes postérieures à « queue d'hirondelle ». Sa chenille dispose d'un masque sur les troisième et quatrième segments de son corps. Quand elle est en danger, elle rentre la tête sous le corps, de telle manière que le faux visage et ses 2 cornes prennent la place du vrai visage. Et l'on a vu des oiseaux effrayés par l'aspect étrange de chenilles ainsi travesties.

Les Cuivrés et les Lycènes sont de petits Papillons de jour; les « Soufre » portent bien leur nom ils se déplacent en groupe, formant parfois une sorte de nuage jaune au-dessus d'un lopin de trèfle ou d'un fossé en bordure d'une route.

Le Point d'interrogation doit son nom à des marques bien visibles sous les ailes postérieures; le Grand nacré représenté en haut de cette page se repose sur 4 pattes seulement car les 2 pattes de devant, beaucoup plus petites que les autres, restent collées au corps; au moment de la ponte, il recherche les violettes dont les feuilles sont l'aliment préféré de sa chenille. Chacun reconnaîtra que c'est un Papillon de jour.

Le Sphinx de la Tomate, au contraire, est un Papillon de nuit ou tout au moins un papillon crépusculaire. La chenille est mieux connue que le Sphinx; c'est la chenille de la Tomate.

ne des arbres

Sphinx de la Tomate

Cette chenille mange les feuilles des pieds de Tomate et celles d'autres plantes potagères. C'est un animal nuisible. Les Insectes nuisibles ne manquent pas et nous avons déjà parlé de la " menace des Insectes ". Le mot " vermine " qu'on emploie couramment quand on parle d'eux est significatif. Beaucoup d'Insectes sont nos ennemis parce qu'ils mangent la nourriture que les plantes nous fournissent. Ce sont les fléaux des champs, des vergers et des jardins, sans compter tous les Insectes qui s'attaquent à nos réserves. D'autres espèces nuisent aux arbres de nos parcs et de nos forêts. D'autres encore démolissent les boiseries de nos maisons et " mangent " les tissus de nos vêtements.

Il y en a de plus redoutables encore. Ce sont tous ceux qui transportent des germes de maladies. Le paludisme et la fièvre jaune sont provoqués par les piqûres des moustiques. La Mouche domestique n'est pas seulement agaçante; elle propage les germes de la tuberculose et de la typhoïde. Dans certaines parties de l'Afrique, la vie est à peu près impossible à cause de la Mouche tsé-tsé, qui véhicule le microbe de la maladie du sommeil. Les puces et les poux peuvent transmettre le typhus, dans les pays où l'hygiène laisse à désirer.

Cette énumération suffit à montrer que les Insectes nuisibles sont très nombreux, si nombreux que beaucoup de gens croient que tous les Insectes sont nos ennemis. Or, nous avons pas mal d'amis dans le vaste monde des Insectes.

Certains Insectes sont pour nous de précieux auxiliaires en s'attaquant, pour les manger, aux Insectes nuisibles. La Libellule mange beaucoup de moustiques. La Coccinelle fait des hécatombes parmi les Pucerons. La Mante religieuse est un chasseur d'insectes nuisibles si actif que les pépiniéristes vendent des œufs de Mantes à leurs clients.

Beaucoup d'Insectes nous aident aussi en transportant le pollen sur les fleurs qu'ils visitent. Ils favorisent ainsi la production des graines et des fruits. Sans les Insectes pollinisateurs, nous n'aurions pas de pommes, pas de pêches, pas de figues, poires..., etc. Certains insectes nous fournissent même des produits de valeur. Le miel et la soie sont connus de tous. Mais la laque, largement utilisée aussi, est peut-être moins familière. Ce produit est fait de sécrétions de tout petits insectes. Un pigment rouge, le carmin, est fabriqué par une Cochenille. Et il y a des Insectes qui nous fournissent des médicaments très employés.

On pourrait arrêter là cette liste déjà longue. Mais peut-être n'est-il pas sans intérêt de signaler que des Insectes ont une grande valeur nutritive. Certaines peuplades les consomment; parmi ceux ainsi utilisés, on peut citer les Fourmis charpentières, les Sauterelles et les Termites. De minuscules insectes du désert procurent aux Arabes une sécrétion particulièrement agréable, la " rosée de miel ", dont ils sont friands.

Bourdons

Criquet

Bombyx du mûrier

Les Insectes utiles comprennent même un important contingent de nettoyeurs, qui se nourrissent de cadavres et de déchets divers. Tout le monde connaît les Mouches d'écurie, les Fourmis et les Bousiers. Il y en a d'autres qui s'attaquent aux mauvaises herbes. Un Cactus à piquants piriformes fut introduit en Australie et il se développa si rapidement qu'il devint très vite une mauvaise herbe. Pour le combattre, on expédia dans l'île les insectes qui s'en nourrissaient. L'expérience a montré qu'ils étaient d'un grand secours.

Enfin il ne faudrait pas oublier les insectes qui ont servi et servent encore de " cobayes " dans les laboratoires. La Drosophile, petite mouche du vinaigre, est de ceux-là; on la trouve toujours signalée dans les ouvrages consacrés à l'étude de l'hérédité.

Il est évident que les Insectes utiles ne méritent pas notre estime pour l'aide qu'ils nous apportent. Et ceux qui nous nuisent ne méritent aucun blâme pour les dommages qu'ils nous causent. Les Insectes, comme on dit, vivent tout simplement leur propre vie. Et il se trouve qu'en menant leur existence, certains insectes nous aident et que d'autres, au contraire, nous nuisent.

Avant l'apparition de l'homme sur la Terre, il n'y avait bien entendu ni insecte ami, ni insecte ennemi. Au Carbonifère, il y a plus de 200 millions d'années, vivaient des Blattes de 12 cm de long. Ce n'était pas alors les Cafards qu'elles sont devenues.

Les premières abeilles n'étaient pas des insectes amis, car il n'y avait pas d'hommes pour les utiliser. Autrement dit, quand nous classons les Insectes en amis et en ennemis, nous nous montrons bien égoïstes. Mais comment ne pas penser à soi, quand on sait que les Insectes sont nos plus grands rivaux ? Leur concurrence est redoutable et pour maintenir notre existence, nous devons lutter sans cesse contre les Insectes nuisibles.

Des 4 Insectes représentés sur ces 2 pages, deux sont des amis et deux sont des ennemis. Les Bourdons sont des pollinisateurs précieux, et les chenilles du Bombyx fabriquent la " soie naturelle ". Les Criquets, au contraire, attaquent de nombreuses plantes cultivées et la Piéride du chou est la " brebis galeuse " parmi les papillons. Dans le potager, la Piéride laisse peu de répit au jardinier; elle a vite fait de pondre sur les feuilles des choux que les chenilles écloses transforment en dentelles.

Piéride du chou

D'autres Papillons font également de grands ravages dans les cultures. Le Zigzag et les espèces représentées sur cette page sont parmi les Papillons les plus nuisibles. Aux dégâts causés par eux, s'ajoutent ceux de nombreux pucerons. Pour combattre ces insectes nuisibles, divers procédés sont employés. Mais la lutte n'est pas facile, car les Insectes sont bien protégés par leur carapace de chitine. On peut utiliser des pièges quand on a affaire à certaines espèces. Une bande de coton autour d'un tronc d'arbre peut fonctionner comme une trappe pour les chenilles qui grimpent vers les branches. Des pièges lumineux attirent certains Insectes qui volent la nuit; des tranchées remplies d'huile en attrapent d'autres. Pour mener à bien la lutte contre une espèce nuisible, il est indispensable de bien connaître son mode de vie. La chenille processionnaire d'un Papillon nocturne se déplace en procession d'un champ ou d'un bois à un autre. Une tranchée pleine d'huile est évidemment un piège efficace pour ces chenilles en déplacement; il est à peine besoin d'ajouter qu'il ne servirait à rien contre les Moustiques.

On peut encore lutter contre les Insectes nuisibles en déplaçant, voire en supprimant les milieux naturels où ils se développent. On comprend facilement qu'il vaut mieux les empêcher de se multiplier, plutôt que de chercher à les tuer, alors qu'ils sont en pleine activité.

Drainer, assécher les marécages est un excellent moyen pour diminuer le nombre des Moustiques. Défoncer le sol à la charrue aide à lutter contre la Mouche de Hesse, ennemie dangereuse du Blé. Enlever les déchets et les fumiers contribue efficacement à réduire le nombre des Mouches domestiques.

Dans sa lutte contre les Insectes nuisibles, l'homme dispose aujourd'hui de nombreux produits chimiques, dont les uns agissent par ingestion et les autres par contact. On utilisera donc les uns et les autres selon les espèces que l'on veut détruire et conformément à leur organisation et à leur mode de vie.

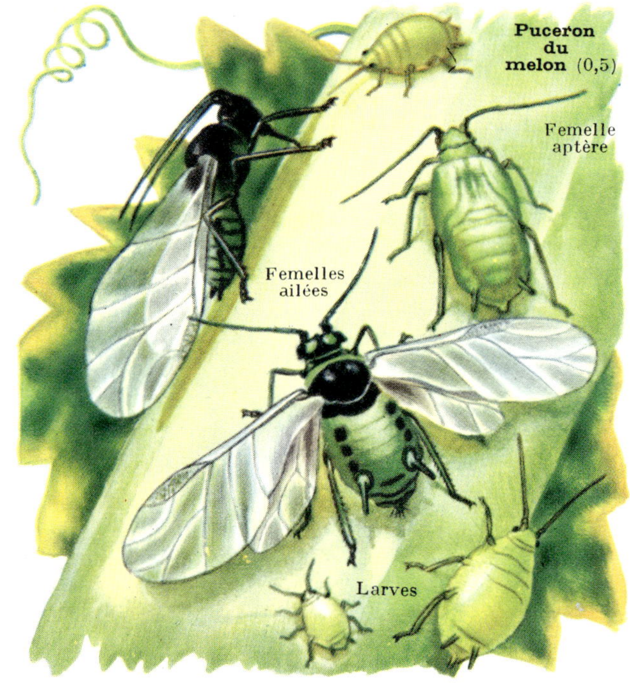

Les Insectes broyeurs, comme la chenille du Maïs, sont combattus à l'aide de poisons qui agissent par ingestion. Les Pucerons succurs de sève peuvent être détruits par des produits insecticides agissant par contact. Mais on a constaté que les Insectes augmentent progressivement leur résistance à l'action de ces substances chimiques. Le D. D. T. fit merveille au début de son emploi et il a effectivement tué beaucoup d'insectes, mais il y a maintenant des lignées de rescapés qui résistent très bien. Aussi les fabricants d'insecticides doivent-ils poursuivre leurs travaux pour trouver de nouveaux produits.

A l'intérieur des maisons, il arrive qu'on utilise des gaz toxiques, au lieu de poisons liquides ou en poudre. On parle alors de fumigations.

Quand une région est envahie par un Insecte dangereux, on est parfois obligé de la mettre " en quarantaine ". Il en fut ainsi à un moment donné quand on organisa la lutte contre la Mouche des fruits de la région méditerranéenne. Mais le procédé est compliqué et c'est affaire de gouvernement.

La meilleure façon de combattre les Insectes nuisibles est de protéger leurs ennemis naturels et en particulier les Oiseaux. On aurait dû faire davantage pour défendre ces précieux auxiliaires de nos cultures. Et il n'y a pas que les Oiseaux qui aident l'homme dans sa lutte contre les Insectes. Les grenouilles, les crapauds, les lézards, des Serpents, certains Poissons, nous apportent une aide efficace. Un poisson, la Gambusie, par exemple, est élevé et expédié dans les diverses parties du monde pour participer à la lutte contre les Moustiques. Certains Insectes jouent un rôle important dans l'équilibre des faunes. Une espèce de Coccinelle importée d'Australie a sauvé les orangeraies quand elles furent attaquées par une dangereuse Cochenille.

On peut encore résister aux Insectes en cultivant des plantes et en élevant des animaux peu favorables à leur développement. La rotation des cultures, c'est-à-dire la pratique des assolements, gêne également la multiplication des espèces nuisibles.

On voit donc que nous ne sommes pas démunis en face de la menace des Insectes. Et pourtant, on ne peut s'empêcher de poser la question : les Insectes gagneront-ils ?

Depuis longtemps, les hommes ont appris à vivre en groupes, ce qui suppose l'entr'aide et la division du travail. Mais depuis plus longtemps encore, certains Insectes savent travailler ensemble et pratiquer l'entr'aide. Ces Insectes qui vivent en groupes, dans lesquels il y a à la fois coopération et division du travail, sont appelés des Insectes sociaux.

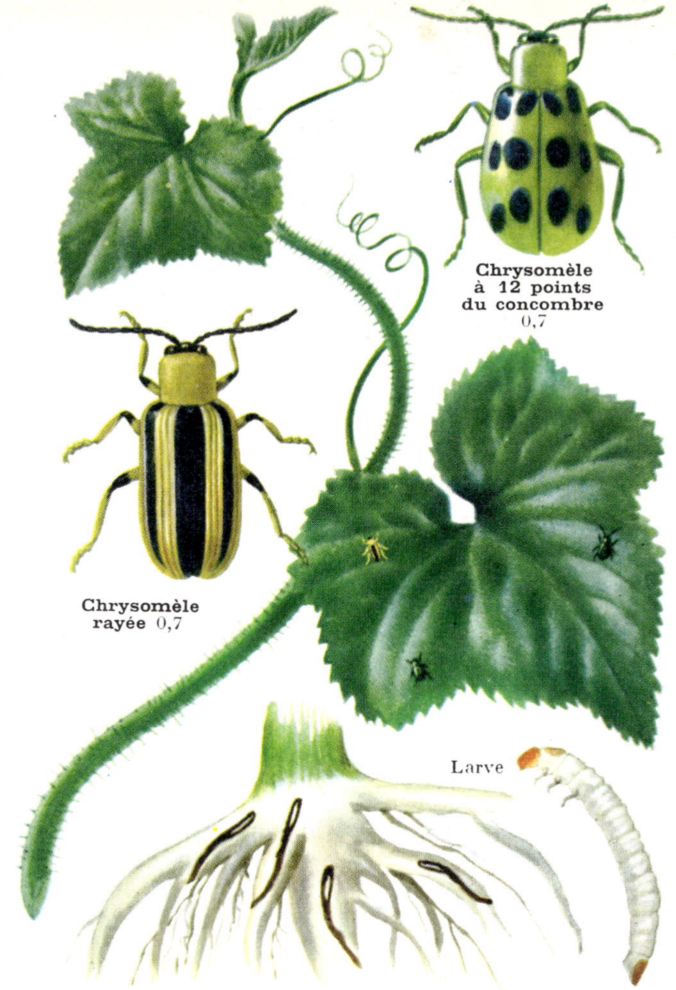

Chrysomèle à 12 points du concombre 0,7

Chrysomèle rayée 0,7

Larve

Larves dans les racines

Doryphore

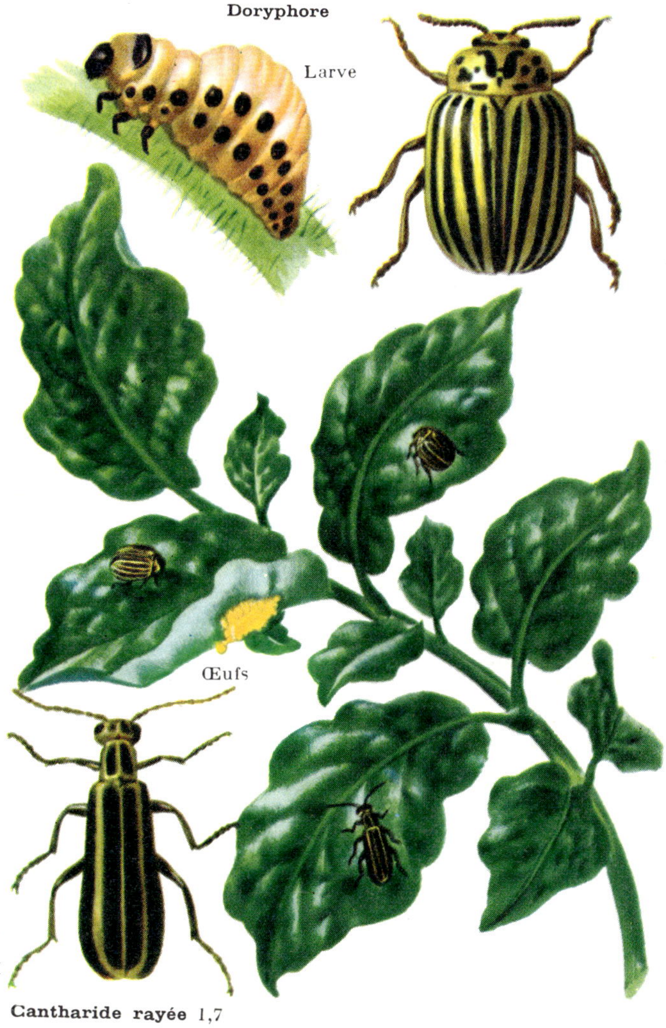

Larve

Œufs

Cantharide rayée 1,7

Fourmis

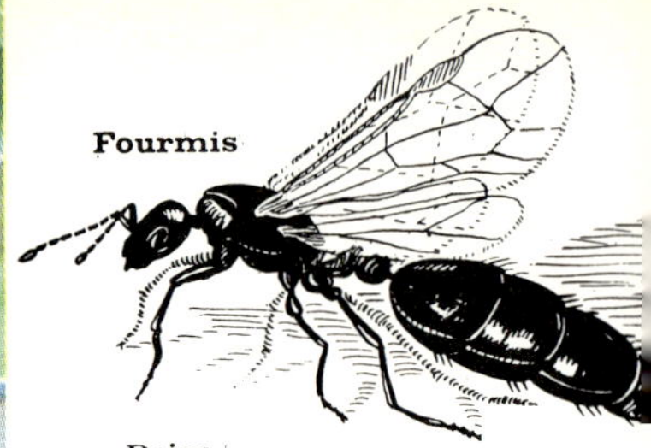

Reine

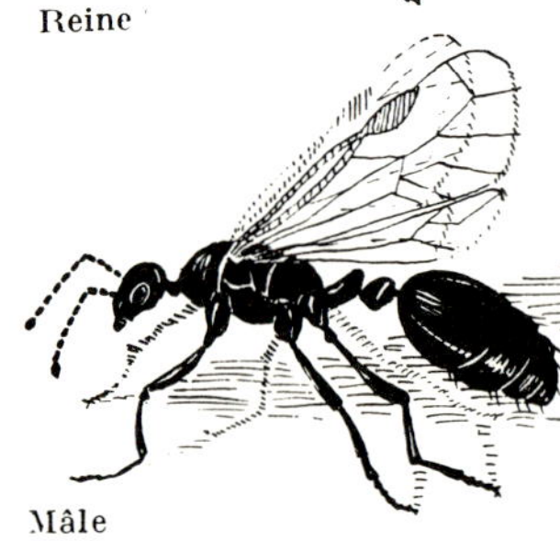

Mâle

Ouvrière

Beaucoup d'animaux dits sociaux le sont à des degrés divers. On sait, par exemple, que les Loups chassent en meute et qu'ils peuvent tuer ainsi des animaux qui échapperaient à un seul. Les Castors construisent ensemble leurs digues et leurs huttes, travail considérable qu'un seul Castor ne pourrait faire. Ces animaux coopèrent, mais ils ne pratiquent pas la division du travail. Seuls les Hommes et les insectes sociaux constituent de vraies sociétés.

Les sociétés d'Insectes se rencontrent seulement dans 4 groupes : Guêpes, Abeilles, Fourmis, Termites.

Les Guêpes ne sont pas toutes sociales; on en connaît qui vivent en solitaires, par exemple, la Guêpe maçonne. Le Poliste, au contraire, est social. Une société de Polistes comprend une reine, c'est-à-dire une femelle pondeuse, quelques mâles et un plus grand nombre d'ouvrières. Les ouvrières sont des femelles qui ne pondent pas; elles vont chercher la nourriture et s'occupent de la reine et des jeunes. On appelle caste les différentes catégories d'individus. Il y a donc 3 castes dans une société de Polistes. Il y a 3 castes également dans une société d'Abeilles : la reine, les mâles ou faux-bourdons et les ouvrières. Mais une ruche est beaucoup plus nombreuse qu'une société de Polistes. Il peut y avoir jusqu'à 80.000 ouvrières. Beaucoup de ces ouvrières, de même que la reine, continuent à vivre au cours de l'hiver. Elles se nourrissent du miel qu'elles ont fabriqué. Cette préparation du miel n'est pas simple. Elle exige de la part des ouvrières des activités variées : la recherche des fleurs, la récolte du nectar, l'édification des gâteaux de cire, le remplissage de ces gâteaux avec le miel fabriqué à partir du nectar, la fermeture des alvéoles par un opercule. La vie de la ruche impose encore divers travaux de ménage : soins à donner à la reine, nettoyage de la ruche, ventilation des rayons, ravitaillement du couvain, réparation des lézardes qui peuvent apparaître dans la ruche. A toutes ces occupations, il faut encore ajouter celles des défenseurs de la société. Ce sont les ouvrières qui sont chargées de protéger la ruche contre les ennemis. Elles ont une bonne arme à leur disposition : le dard. Comme les ennemis sont le plus souvent des Insectes, les ouvrières se tirent très bien d'affaire au cours des combats; mais il n'en va pas de même si l'attaquant est un animal à peau épaisse, comme celle d'un Mammifère, par exemple. Dans ce cas l'ouvrière ne peut guère retirer son aiguillon et elle meurt après la piqûre.

Termites

Roi

Ouvrier

Soldat

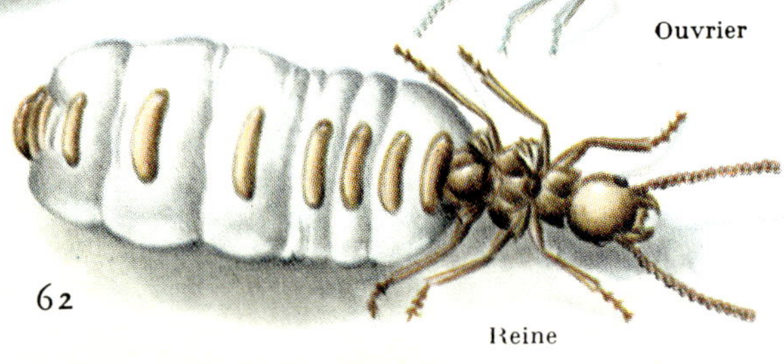

Reine

Poliste

Les Bourdons sont aussi des Insectes sociaux, mais leurs sociétés sont beaucoup plus simples que celles des Abeilles. Il y a rarement plus de 500 ouvrières; de toute la société, seule la reine passe l'hiver.

S'il y a des espèces solitaires chez les Guêpes et les Abeilles, il n'en est pas de même chez les Fourmis. Toutes les Fourmis vivent en société. Si certaines sociétés sont assez simples, il y en a, au contraire, qui sont particulièrement complexes. Dans quelques-unes, en effet, on trouve plusieurs castes d'ouvrières; il peut même s'y ajouter une caste spéciale, les soldats. Le rôle de ces derniers est évidemment de protéger la société contre les ennemis possibles. Ces Fourmis-soldats ont des mandibules très puissantes. On a beaucoup écrit sur les Fourmis guerrières et les champignonnistes. Les premières se déplacent en grandes armées; elles se nourrissent d'autres Insectes, qu'elles cherchent dans la " couverture morte " des forêts. Quand la piste est trop accidentée, des ouvrières comblent les trous avec leurs propres corps. Si le trou est trop important, elles s'accrochent les unes aux autres pour faire un pont au-dessus du vide. Les ouvrières vont encore plus loin dans le dévouement. Si l'armée fait halte pour se reposer, les ouvrières peuvent se placer les unes sur les autres de façon à former un nid à plusieurs chambres. Le signal du départ donné, on voit les murs se défaire automatiquement et les ouvrières, qui les constituaient, reprendre leur marche en avant.

Les champignonnistes ont l'habitude de cultiver des moisissures. Pour cela, elles coupent des feuilles et les disposent dans la champignonnière. Certaines Fourmis domestiquent des animaux que l'on a appelés les " vaches à fourmis ". Ces vaches sont en réalité des pucerons. Les Fourmis les soignent convenablement et les protègent de leurs ennemis; en échange, les pucerons leur donnent le miellat, quand les Fourmis les caressent de leurs antennes. Les Fourmis se délectent de cette sécrétion.

Tous les Termites sont aussi des Insectes sociaux. Ici, les castes diffèrent de celles que nous avons étudiées. Tandis que toutes les ouvrières étaient des femelles, aussi bien chez les Abeilles que chez les Fourmis, il n'en est pas de même chez les Termites. Les ouvriers et les soldats sont les uns des mâles et les autres des femelles. Les sociétés de Termites sont parfois très nombreuses; elles peuvent compter plusieurs millions d'ouvriers. Une reine de Termites peut pondre 8.000 œufs par jour. Il n'est donc pas surprenant que ces sociétés soient prospères. Rien d'étonnant non plus qu'une telle machine à pondre ait un si gros corps.

En étudiant les sociétés d'Insectes, on a pu se rendre compte que certaines d'entre elles étaient, à certains points de vue, en avance sur une communauté humaine. Tout individu qui peut travailler a du travail à faire; il n'y a pas de chômage. Chacun sait ce qu'il doit faire pour être utile à tous. Ce travail n'a pas à être enseigné. Il n'y a pratiquement pas de querelle entre les membres du groupe, mais il n'y a pas de liberté non plus. Et tout compte fait, nous préférons nos sociétés, malgré tous les défauts qu'elles présentent.

Abeille

Reine

Ouvrière

Mâle

Epeire dorée

Les Araignées

On confond souvent les Araignées avec des Insectes. Pourtant, leurs pattes montrent bien qu'elles n'en sont pas. Elles font partie de la classe des Arachnides, à laquelle appartiennent aussi les Acariens, les Tiques, les Scorpions et les Faucheux.

Elles ne diffèrent pas seulement des Insectes par le nombre des pattes. Nous savons que le corps d'un Insecte est divisé en 3 régions; on n'en compte que 2 sur le corps d'une Araignée. Les Insectes ont des antennes, les Araignées n'en ont pas. La plupart des Insectes ont 2 gros yeux à facettes auxquels s'ajoutent parfois quelques yeux simples; les Araignées ne possèdent que ces derniers, au nombre de 8, en général. Les Insectes ont des mâchoires, les Araignées n'en ont pas.

Pour qu'elles puissent manger, les Araignées doivent trouver une nourriture liquide. De chaque côté d'une petite bouche il y a bien un croc et un palpe, mais ces appendices ne permettent pas de broyer les proies; ils ne peuvent que provoquer des blessures, sur lesquelles la bouche s'applique pour aspirer le sang de la victime.

La plupart des Araignées disposent d'une filière placée au bout de l'abdomen; sans doute, beaucoup de larves d'Insectes peuvent-elles aussi produire de la soie, mais on ne trouve jamais de filière chez les Insectes adultes.

Enfin, la plupart des Insectes ont des ailes, tandis que les Araignées n'en ont pas. On connaît des milliers d'espèces d'Araignées, qui diffèrent surtout par la taille.

On a figuré, page 64, l'Epeire dorée; elle est, en réalité, plus petite que ne l'indique la figure. Mais il y a des Araignées poilues, comme les Tarentules, qui sont aussi grandes que la gravure. D'autres, au contraire, sont minuscules : l'Araignée-plume, par exemple, est représentée en grandeur naturelle. Les Araignées ne diffèrent pas seulement par la taille; couleur et forme varient également. On trouve des Araignées un peu partout sur la Terre : dans les pays chauds, dans les pays froids, au sommet des montagnes. Certaines espèces se sont habituées à vivre dans les maisons.

Chacun connaît l'Araignée commune et les toiles qu'elle tisse sur nos murs. La plupart des Araignées sont terrestres, mais quelques-unes sont aquatiques. L'Araignée de nos eaux douces fait descendre l'air jusqu'à un sac de soie immergé, que l'on a comparé à une cloche à plongeur. Aérienne, comme toutes les Araignées, elle peut ainsi respirer sous l'eau sans être incommodée.

Si toutes les Araignées sont aériennes, elles ne respirent pas toutes de la même façon. Certaines ont des trachées dans le corps, d'autres sont pourvues de " phyllotrachées ", c'est-à-dire des sacs à air contenant de minuscules replis cutanés. Beaucoup d'Araignées ont à la fois ces 2 organes respiratoires.

Les Araignées se nourrissent du " sang " d'animaux vivants, surtout des Insectes. Mais les grosses espèces du bord des eaux s'attaquent souvent à des têtards et à de petits poissons. Il y a même une grosse Tarentule qui attrape des oiseaux. Les toiles des Araignées sont souvent de très bons pièges; dès qu'un insecte est arrêté par les fils de la toile, l'araignée se précipite et plante ses 2 crocs dans le corps de la victime.

Toutes les Araignées naissent d'œufs qui sont parfois pondus à raison de 1 millier par ponte. Les œufs sont, en général, enveloppés dans un cocon de soie. Quand les Araignées éclosent, elles ressemblent aux adultes, sauf qu'elles sont plus petites et très pâles. On ne trouve jamais de nourriture pour les jeunes dans l'enveloppe de soie. Aussi, il n'est pas rare que les petites araignées deviennent cannibales et se mangent entre elles.

Beaucoup de gens croient que les Araignées sont des ennemis qu'il faut tuer dès qu'on les trouve. En vérité, la plupart des Araignées sont inoffensives et certaines mêmes sont très utiles. La soie des Araignées est utilisée dans les télescopes et d'autres instruments scientifiques. Elle est fine, lisse et plus solide qu'un fil d'acier du même diamètre. Certaines Araignées tuent des insectes dangereux. Il y a bien quelques espèces venimeuses parmi lesquelles l'Araignée noire et quelques Tarentules. Mais c'est l'exception. Aussi peut-on dire que les Araignées sont bien injustement traitées.

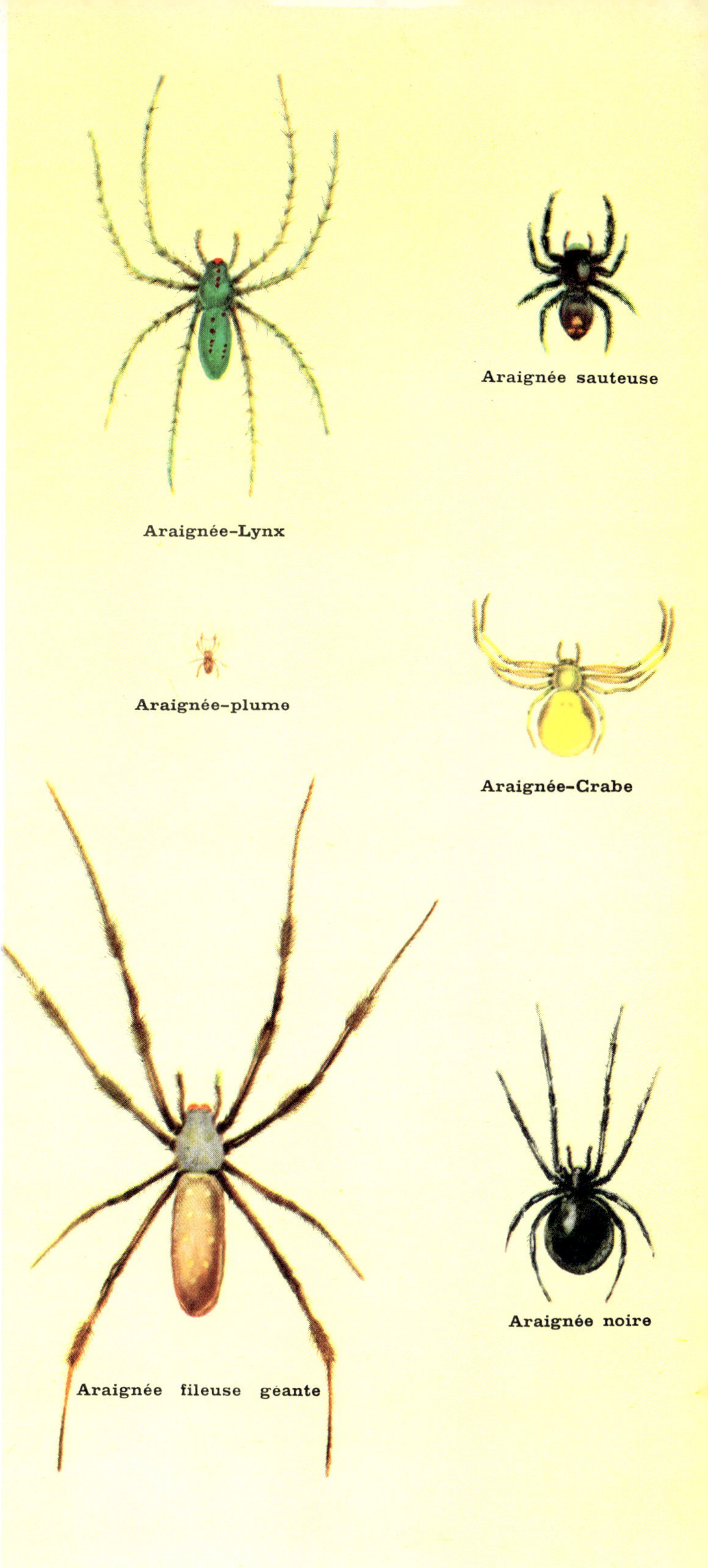

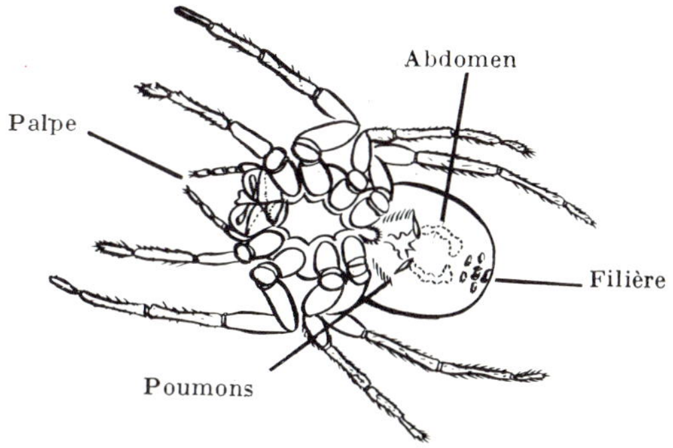

Les Poissons

La Perche est un Poisson très connu. On lui voit 2 paires de nageoires, qui correspondent aux pattes d'un quadrupède. En plus de ces nageoires, il y a une nageoire dorsale divisée en 2 parties, une nageoire abdominale impaire et une nageoire à l'extrémité de la queue, la nageoire caudale.

Juste derrière la tête, sont les opercules; ils protègent les ouïes avec lesquelles la Perche respire.

La Perche a la forme habituelle des poissons les plus communs. Mais tous les animaux figurés ici sont aussi des Poissons. On voit donc que leur forme est très variable.

Tous les Poissons sont aquatiques. Vous connaissez tous le dicton " Heureux comme un poisson dans l'eau ". Mais il y a des Poissons qui peuvent se promener à terre, pourvu que l'herbe soit mouillée. Le Poisson volant (Exocet) peut bondir et parcourir en l'air plusieurs dizaines de mètres. Le Gobie-sauteur (Périophtalme) saute aussi, mais dans la boue, et grimpe souvent sur la terre ferme ou sur la racine d'un arbre; il aime ainsi prolonger la halte, la nageoire caudale baignant dans l'eau. Comme il ne peut plus respirer avec ses ouïes, il tire l'oxygène dissous dans l'eau par l'intermédiaire de la peau particulièrement mince qui recouvre l'extrémité de son corps.

Au contraire de la plupart des Poissons, l'Hippocampe nage la tête en " l'air ". L'extrémité de son corps, allongée et souple, lui permet de s'enrouler autour des plantes aquatiques. Le mâle a une poche sur le ventre dans laquelle il transporte les œufs pondus par la femelle.

Les moyens de protection varient également beaucoup chez les Poissons. L'épée de l'Espadon (Poisson-épée) est une arme excellente. Le Hérisson de mer (Diodon) se gonfle quand un ennemi approche et ses épines se redressent. La Pastenague a près de la queue un aiguillon redoutable avec lequel cette raie inocule un venin dangereux. D'autres Poissons ont des armures d'écailles osseuses qui leur assurent une bonne protection.

Mais les Poissons ne sont pas tous aussi bien protégés et on peut même dire que de nombreuses espèces n'ont ni armure, ni arme.

Poisson-épée (1/40)

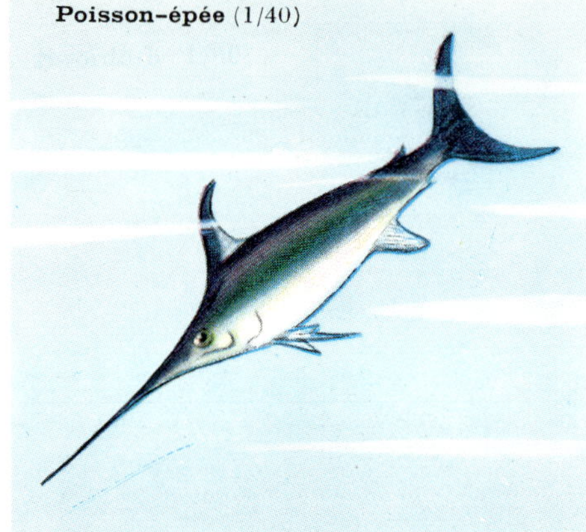

Hérisson de mer (1/10)

Poisson volant (1/5)

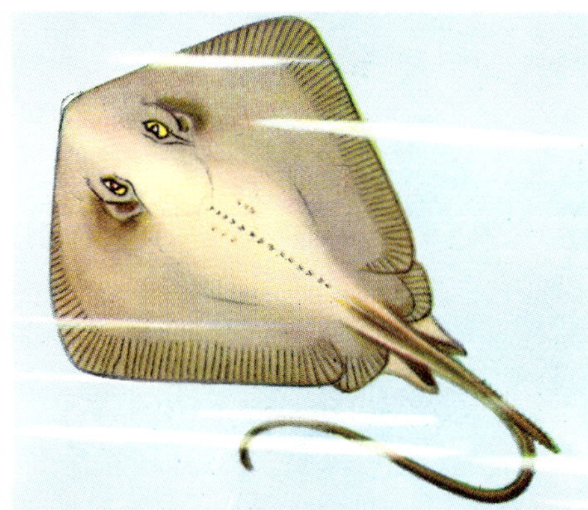

Pastenague (1/8)

Hippocampe (1/2)

Perche noire (1/3)

Plie ou Carrelet (1/7)

Baudroie (1/12)

Rouget (1/6)

Requin-marteau (1/60)

Gobie-sauteur (2/3)

Tous les Poissons ainsi dépourvus de moyens de protection constituent une excellente nourriture pour les espèces mieux armées. Ils ne peuvent guère éviter l'ennemi qu'en se cachant ou en nageant très vite. La Plie ou Carrelet, qui se tient près du fond, se dissimule en changeant de couleur. Mais si les adultes peuvent se défendre d'une manière ou d'une autre, la plupart des jeunes sont la proie des plus forts. Autrement dit un petit poisson n'a pas beaucoup de chance de grandir et de devenir adulte. Et pourtant les diverses espèces persistent. C'est que les œufs sont généralement pondus par millions. Certains Poissons sont carnivores, d'autres végétariens. La Perche est un carnivore. Elle peut même manger des animaux aussi gros que des serpents. On ignore si les Poissons peuvent goûter leur nourriture. Leurs narines ne leur servent qu'à sentir et l'on pense que les Poissons ne choisissent leurs aliments que par l'odeur. Ils sont encore renseignés sur le milieu environnant par la vue, le toucher et l'ouïe.

En général, un poisson a un œil de chaque côté de la tête et il ne peut jamais voir avec les 2 yeux le même objet, en même temps. Mais les Poissons plats, dont le Carrelet est un exemple, nagent sur le côté et leurs 2 yeux sont placés sur la face supérieure.

Au fond de la mer, il fait très sombre; certains des Poissons qui y vivent disposent de sortes de lanternes qui les aident à voir. La Baudroie est l'un de ces Poissons porte-lanterne. L'appareil lumineux est situé à l'extrémité d'une tige qui s'élève au-dessus de la tête. Il éclaire comme une Luciole.

Le Requin-marteau a les yeux curieusement placés; tous les Poissons, quelle que soit la position de leurs yeux, sont dépourvus de paupières; aussi leurs yeux sont-ils toujours ouverts.

Beaucoup de Poissons ont un toucher très sensible. Le Poisson-chèvre dispose, en outre, de filaments tactiles qui flottent sous le menton et l'aident à explorer le fond de la mer.

Beaucoup de Poissons ont un toucher très sensible. Le Rouget dispose, en outre, de filaments tactiles qui flottent sous le menton et l'aident à explorer le fond de la mer.

Perche jaune (1/3)

Poisson-Chat (1/3)

Esturgeon (1/12)

Dire d'un nageur qu'il sait " nager comme un poisson " est un grand éloge. Les Poissons, en effet, sont merveilleusement adaptés à la natation. La nageoire caudale constitue un excellent aviron pour faire avancer le corps hydrodynamique. Les autres nageoires servent à maintenir l'équilibre et à orienter les mouvements. A l'intérieur du corps, un sac d'air, la vessie natatoire, aide le poisson à monter et à descendre. Pour s'enfoncer, un poisson dégonfle son sac; il le gonfle, pour s'élever.

Tous les Poissons représentés sur ces 2 pages, sauf peut-être l'Anguille, se reconnaissent facilement comme tels. Ils peuvent être facilement distingués les uns des autres et ils habitent des milieux différents. La Perche jaune, l'Esturgeon des lacs, le Poisson-chat sont des Poissons d'eau douce. La Morue et le Hareng sont des Poissons de mer. L'Anguille passe une partie de sa vie dans l'eau douce et une partie dans l'eau de mer. Elle quitte les rivières et les fleuves et s'en va très loin en mer pour y pondre.

La Perche jaune, le Hareng et la Morue sont bâtis sur le même modèle.

Harengs

Anguilles (1/3)

Morues (1/6)

L'Esturgeon, au contraire, a une organisation un peu spéciale. Ses écailles sont osseuses comme l'étaient celles de nombreux Poissons des temps anciens. C'est un Poisson archaïque dans la nature actuelle. Mais on ne peut dire de lui qu'il est un " fossile vivant " comme le Cœlacanthe que des études récentes ont fait connaître.

Les Poissons n'ont pas tous des écailles et le Poisson-chat est l'un de ceux qui n'en ont pas du tout. L'Anguille se distingue de tous les autres Poissons en ce qu'elle ressemble assez à un serpent. La Morue est une espèce des eaux froides. Elle fait partie des Poissons abondamment consommés. Certains Poissons sont même si activement pêchés que leur disparition est proche. Des Poissons représentés sur ces 2 pages, la Morue est de beaucoup le plus important. Son séjour en bancs immenses près de Terre-Neuve a fait de cette région un des lieux de pêche les plus importants du monde. Le Hareng d'Amérique, pêché lui aussi par millions, n'est pas mangé parce que trop gras, mais il fournit une huile très utilisée.

Pour aménager un aquarium

Paludines

Les aquariums sont maintenant très populaires; on en trouve souvent dans les maisons. C'est que de nombreuses variétés de Poissons peuvent être élevées avec succès dans ces aquariums. Pour mener à bien un élevage il faut d'abord disposer d'un réservoir assez grand pour le nombre de poissons que l'on veut conserver; on y place des plantes vertes en quantité suffisante et des Limnées ou autres nettoyeurs, en assez grand nombre pour que l'aquarium reste propre. Ainsi, on n'aura pas besoin de changer l'eau souvent. Les plantes vertes ont un rôle important; au soleil, elles fixent le gaz carbonique et rejettent l'oxygène. Les Poissons, comme tous les animaux font l'inverse et ceci nuit et jour. Pendant le jour, les plantes vertes empêchent la quantité de gaz carbonique de s'élever et la quantité d'oxygène de s'abaisser jusqu'à atteindre des teneurs mortelles pour les poissons.

Parmi les Poissons d'aquariums les plus populaires, il y a des Poissons tropicaux, tels que le Guppy, la Queue de sabre, le Poisson-ange et le Poisson-zèbre.

Petits, avec des couleurs étonnantes, ils sont drôles à regarder. Beaucoup de ces minuscules Poissons tropicaux sont vivipares. La femelle garde les œufs dans son corps même après qu'ils sont éclos. Les jeunes poissons naissent donc tout vivants.

Une précaution à prendre au cours de cet élevage est d'empêcher les adultes de dévorer les jeunes. On s'arrangera donc pour avoir beaucoup de plantes de façon à ménager de nombreuses cachettes. Pendant l'hiver, il ne faut pas oublier de maintenir l'eau suffisamment tiède et de donner une nourriture convenable.

Le Poisson rouge (Cyprin doré) est de loin l'espèce qu'on élève le plus couramment. Les couleurs sont très variées et l'acheteur n'a que l'embarras du choix. On peut même s'en procurer qui ont des yeux télescopes, c'est-à-dire des yeux qui font fortement saillie; certains ont une très longue queue flottante et il y en a même qui n'ont pas d'écailles.

Pour équiper un aquarium

L'histoire du " Poisson rouge " montre bien comment l'homme s'y est pris pour arriver à transformer les animaux qu'il a domestiqués. Tous les " Poissons rouges " actuellement connus sont les descendants du Poisson rouge sauvage qui vit encore dans les cours d'eau de Chine et du Japon.

Ce Poisson rouge sauvage n'est pas bien beau; de couleur habituellement vert sombre, il a de petites nageoires et une queue plutôt courte. Mais il est facile à élever et ce caractère a été reconnu par les Chinois il y a des siècles. Au cours des élevages qu'ils pratiquèrent dans les étangs et les aquariums, les Chinois découvrirent que tous les " Poissons rouges " n'avaient pas la même couleur. De temps à autre ils constatèrent la présence de poissons dont la couleur verte avait disparu par endroits. Elle était remplacée par des taches jaunes ou rouges. Ces poissons nouveaux furent surveillés avec une attention particulière. On en prit grand soin, ainsi que de leurs œufs. Certains individus provenant de ces œufs étaient plus rouges que leurs parents. Aussi, les éleveurs chinois continuèrent-ils à sélectionner et à accoupler les poissons qui leur semblaient les plus beaux. Au bout d'un certain temps, ils obtinrent des poissons entièrement rouges.

Les Japonais, eux aussi, ont fait depuis longtemps — 400 ans, dit-on — l'élevage du Poisson rouge. Et ils constatèrent qu'il était possible d'obtenir des poissons qui n'étaient ni verts, ni rouges.

Aujourd'hui, nous avons des variétés noires, argentées, dorées, tachetées, etc. Mais la couleur n'est pas le seul caractère qui a pu être transformé. On a obtenu des Poissons avec des nageoires extraordinairement développées, d'autres avec des yeux anormalement grands, d'autres encore avec des écailles très minces et un corps de forme très curieuse. Maintenant, les Poissons rouges sont élevés et vendus dans le monde entier

Cyprin noir

Cyprin doré

Cyprin bigarré

Grenouille mugissante (Amérique du Nord)

Les Amphibiens

La Grenouille mugissante, appelée encore Grenouille-taureau, est un Amphibien. Son mode de vie, en effet, montre bien que le nom donné à cette classe de Vertébrés n'a pas été mal choisi.

Au commencement du printemps, une Grenouille femelle pond dans l'eau, en bordure d'un étang ou d'une rivière tranquille. Chaque œuf est enveloppé par une couche de gelée visqueuse et claire; les œufs sont ainsi maintenus ensemble et ils sont si nombreux qu'ils forment des espèces de radeaux pouvant atteindre 60 cm de diamètre. Peu de temps après la ponte, les œufs commencent à se développer. Chaque œuf s'allonge et prend la forme d'un haricot, dont une extrémité serait plus grosse que l'autre. C'est cette extrémité qui deviendra la tête; l'autre sera la queue. Au bout d'une semaine environ, les œufs éclosent, un minuscule têtard en sort, en se tortillant dans la gelée. Il n'a guère plus d'un centimètre de long. On ne lui voit ni yeux, ni bouche. Mais il a sur la tête 2 bosses minuscules à l'emplacement des yeux et, à la place de la bouche, il a une ventouse. C'est avec cette ventouse qu'il peut se tenir sur la gelée, d'où il vient de sortir.

La queue du têtard ressemble beaucoup à celle d'un poisson. Très tôt maintenant, de minuscules houppes vont sortir de chaque côté de la tête : ce sont les branchies qui servent à respirer.

Un têtard est bien un animal aquatique : il respire et nage comme un poisson. Sa ventouse lui sert à se fixer aux branches, pendant les haltes. Jusque-là, le têtard n'a pris aucune nourriture, faute de bouche. Trois jours après l'éclosion, apparaissent les yeux et la bouche, en même temps que la ventouse disparaît. Maintenant le têtard peut voir où il va; il peut aussi mordiller des plantes minuscules. La croissance se précipite et la partie antérieure devient volumineuse. On ne reconnaît plus la forme poisson du début; maintenant le têtard porte bien son nom.

La ventouse du têtard disparaît totalement de même que les branchies externes. En réalité, ces dernières se modifient en même temps que la peau s'étend au-dessus d'elles pour les recouvrir.

Les branchies maintenant invisibles n'en existent pas moins; elles sont devenues des branchies internes. Pour respirer, le têtard avale de l'eau, qui va baigner les branchies et sortir par un petit trou ménagé sur le côté gauche du corps. Ce petit trou est le pore respiratoire.

Le têtard a bon appétit; c'est un herbivore, qui utilise parfois les restes de nourriture abandonnés par les animaux plus gros qui vivent avec lui dans l'étang.

Au bout d'un certain temps, 2 pattes sortent à la base de la queue du têtard. En quelques semaines, elles deviennent longues et fortes. Pendant ce temps, dans le corps du têtard, les pattes de devant commencent à se développer. Celle de gauche est la première à se frayer un chemin hors du corps : elle sort par le pore respiratoire. Peu après, c'est le tour de la droite. Le têtard est maintenant un animal à 4 pattes, c'est-à-dire un tétrapode. Ce n'est pas encore une grenouille. Il a d'abord une longue queue. D'autres changements vont donc encore se produire. Les poumons se développent et le têtard est en passe de devenir un animal aérien; sa bouche change aussi; elle s'élargit et une longue langue, collante et à bascule, s'y développe. Pendant que la bouche subit de telles transformations, le têtard ne peut évidemment pas manger; il vit sur sa queue. Dans le même temps, en effet, sa queue diminue graduellement à mesure que la nourriture qu'elle contient passe dans le sang, pour être transportée là où l'organisme en a besoin. En somme, la queue d'un têtard joue le même rôle que la bosse d'un chameau.

Les yeux du têtard deviennent proéminents; ils prennent l'aspect des yeux de Grenouille. Avant que la queue ait complètement disparu, la petite Grenouille fait des excursions hors de l'eau. Elle attrape des insectes avec sa langue; elle est devenue carnassière en même temps qu'elle est devenue aérienne. Entre temps, la petite Grenouille a pris de la voix et son coassement se mêle à celui de ses voisines dans l'étang ou la rivière. Enfin, ce qui restait encore de la queue disparaît; la Grenouille a maintenant la forme qu'elle gardera le restant de sa vie. Elle grandit, si vite qu'elle doit muer plusieurs fois. La Grenouille est maintenant adulte, prête à s'accoupler et à lancer dans la vie des milliers de jeunes Grenouilles.

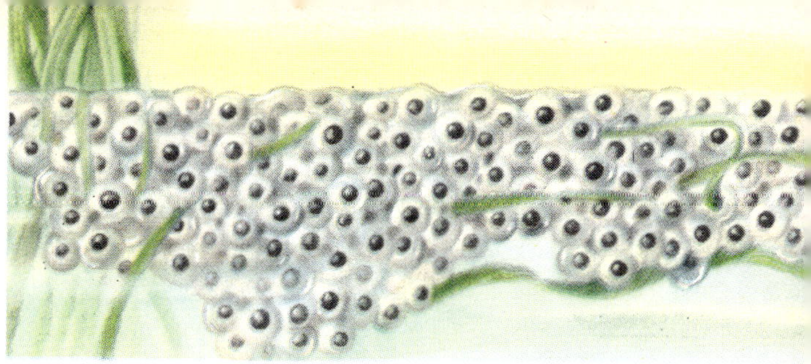

Œufs de Grenouille

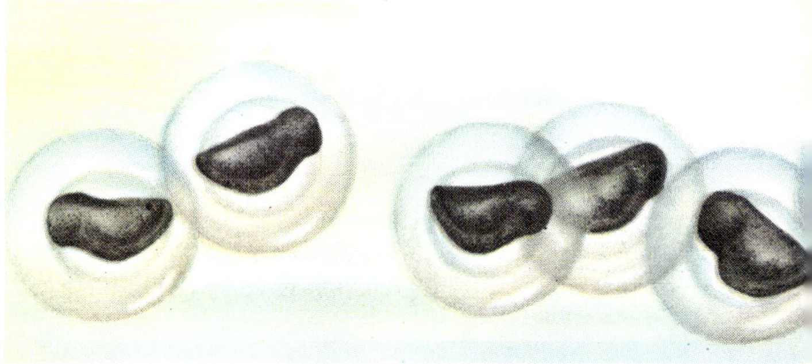

Têtards à l'éclosion

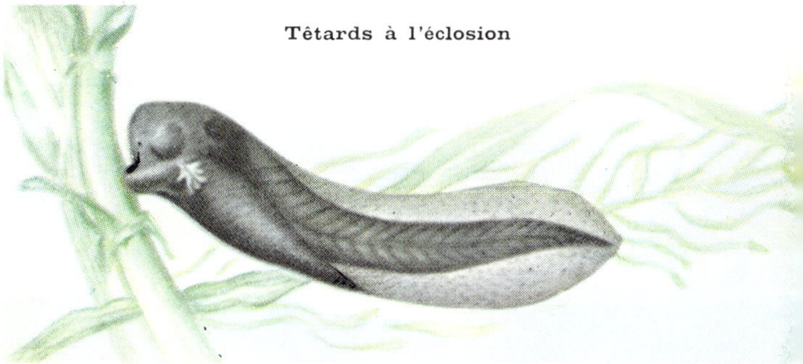

Têtard à 2 pattes

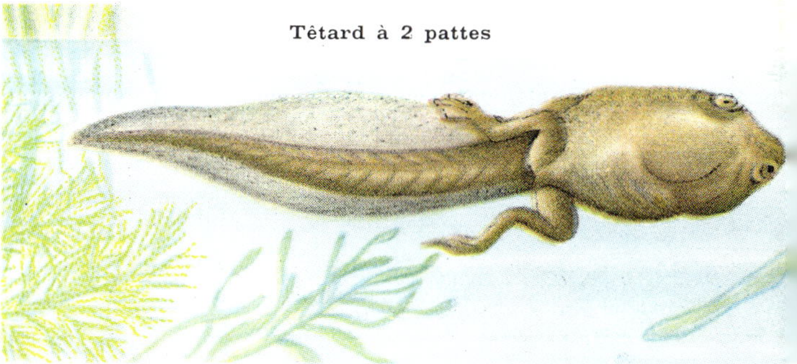

Têtard à 4 pattes

Grenouille à queue en voie de disparition

Il faut au moins 4 ans à une Grenouille pour devenir adulte. La croissance est interrompue par de longs hivers passés dans la vase, au fond des étangs. L'histoire de la vie d'une Grenouille peut laisser croire qu'elle est tranquille. En réalité, rares sont les œufs qui se développent complètement et deviennent des Grenouilles adultes.

Les têtards ont beaucoup d'ennemis; ils servent de nourriture à beaucoup de leurs voisins carnivores.

Dans le groupe des Amphibiens, les Grenouilles et les Crapauds sont les mieux connus. On en parle quelquefois comme des Amphibiens sans queue, puisqu'ils n'en ont pas à l'état adulte. Le mode de vie des Crapauds est le même que celui des Grenouilles. Mais dans beaucoup de cas, certaines des étapes du développement sont beaucoup plus courtes; beaucoup de têtards forment leurs 4 pattes et perdent leur queue au cours de leur premier été.

Aux Grenouilles et aux Crapauds s'ajoutent 2 autres groupes d'Amphibiens : ce sont les Tritons et les Salamandres, d'une part, les Céciliens sans pattes, d'autre part.

Les Tritons et les Salamandres sont assez communs. Tous ont des pattes et une queue à l'état adulte. Les Céciliens apodes ne se rencontrent guère qu'aux Tropiques. N'ayant pas de pattes et pratiquement pas de queue, ils ressemblent à de gros Vers de terre. Les Tritons et les Salamandres, quand ils éclosent, ont l'aspect des têtards; ils grandissent comme le font les Crapauds et les Grenouilles.

Le Necture tacheté, bien qu'il appartienne au groupe des Tritons et des Salamandres, a un mode de vie différent de celui des autres Amphibiens. Il ne devient jamais un animal aérien; il vit sous l'eau toute sa vie et ne perd jamais ses branchies, qui forment sur le cou des houppes rouges remarquables.

Bien que la plupart des Amphibiens puissent vivre sur la terre ferme pendant une partie de leur vie, ils ne peuvent résister à une sécheresse prolongée. Leur peau est nue, dépourvue de tout revêtement protecteur. Ils doivent donc rester près de l'eau ou des endroits humides. La vie des Amphibiens se passe dans les eaux douces; il n'y a pas d'Amphibiens marins.

Comme les Poissons, tous les Amphibiens sont à sang froid; ceux qui vivent dans les pays froids, et c'est le cas pour beaucoup, réussissent à s'y maintenir en pratiquant l'hibernation.

Presque tous les Amphibiens pondent dans l'eau. Chez ceux qui font exception, les premiers stades du développement se succèdent dans l'œuf. C'est le cas d'une espèce de Salamandre, qui est vivipare.

Sonneur à ventre de feu

Rainette bigarrée

Rainette verte

Crapaud accoucheur

Salamandre rouge

Necture tachete
(Amérique du Nord)

Triton

En général, les Amphibiens abandonnent leurs œufs après la ponte. Mais là aussi, il y a des exceptions. Le Crapaud accoucheur — le mâle — enroule autour de son corps la longue guirlande d'œufs que la femelle vient de pondre et il la transporte jusqu'à ce que les œufs éclosent. Il veille même à ce que la ponte ne se dessèche pas. Au moment de l'éclosion, il reste dans l'eau et les jeunes têtards sont dans le milieu qui leur convient.

La taille des Amphibiens est très variable; il y a des Grenouilles minuscules à côté de la Salamandre géante du Japon. Cette Salamandre est une géante car elle mesure 1 m et atteint même 1,60 m de long. Pour un Amphibien des temps actuels, c'est une belle taille. Autrefois, il y a bien 200 millions d'années, à l'époque carbonifère, il y avait des Amphibiens beaucoup plus grands que tous ceux qui vivent aujourd'hui.

Crapaud commun
Le même, coassant
Crapaud tacheté
Grenouille des bois

On a représenté sur ces 2 pages, 2 Crapauds et 2 Grenouilles. Les figures montrent bien que les 2 espèces d'Amphibiens ne sont pas faciles à distinguer. Les Grenouilles ont la peau molle, humide et lisse, alors que les Crapauds ont la peau dure, sèche et couverte de pustules. Le corps des Grenouilles est élancé, celui des Crapauds est massif. Les premières sont agiles, les seconds sont lourds.

D'autres caractères sont moins visibles. Les Grenouilles ont de petites dents, tandis que la plupart des Crapauds n'en possèdent pas.

Grenouille-Léopard

Toutes les Grenouilles et tous les Crapauds aiment la viande. Pour capturer les proies, ils utilisent leur langue; elle n'est pas comme la nôtre fixée à l'arrière du plancher buccal, mais en avant. L'animal peut donc la lancer en la rabattant sur la proie. Les Grenouilles et les Crapauds ne peuvent capturer que des animaux en mouvement, un Ver de terre, par exemple. Pour le manger, ils le maintiennent avec leurs pattes de devant, ce qui ne l'empêche d'ailleurs pas de gesticuler. Et il arrive qu'un Crapaud soit bien embarrassé par sa capture !

Quand un Crapaud ou une Grenouille avale sa nourriture, il ferme les yeux; ce n'est pas un tic; en procédant ainsi, le Crapaud oblige les 2 bosses oculaires à faire saillie dans la bouche et à pousser les aliments en direction de l'estomac. Il a très bon appétit : il n'est pas rare qu'un Crapaud mange une cinquantaine de larves d'Insectes au cours d'un simple repas.

Beaucoup de ces insectes sont nuisibles; aussi devons-nous protéger les Crapauds qui nous rendent ainsi de grands services.

Les Crapauds et les Grenouilles signalent de loin leur présence par un coassement. C'est le " chant " des mâles. Pour chanter, le mâle gonfle son sac vocal et il le vide à travers ses cordes, ce qui provoque des vibrations.

Les Crapauds en danger ne peuvent fuir comme le font les Grenouilles. Mais ils disposent d'un liquide venimeux sécrété par de petites glandes cutanées. Si un ennemi s'approche, il peut être sérieusement incommodé, d'où un répit pour le Crapaud, qui en profite pour s'éloigner de l'adversaire.

Chaque représentant de la classe des Amphibiens se défend à sa manière. Il se dissimule, saute ou plonge. Certains sont plus originaux. La Grenouille-léopard se contente de souffler, quand elle est attaquée. La Grenouille des bois saute et tourne en l'air quand elle veut échapper à un ennemi. Beaucoup d'Amphibiens ont la couleur du milieu qu'ils fréquentent et il est difficile de les apercevoir.

On doit aux Amphibiens des superstitions tenaces. On dit, par exemple, que toucher un Crapaud donne des verrues, ou encore que les Salamandres résistent au feu. Les Amphibiens ont donné naissance à bien des légendes curieuses qui intéressent toujours.

Jeunes Tortues à l'éclosion

Tortue peinte (1/)

Les Reptiles

Le temps glorieux des Reptiles est bien passé. Elle est loin l'époque des puissants Dinosaures ! Pourtant, on compte encore aujourd'hui 5.000 variétés de Reptiles, réparties en 4 groupes : les Tortues, les Alligators et les Crocodiles, les Lézards et les Serpents, le rare Sphénodon ou Hatteria.

Les Tortues peuvent être caractérisées par leur carapace. Aucun autre Reptile n'en possède. Elles vivent dans l'eau ou sur terre. La petite Tortue représentée ici est une espèce d'eau douce, une Tortue peinte. Elle passe une partie de son temps dans l'eau, et elle en sort pour respirer, car elle a des poumons, comme tous les Reptiles. Impossible de rester à terre, la déglutition n'étant possible que dans l'eau. Les repas sont obligatoirement aquatiques. Pas de dents pour mastiquer, mais les mâchoires sont assez pointues pour traverser le doigt d'une personne.

On appelle souvent Tortues terrestres, les Tortues qui passent toute leur vie sur la terre ferme. Elles sont bien connues pour leur " train de sénateur " et la fable du Lièvre et de la Tortue est dans toutes les mémoires. Leur longévité est légendaire : quelques-unes vivent plus de cent ans; certaines aussi sont des Tortues géantes qui pèsent parfois plus de 250 kg.

La Tortue fouisseuse aiment s'enfoncer dans le sable sec; c'est une espèce du sud des Etats-Unis. La Tortue-boîte est aussi une Tortue terrestre. Elle n'a pas de peine à s'enfermer complètement sous sa carapace, qui lui sert de boîte, en effet.

La Tortue verte est une espèce marine. Ses pattes sont transformées en rames. On ne la voit pas souvent quitter l'eau, sauf au moment de la ponte. Les Tortues vertes sont activement recherchées; d'une longueur de plus d'un mètre et d'un poids de 200 kg, elles fournissent une abondante nourriture.

Alligators et Crocodiles sont les plus grands des Reptiles actuels. Les plus longs atteignent 6 mètres. Ces grands Reptiles se ressemblent beaucoup, mais on reconnaît assez facilement les Alligators à leur tête plus large et à leur museau plus rond. Tous passent la plus grande partie de leur temps dans l'eau. Ils ont des pieds palmés, qui ne leur servent d'ailleurs pas à nager. C'est la queue qui fait, ici, office de nageoire.

Tortue fouisseuse (1/4)

Tortue-boîte (2/5)

Tortue verte (1/12)

Tortue géante (1/15)

Alligator à l'éclosion

Ils peuvent rester assez longtemps sous l'eau sans être gênés; des replis de peau recouvrent les oreilles, si bien que l'eau ne peut y entrer. Les narines et les yeux sont proéminents; cette disposition permet aux Alligators et aux Crocodiles de rester immergés et à peu près invisibles, en respirant et en continuant à faire le guet.

Les Alligators et les Crocodiles craignent le froid et la plupart vivent dans les eaux tièdes des régions équatoriales. Les Alligators signalent souvent leur présence par des mugissements que l'on peut entendre à plus d'un kilomètre. Ce sont les seuls Reptiles qui ont une forte voix.

Alligators et Crocodiles ne mangent que de la viande et leurs fortes mâchoires sont bardées de dents pointues. Les femelles pondent des œufs à coquille dure, qui gênerait beaucoup le jeune, à l'éclosion, s'il n'avait sur la tête une pointe solide " la dent de l'éclosion ", qui l'aide à percer cette coquille.

La peau de ces Reptiles est si résistante qu'on l'utilise pour préparer de beaux cuirs qui servent à faire des sacs et des chaussures. La mode aidant, on en arrive à tuer ces animaux en si grand nombre qu'il n'est pas exagéré de craindre leur prochaine disparition. Heureusement, on a déjà paré à ce danger en organisant des élevages d'Alligators dans des fermes spécialisées.

Le Sphénodon ou Hatteria, ce Reptile qui forme un groupe à lui seul, ressemble un peu à un lézard. On ne le rencontre actuellement que dans quelques petites îles de la Nouvelle-Zélande. Comme le Cœlacanthe, c'est un " fossile vivant ". Il est sur la Terre depuis pas mal de millions d'années, bien avant les Dinosaures. Aujourd'hui, il vit en compagnie d'une espèce de Pétrel, dont il partage la demeure. S'il a pu subsister, c'est qu'il a bénéficié de la protection de l'homme, qui tient à conserver ce vestige des temps d'autrefois.

Les Lézards diffèrent beaucoup les uns des autres et il suffit de regarder les 3 figures de cette page pour s'en convaincre.

Le petit Scinque ressemble aux lézards les plus communs. Représenté ici, en grandeur naturelle, on voit qu'il s'agit d'un tout petit lézard.

Le Dragon volant a à peu près la même taille,

Alligator (1/15)

Hatteria (1/4)

Dragon volant (1)

Héloderme (1/3)

malgré l'importance de ses " ailes ". Il ne s'agit pas, bien entendu, de véritables ailes; ce ne sont que des replis cutanés, qui jouent le rôle d'un parachute.

L'Héloderme, figuré ici, est un lézard de grande taille. Il est originaire du sud-ouest des Etats-Unis. C'est un animal venimeux et les petits animaux qu'il attaque peuvent mourir de sa morsure. Ce n'est pas le plus grand des Lézards. On en rencontre, dans certaines régions d'Asie, qui pèsent plus de 100 kg.

Grands ou petits, la plupart des Lézards courent en rampant sur 4 courtes pattes. Mais il y en a qui se déplacent en n'utilisant que leurs pattes de derrière, comme les Kangourous, et il y a même des Lézards sans pattes.

Tout le monde connaît l'Orvet, qui n'est pas un Serpent.

Les Lézards mangent des proies dont la taille varie, depuis celle de minuscules insectes jusqu'à celle des sangliers. Certains ont une langue remarquable. Un lézard de 20 cm peut projeter sa langue à une distance à peu près égale pour attraper un insecte. Enfin, quelques espèces de Lézards disposent d'un moyen original pour échapper à l'adversaire, qui a réussi à les prendre, le plus souvent par la queue. Celle-ci se brise et le lézard libéré s'éloigne à toute vitesse.

Scinque (1)

Serpent tacheté (1/3)

Serpent noir (1/6)

Serpent royal (1/3)

On connaît actuellement 2.300 espèces de Serpents, dont une douzaine vivent en France. Leur forme est familière. Aucun Serpent n'a de pattes, ce qui impose un mode de locomotion différent de celui de tous les autres Reptiles. Beaucoup de Serpents marchent sur leurs côtes. Ils s'accrochent au sol par les rebords de leurs écailles saillantes et les contractions musculaires assurent la progression. On comprend donc que les Serpents se meuvent plus rapidement sur un sol rugueux que sur un sol lisse. Certains Serpents se déplacent en formant des boucles : ils lancent d'un côté, puis d'un autre, alternativement, des parties de leur corps, ce qui les fait avancer. C'est assez l'habitude des Serpents du désert, ce qui les empêche de s'enfoncer dans le sable.

L'absence de pattes ne signifie pas que les Serpents se déplacent avec lenteur. Il y a même des espèces qui filent si vite qu'on les a groupées sous le nom de coureurs. Le Serpent noir figuré ici est un coureur. Il n'y a qu'à le regarder pour constater qu'il est aussi un excellent grimpeur. Très à l'aise également dans l'eau, c'est l'un des meilleurs nageurs parmi les Serpents.

Tous les Serpents ont la peau couverte d'écailles, dont la couleur est parfois très belle. Leur bouche renferme des dents nombreuses, qu'ils n'utilisent jamais pour mâcher. Chez certaines espèces comme les 2 Vipères communes de France, la Péliade et l'Aspic, quelques dents sont des crocs venimeux. Pourvues d'un canal axial, ces dents peuvent conduire le venin depuis la glande qui le fabrique jusque dans la peau, où elles se sont enfoncées. Sur le plancher buccal, près de son extrémité antérieure, une langue longue et fourchue se trouve fixée. Elle sert à palper les objets, à sentir les déplacements d'air, à trouver la nourriture et à éviter les ennemis. Ses mouvements de sortie et de rentrée se font avec une vitesse impressionnante. En l'absence d'organes locomoteurs et

Serpent-corail (1/2)

préhenseurs, la langue cumule des fonctions importantes.

La plupart des Serpents pondent des œufs, mais quelques espèces sont vivipares.

Les Vipères (abréviation de vivipare), par exemple, gardent leurs œufs, si bien que le développement a lieu dans le corps maternel, où se produit l'éclosion. Et les Vipères mettent au monde des vipéreaux.

Tous les Serpents, qui ne peuvent évidemment pas dépecer leur proie, l'avalent en entier. A voir les dimensions de certaines proies par rapport à celles du serpent, on pourrait croire que l'obstacle est insurmontable. Mais les mâchoires sont articulées de telle façon que la bouche peut s'ouvrir très largement. De plus, la peau étant extensible, elle s'étire sous la pression, comme du caoutchouc.

Au cours de leur croissance, les Serpents subissent des mues et on se demande parfois comment ils se sont débarrassés de la vieille peau.

Beaucoup de Serpents sont inoffensifs et utiles; c'est, par exemple, le cas de notre Couleuvre à collier, qui détruit pas mal de Rongeurs. Les 3 Serpents de la page 82 s'attaquent également aux rats et aux mulots.

Mais certaines espèces sont dangereuses et presque toutes le sont à cause de leur venin. Outre les Vipères déjà citées, et en dehors du Boa constricteur, qui tue les animaux en les étouffant, nous signalerons deux Serpents d'Amérique, dont les morsures sont fort dangereuses, le Serpent-corail et le Mocassin d'eau. Et l'on ne peut terminer cette étude des Serpents venimeux sans mentionner le Serpent à sonnette, dont les étuis de corne, assemblés lâchement à l'extrémité de la queue, font un bruit caractéristique quand l'animal se déplace.

La présence d'espèces venimeuses parmi les Serpents a nui beaucoup à l'ensemble du groupe. Et les gens sont tellement effrayés qu'ils tuent tous les serpents qu'ils rencontrent. Ainsi les bons paient pour les mauvais.

Mocassin d'eau (1/4)

Boa constricteur (1/8)

Un vol de Martinets à queue épineuse
(Amérique)

Les Oiseaux

PRESQUE tous les animaux qui volent appartiennent soit à un groupe d'Invertébrés, les Insectes, soit à un groupe de Vertébrés, les Oiseaux.

A l'époque lointaine des Dinosaures, il y a bien 100 millions d'années, les Oiseaux n'avaient pas la maîtrise des airs ; les Reptiles volants étaient pour eux de puissants rivaux ; aujourd'hui, les Oiseaux sont des centaines de fois plus nombreux que tous les autres Vertébrés capables de voler.

De même qu'il y a parmi les Vertébrés autres que les Oiseaux des espèces qui volent, il y a parmi les Oiseaux des espèces qui ne peuvent pas voler. Chacun connaît les Autruches et les Casoars, qui sont des coureurs, et auprès desquels viennent se placer les Kiwis.

Les coureurs existent depuis que les oiseaux ont fait leur apparition sur la Terre; aujourd'hui leur nombre est très faible par rapport à celui des Oiseaux qui volent. La plupart des Oiseaux, en effet, peuvent voler, au moins sur une courte distance. Beaucoup même sont de remarquables voiliers; ils peuvent à la fois voler très vite et soutenir leur effort sur de longs parcours. Les savants ont chronométré leurs vitesses horaires : 50 km pour le Rouge-gorge, 100 km pour le Martinet.

L'adaptation au vol est caractérisée essentiellement par la présence des ailes. Certes, il existe des Poissons volants, qui peuvent planer sur de courtes distances, des espèces d'Ecureuils capables de glisser dans l'air, d'une branche à l'autre, mais il ne s'agit pas en réalité d'un vol; seuls, peuvent vraiment voler les animaux pourvus de véritables ailes.

Les ailes d'un oiseau sont actionnées par des muscles vigoureux, solidement attachés au bréchet, cette lame osseuse disposée perpendiculairement au sternum, le long de sa ligne médiane. Pendant

Nid et œufs de Merle migrateur
(Amérique du Nord)

Merle migrateur
(Amérique du Nord)

le vol, l'oiseau frappe l'air de ses 2 ailes, ce qui le pousse en avant.

Son corps est relativement léger; ainsi, un Martinet pèse moins qu'une Souris, un Lézard ou un Crapaud de la même grosseur : d'abord parce que la plupart de ses os sont creux; la moelle osseuse, qui contribue déjà à alléger le squelette des Vertébrés, est remplacée ici par de l'air; on dit que les oiseaux ont des os pneumatiques.

En outre, les oiseaux ont des sacs aériens rattachés aux poumons; ce sont autant de petits ballons d'air chaud qui allègent le corps et assurent la respiration pendant le vol.

Le vol est encore favorisé par la forme aérodynamique du corps; on a même comparé le Martinet à une " flèche volante ".

Les plumes constituent une couverture très pratique; elles sont à la fois légères et résistantes. Enduites de graisse et convenablement ajustées ensemble, elles forment un revêtement étanche. Elles empêchent aussi le corps de se refroidir; les Oiseaux étant des animaux à sang chaud, il y a intérêt pour eux à disposer d'une couverture isolante qui aide à maintenir la chaleur du corps. Et les plumes, grâce à l'air qu'elles retiennent entre elles, répondent tout à fait à cette exigence physiologique.

Beaucoup d'Oiseaux mettent à profit leur aptitude au vol pour aller passer l'hiver dans une partie du monde et l'été dans une autre.

Au printemps, les Hirondelles et les Fauvettes arrivent d'Afrique, où elles s'étaient installées au cours de l'automne. Mais les Oiseaux n'ont pas tous deux domiciles; certains passent toute leur vie au même endroit.

Oiseau-mouche à gorge rouge

Tous les Oiseaux, sans exception, naissent des œufs qui sont successivement pondus et couvés. Tous les œufs ont une coquille, généralement assez dure; l'œuf de Poule en est un bon exemple. Leur taille peut varier beaucoup d'une espèce à l'autre. Tandis qu'une Autruche pond des œufs de 15 cm de long, les œufs d'un Oiseau-mouche n'ont que la taille d'un petit pois. En général, les œufs sont pondus dans un nid construit par l'un des parents ou par les deux.

Certains nids sont admirablement construits; observez celui d'un Oiseau-mouche : fixé à une branche assez basse, il a les dimensions d'une coquille de noix; l'intérieur est tapissé d'un duvet végétal très doux, tandis que l'extérieur est recouvert de mousse, de fils d'araignée et de lichens.

La petite Fauvette jaune fait un nid très solide avec des herbes diverses et des fibres végétales. Certains nids de Fauvette ont une histoire curieuse. Il arrive qu'un petit oiseau d'Amérique, inconnu en Europe, commensal des bœufs dans les prairies, vienne pondre dans le nid de la Fauvette jaune. Cette dernière reconnaissant l'œuf étranger construit un nouveau nid au-dessus du premier. Voilà pourquoi le nid d'une Fauvette jaune peut présenter plusieurs étages.

Certains oiseaux aiment faire leur nid près de nos habitations; mais il n'en fut pas toujours ainsi, car les Oiseaux ont précédé l'homme sur la Terre. En compagnie de l'homme, les oiseaux ont acquis des habitudes.

Le Troglodyte commun, pour ne citer que cet exemple, a appris à construire son nid dans un vieux bidon en métal, dans le pieu d'une barrière et même dans la poche d'un manteau abandonné. Il accepte aussi un nid artificiel. Ce n'est pas qu'il soit paresseux et la quantité de brindilles, de ficelles, d'herbes, qu'il peut transporter, est étonnante. Si le domicile choisi reste convenable, un couple de Troglodytes peut y revenir plusieurs années de suite.

La Fauvette jaune et son nid

Couple de Troglodytes

Chaque espèce d'Oiseau a une façon particulière de faire son nid. Le nid d'un Oiseau-mouche est bien différent de celui d'un Troglodyte. Chacun hérite des parents sa façon de faire. Pas plus que nous n'apprenons à nous servir de nos yeux, un oiseau n'apprend comment il doit faire son nid.

C'est dans le nid que les œufs sont couvés; ils doivent être maintenus au chaud pour éclore, ce qui les distingue des œufs de tous les animaux inférieurs. En général, c'est la femelle qui couve, mais le mâle partage parfois ce devoir. Très souvent le plumage des mâles a des couleurs plus vives que celui des femelles. Peut-être y a-t-il avantage pour les femelles qui couvent à ne pas trop attirer l'attention lorsqu'elles reposent tranquillement sur le nid.

Dès l'éclosion, il est des jeunes qui peuvent se promener. Chacun connaît les poussins et les petits canards si agréables à regarder et dont le duvet est si doux au toucher. Mais il est d'autres petits oiseaux qui sont tout nus à leur naissance. Ils sont si faibles qu'ils ne peuvent se tenir debout. Leurs yeux sont clos comme ceux des petits chats. Aussi doivent-ils être tenus au chaud et bien soignés.

La plupart des jeunes mangent une quantité de nourriture stupéfiante si on songe à leur petite taille. Etant des animaux à sang chaud, on comprend qu'ils doivent manger non seulement pour grossir, mais aussi pour maintenir leur température. Ils semblent avoir faim tout le temps qu'ils sont éveillés. En fait, chacun peut manger quotidiennement son poids de nourriture. Cette nourriture est récoltée par les parents; ils l'avalent, puis la régurgitent dans l'estomac de leurs petits, dont les becs restent grands ouverts.

Tous les jeunes, qu'ils soient mâles ou femelles, ont le plumage terne de la mère. Ainsi les habitants du nid ont-ils moins de chance d'être repérés par un ennemi. Observez les Tangaras écarlates : le jeune ne prendra les couleurs vives du père qu'au bout de plusieurs mois; il en est de même des Oiseaux-mouches dont la gorge ne prend la couleur rubis qu'un temps assez long après leur naissance.

Tangara écarlate

Couple de Colaptes dorés
(Amérique du Nord)

Il y a environ 8.600 espèces d'Oiseaux. On les distingue facilement de tous les autres animaux grâce à leurs plumes. Tous les Oiseaux possèdent en outre un bec, 2 ailes, 2 pattes. Malgré ces caractères communs, les variations n'en sont pas moins nombreuses à l'intérieur du groupe. Toutes les tailles sont représentées, depuis celle d'un Oiseau-mouche, qui ne pèse que quelques grammes, jusqu'à celle d'une Autruche, dont le poids peut dépasser 150 kg. Et il y eut autrefois des Oiseaux encore plus gros que les Autruches, mais ces oiseaux géants ont disparu.

Tous les Oiseaux ont 2 pattes, qui diffèrent souvent d'une espèce à l'autre. Il y en a de longues, d'autres courtes; certaines sont fortes, d'autres faibles; elles sont attachées plus ou moins loin sur le corps de l'oiseau..., etc.

Les pieds aussi sont différents. La plupart des Oiseaux ont 4 doigts, dont 3 sont dirigés vers l'avant et un vers l'arrière. Mais quelques espèces, comme le Pic, ont 2 doigts en avant et 2 en arrière. Certains oiseaux ont des pieds palmés, d'autres, comme les Faucons, possèdent des serres aiguës et robustes.

Tous les Oiseaux ont des ailes, mais comme on l'a déjà remarqué, tous les Oiseaux ne sont pas aptes au vol. Les ailes d'un Manchot forment des palettes qui servent à nager.

Les becs des oiseaux sont très différents aussi. Certains sont longs et minces, d'autres courts et robustes; certains sont courbés et très pointus. Les becs sont beaucoup plus que de simples bouches; ils jouent le rôle des mains. Pour mieux comprendre ce rôle, supposez que vous ayez les mains attachées dans le dos et que vous deviez bâtir une maison ou préparer le dîner..., vous voyez combien le bec est utile à l'oiseau.

Comme les pattes et les becs, les plumes varient selon les espèces. Comparez les plumes de la queue d'un Pic à celles de la queue de la Buse et du Martin-pêcheur : les premières se terminent en pointe, tandis que les secondes sont arrondies. Très différentes aussi sont les couleurs du plumage et il n'y a qu'à se rappeler les noms de certains oiseaux, pour s'en convaincre : le Pic-vert, le Rouge-gorge, le Faisan doré, le Flamant rose, la Mésange bleue, le Bruant jaune et le Tangara écarlate d'Amérique.

Parmi les différences qu'on observe chez les Oiseaux, il en est qui se trouvent en rapport avec le milieu dans lequel ils vivent. Les espèces aquatiques, par exemple, ont souvent les pieds palmés, qui facilitent la nage ; les longues pattes des oiseaux de rivages les aident à patauger ; et si le Rouge-gorge sautille si bien sur le sol, c'est qu'il a des pattes vigoureuses ; enfin, il suffit de voir certains oiseaux creuser les troncs d'arbres pour constater que leur queue aux plumes pointues joue le rôle d'une béquille qui les soutient. On constaterait également, en regardant des oiseaux terrassiers au travail, que leur bec pointu et solide est un bon outil de terrassement.

Peu de gens ignorent que le régime alimentaire des oiseaux varie d'un groupe à l'autre : il y a les mangeurs d'insectes, les mangeurs de graines, les oiseaux de proie, les amateurs de cadavres et les espèces qui mangent de tout.

Le bec pointu et solide du Pic convient non seulement pour creuser le bois, mais aussi pour sortir les insectes des troncs d'arbre. Le bec recourbé d'un Faucon excelle à déchirer le Mulot que les serres ont saisi ; celui du Martin-pêcheur est commode pour attraper le poisson. Chez les mangeurs de graines, le bec court et solide aide à briser le tégument. Avec leur bec court et une bouche large qui reste grande ouverte pendant le vol, les chasseurs d'insectes écopent les moucherons comme le pêcheur ramasse les poissons avec son filet. D'autres oiseaux sont pourvus d'un bec qui aide à chasser les vers de terre, ou à manger les fruits. Pour déchirer la viande, les mangeurs de cadavres disposent d'un bec qui ressemble à celui des oiseaux de proie.

On a divisé la classe des Oiseaux en 27 ou 29 ordres. Pour établir cette classification, les savants ont dû étudier avec soin l'organisation des Oiseaux. Les Pics sont les représentants d'un ordre qui comprend aussi les Toucans, espèces des régions chaudes. Les Faucons, les Vautours et les Aigles appartiennent à un autre ordre. Les Martins-pêcheurs et les Toucans font partie d'un troisième ordre..., etc.

Comme le tableau de la page 181 le montre bien, l'ordre des Passereaux, qui comprend presque tous les bons chanteurs, forme le groupe le plus important de la classe des Oiseaux.

Pic mineur

Buse à queue rouge
(Amérique du Nord)

Martin-Pêcheur
(Amérique du Nord)

Faisan à collier

Coucou à bec jaune

Les 8 oiseaux des pages 90 et 91 appartiennent à 8 ordres différents. Bien que deux d'entre eux soient perchés, aucun n'appartient à l'ordre des Percheurs.

Près du Faisan, de la Perdrix, du Coq de bruyère et de la Caille, bien connus des chasseurs, se placent les oiseaux de nos basses-cours : Coqs et poules, Pintades et Dindons. Dans le même ordre, on trouve également les Paons aux plumes ocellées, qu'on ne voit guère que dans les jardins publics. Le Faisan est originaire de Chine; acclimaté chez nous, il niche le plus souvent sur le sol. Les jeunes n'attendent pas pour courir, après l'éclosion. Ils peuvent également voler très tôt, mais ils s'essaient d'abord sur de courtes distances.

Le Héron fait partie du même ordre que les Cigognes, les Flamants et les Butors; c'est un oiseau des rivages et des marais; avec son long bec il attrape des insectes, de petits poissons et même des serpents.

Un autre ordre est celui des Coucous. Ces oiseaux ont donné leur nom à certains modèles de pendules. A leur arrivée d'Afrique, au premier printemps, l'appel joyeux des Coucous fait plaisir à entendre. Il n'est donc pas étonnant qu'on ait fabriqué des carillons qui reproduisent cet appel. Pourquoi pondent-ils dans le nid des autres ? C'est inexplicable. Tous les Coucous ne sont d'ailleurs pas des parasites. Le Coucou à bec jaune fait un nid et il ne craint pas de manger des chenilles poilues, qui répugnent aux autres oiseaux.

Le Martinet à plumage sombre appartient au même ordre que l'Oiseau-mouche à gorge de rubis. Cela peut paraître étrange, mais ils ont tous deux des pattes et des pieds qui ne sont pas faits pour la marche. Un Martinet, en effet, ne marche jamais;

Héron vert (Amérique)

Martinet de cheminée

Becassine

Hiboux (Amérique du Nord)

quand il ne vole pas, il reste sur son nid, ou se tient accroché par ses griffes à la paroi d'une cheminée ou à l'intérieur d'un tronc d'arbre.

Certains Martinets américains, en effet, construisent leur nid dans une cheminée ou dans un arbre creux. On les voit souvent qui pénèrent en groupes dans les cheminées à la fin du jour.

Avec la Bécassine, nous arrivons à un ordre qui renferme les Mouettes, les Sternes ou Hirondelles de mer, et les Chevaliers. Ce sont des oiseaux de rivages ou des oiseaux aquatiques. La Bécassine mange des insectes et beaucoup d'autres petits animaux. Les Engoulevents, encore appelés tête-chèvres, ou crapauds-volants ne sucent pas le lait des chèvres, ce dont ils seraient absolument incapables. Tous volent au crépuscule et gobent des insectes mais ne tiennent pas le bec constamment ouvert au cours de cette chasse, contrairement à ce que l'on croit encore trop souvent. Les Engoulevents font partie du même ordre que les Rolliers, Guêpiers, Huppes et Martins-pêcheurs, mais non pas de la même famille.

Passons maintenant à l'ordre des Chouettes et des Hiboux. Beaucoup de Rapaces nocturnes, tels les Hiboux, ont des aigrettes qu'il ne faut pas confondre avec des oreilles; ce sont simplement des touffes de plumes. Le jour, les Hiboux sont éblouis par la lumière, mais la nuit, leur vue si perçante leur permet de chasser activement et de capturer des animaux comme les mulots.

L'Oie du Canada, qui est l'un des plus grands oiseaux sauvages, appartient à l'ordre des Canards, des Oies et des Cygnes. Ce sont des oiseaux aquatiques. Leurs pattes palmées leur permettent de nager. Certaines espèces sont d'excellents voiliers, dont la vitesse peut atteindre 100 km à l'heure.

Engoulevent

Oie du Canada

Quiscale

On a divisé le groupe des Passereaux en un grand nombre de familles.

Tous les oiseaux représentés pages 92 et 93 appartiennent à la famille des Troupiales, Cassiques, Quiscales et Stournelles, qui vivent presque tous en Amérique tropicale. Aucune de ces espèces n'existe en Europe, et donc en France, et aucune n'a de parenté directe avec des oiseaux de chez nous. Le nom que l'on a donné à certains d'entre eux (Loriot de Baltimore par exemple) ne doit pas faire croire l'inverse; en réalité, ces noms ont été attribués en raison d'une vague ressemblance purement superficielle dans l'aspect ou la coloration sans qu'il y ait identité de mœurs et de morphologie.

Inversement, il y a des oiseaux noirs qui ne font pas partie du groupe. C'est le cas, par exemple, de la Corneille des champs, plus proche des Pics et des Geais que des Merles.

Le Quiscale représenté ici ressemble un peu à une Corneille, mais il a des yeux tout jaunes et son plumage a des reflets métalliques. Quand il marche, ses gestes mesurés le font paraître très sage. Il est pourtant délaissé par les amateurs d'oiseaux. On lui reproche, en effet, de mal chanter, de se déplacer trop souvent en troupes bruyantes et de faire la chasse aux autres oiseaux.

Le Loriot fait partie d'une famille répandue en Europe, Asie et Afrique. Il se distingue des autres espèces par quelques caractères : il descend peu sur le sol et il fait son nid assez haut, au bout d'une branche où il a soin de le suspendre. Ce nid est un sac gris, tissé avec du crin, des ficelles et des fibres végétales; on peut même y trouver des morceaux de chiffon et des bouts de papier. Le Loriot de nos campagnes, appelé encore " l'oiseau de la Pentecôte ", parce qu'il arrive d'Afrique à ce moment-là, est noir et jaune, tandis que l'oiseau de la page 93, appelé Loriot de Baltimore, fait partie d'une famille très différente.

Loriot de Baltimore

Troupiale

Les Loriots construisent leur nid très solidement et il le faut bien. Il y a souvent 6 petits dans le nid et c'est à la femelle que revient le mérite de cette solide construction.

Le Troupiale à épaulettes est un oiseau des prairies humides et des marais; il vole au-dessus des Massettes en troupes parfois nombreuses; pendant les haltes, les femelles aiment s'installer sur cette plante des marécages, où elles se cachent facilement; sans doute la couleur marron de leur plumage, qui est celle des inflorescences desséchées de la plante, les aide-t-elle à se dissimuler.

La Stournelle est l'un des bons chanteurs de la famille des Troupiales et Cassiques. Elle habite les prairies d'Amérique. Une espèce voisine est commensale des vaches et mange les insectes que ces animaux font s'envoler. Elle pousse même la paresse jusqu'à pondre dans le nid d'autres espèces d'oiseaux, celui de la Fauvette jaune, par exemple, ainsi qu'il a été dit page 86. En Europe la place de la Stournelle est tenue par l'Alouette des champs qui fait partie d'une famille bien différente.

Un autre oiseau, assez original, est tantôt appelé l'oiseau-beurre, parce qu'il engraisse considérablement avant de partir vers les pays chauds pour y passer l'hiver, tantôt l'oiseau-riz parce que le riz est son aliment essentiel, tantôt l'oiseau des roseaux, au milieu desquels il se plaît à séjourner, pour y chanter gaîment. Tandis que la femelle reste marron foncé toute l'année, le mâle change de livrée au cours de l'été : il devient noir, blanc et jaune. Mais l'hiver, il reprend le plumage marron de sa compagne. C'est le Goglu ou Bobolink.

Chez les Loriots, le mâle ressemble à la femelle pendant les deux premières années et ce n'est qu'après qu'il revêt sa livrée aux vives couleurs.

Stournelle à ventre jaune

Gros-bec d'Amérique

Les Pinsons et les Bouvreuils font également partie de nos oiseaux chanteurs. Au chant mélancolique du Bouvreuil, on préfère la mélodie bien rythmée du Pinson de nos vergers et de nos bois.

Les Fauvettes, assez voisines des Mésanges, sont des Passereaux de petite taille au bec droit et conique, un peu échancré vers la pointe. Il y en a une trentaine d'espèces en France qui sont presque toutes insectivores et qui vivent dans les buissons.

Le Chardonneret américain préfère, comme son nom l'indique, les espaces couverts de chardons; ces plantes lui fournissent les fruits à aigrettes qu'il utilise pour tapisser son nid et pour se nourrir. En été, le mâle se distingue facilement de la femelle, mais l'automne venu, il change de plumage, comme le Loriot, et perd ses belles couleurs.

Les 6 oiseaux des pages 94 et 95 sont aussi des Passereaux. Outre ces espèces, le vaste groupe en comprend beaucoup d'autres, parmi lesquelles nos Moineaux domestiques, les Roitelets, les Bruants et les Cardinaux, pour n'en citer que quelques-unes.

Le Gros-bec à gorge rose est un oiseau magnifique ; mais la femelle n'a pas le beau plumage du mâle ; elle ressemble plutôt à un gros moineau. Le surnom qui lui est donné en Amérique (1) rappelle qu'il est un gros mangeur de Doryphores. Le Rossignol, voisin de la Grive des bois et de la Grive des vignes, est un petit chanteur dont la réputation est bien établie. On a toujours plaisir à entendre les expressions successives de son chant, les sons filés, le trille et la roulade.

(1) Potato-bug bird

Rossignol

Chardonnerets

Le Merle migrateur n'est pas souvent perché comme la figure de la page 85 pourrait le laisser croire. Il passe presque tout son temps sur le sol. Son nid héberge fréquemment le Coucou parasite, qui abuse d'une charité poussée jusqu'au sacrifice.

Des 6 oiseaux représentés pages 94 et 95, il n'est guère que le Chardonneret qui réside toute l'année au même endroit. De nombreux Oiseaux sont, en effet, migrateurs. Au printemps, l'Hirondelle de cheminée et l'Hirondelle de fenêtre arrivent par petits groupes et commencent leur nid sans attendre. On s'habitue vite à leur aimable présence. Mais dès que les soirées deviennent plus fraîches, en septembre, se préparent les rassemblements des parents et des jeunes pour le long voyage qui conduira toute la troupe en Afrique équatoriale et jusqu'au Cap de Bonne-Espérance. C'est dans ces pays plus chauds qu'elles vont passer l'hiver. Elles nous reviendront au printemps suivant, pour faire leur nid et pondre.

Bouvreuil

Pinson

La " Fauvette " rouge est aussi un oiseau migrateur. Elle passe l'hiver au Mexique ou plus au sud; les beaux jours revenus dans les pays du Nord, elle part faire son nid dans les régions les plus septentrionales des Etats-Unis et du Canada.

Les itinéraires des oiseaux migrateurs ont pu être précisés grâce à la méthode du baguage; mais on ne peut encore expliquer comment ces voyageurs se sont entraînés au cours des périodes géologiques écoulées et comment ils ont transmis de génération en génération les habitudes ainsi acquises.

" Fauvette " rouge

C'est sûrement parmi les Passereaux qu'on trouve les meilleurs chanteurs. Mais il n'est pas vrai de dire que tous les Passereaux chantent bien. Ainsi, l'Etourneau, la Corneille, la Pie sont des Passereaux que personne ne prendra pour de bons chanteurs. Si le Rossignol et le Pinson communs sont chez nous les meilleurs chanteurs, la palme est remportée en Amérique par le Moqueur, qu'on entend toute l'année, à n'importe quel moment du jour ou de la nuit. Il appartient à une famille assez proche de celle des Grives, la famille des Mimes. Le Moqueur, à n'en pas douter, est un imitateur. Il se plaît à répéter sans arrêt une phrase musicale du chant d'un autre oiseau. Presque tous les Moqueurs vivent dans le sud des Etats-Unis. On en trouve rarement vers les Grands Lacs et la Nouvelle-Angleterre. Mais dans ces régions septentrionales, il a un cousin qui chante et imite presque aussi bien. C'est l'Oiseau-chat. Cet oiseau est plus petit et moins joli que le Moqueur. On le reconnaît facilement à sa petite calotte noire, qui lui fait donner parfois le nom de Moqueur noir. Une tache marron sous la queue aide encore à le distinguer de son cousin. Le chant de l'Oiseau-chat est une sorte de miaulement qui rappelle beaucoup celui du chat, d'où son nom.

Un autre Moqueur de couleur brune et qui chante bien se pose à la cime des arbres pour lancer son chant du matin. Le petit Moqueur à gorge noire est fort apprécié, lui aussi; chacun aime entendre son appel joyeux par les froides matinées d'hiver. On l'aimerait même, fût-il muet, tellement il est familier. Il vient volontiers près de vous et se livre à de véritables acrobaties aériennes, avançant la tête de ci, de là, à la recherche des graines de Tournesol, qui sont pour lui l'aliment favori. Le bec n'étant pas assez fort pour écraser ces graines, il faut voir comment le petit Moqueur s'y prend pour les tenir entre les doigts, afin de pouvoir les déchiqueter à l'aide de son petit bec pointu. C'est un oiseau très estimé aussi pour les insectes qu'il mange et qu'il sait capturer dans les fentes des écorces.

Moqueur

Moqueur à gorge noire

Oiseau-Chat

Les savants ont cherché à savoir comment les oiseaux se nourrissent. Et les oiseaux ont été classés en amis et en ennemis. Un oiseau est un ami, s'il nous aide à détruire les mauvaises graines et les animaux ennemis de nos cultures. Il est au contraire un ennemi, s'il mange nos fruits, les bonnes graines et des insectes utiles. Certains oiseaux peuvent encore nous nuire en mangeant les œufs et les petits d'autres oiseaux utiles. Sont également nuisibles les espèces qui mangent les bourgeons ou percent les jeunes troncs pour y puiser la sève. Bien entendu, aucun oiseau n'est consciemment utile ou nuisible. On ne saurait reprocher à certains oiseaux d'être nuisibles, pas plus qu'on ne saurait faire l'éloge de ceux qui sont utiles. Ils mangent ce qui leur convient, c'est-à-dire les aliments qui sont en rapport avec leur organisation. Les oiseaux de la page 97 sont utiles; aussi, en faisons-nous des amis.

Le petit Moqueur à gorge noire se nourrit surtout de pucerons et de leurs œufs. En été, il ajoute à son régime des baies d'Epine-vinette et de Raisin sauvage. Le petit Moqueur reste donc un ami, puisqu'il ne nuit pas en mangeant ces fruits.

L'Oiseau-chat fait bien quelques dégâts dans les jardins et les vergers, en goûtant les fruits mûrs, mais il paie largement par tous les insectes nuisibles qu'il détruit. Et la consommation de toute cette vermine devient particulièrement considérable quand il nourrit ses petits. Le Zigzag, ce papillon ennemi des arbres, fait heureusement partie de son menu.

On dit souvent que les Moineaux sont nuisibles à nos pelouses parce qu'ils mangent les graines que l'on vient de semer, mais il faut ajouter, pour être juste, qu'ils mangent surtout de mauvaises graines et des insectes nuisibles.

" Moineaux "

Hirondelles prognées

De même que les Hirondelles, chez nous, les Hirondelles prognées sont considérées en Amérique comme les meilleures des amies. Elles se nourrissent presque exclusivement d'insectes ennemis des arbres fruitiers. Une troupe d'Hirondelles, dans un verger, peut éviter les frais d'une pulvérisation insecticide. C'est encore un bon chasseur de moustiques et il est heureux que cet oiseau aime vivre près de nos maisons. Les Hirondelles forment des colonies; chaque colonie vit dans une cité comprenant un certain nombre de logements, dont chacun est pourvu d'une entrée particulière. Les Indiens ont toujours protégé les Hirondelles; ils favorisaient même leur installation en suspendant à des pieux des gourdes vides. Et de nombreux fermiers du Sud des Etats-Unis utilisent actuellement ce procédé.

Comme les Hirondelles, les Cardinaux sont de bons amis. Il leur arrive bien de manger un peu de bon grain, mais le mal qu'ils font n'est rien à côté de l'aide qu'ils apportent en mangeant quantité d'insectes nuisibles. Dans le Sud des Etats-Unis, le Cardinal est le principal ennemi du ver du coton.

Les Oiseaux utiles n'appartiennent pas tous à la famille des percheurs. On trouve également des oiseaux amis dans les autres familles : citons les Vautours, grands nettoyeurs, la Caille, auxiliaire précieux du fermier pour les insectes nuisibles et les mauvaises graines qu'elle mange, la Chouette effraye qui nous aide à lutter contre les rats et les souris.

Certains oiseaux ont une réputation bien mauvaise qu'ils ne méritent pas. La Buse à queue rouge, qui vit en Amérique, et le Moineau domestique de nos villes et de nos campagnes, sont de ceux-là.

Certes, la Buse à queue rouge tue bien de temps en temps quelques poulets, quand les souris et les insectes nuisibles, qui constituent sa nourriture habituelle font défaut; mais ses méfaits sont relativement faibles, en comparaison des quantités de rongeurs et d'insectes nuisibles qu'il détruit. Cela est si vrai que les cultivateurs commencent à regretter de l'avoir détruit en constatant l'accroissement du nombre des mulots et autres ravageurs.

Naturellement, les oiseaux ne sont pas seulement utiles pour les animaux nuisibles qu'ils mangent. Ils le sont aussi pour la nourriture qu'ils nous fournissent. Il y a des siècles, les hommes ont trouvé si agréable la chair des oiseaux qu'ils se sont mis à domestiquer diverses espèces d'oiseaux sauvages. Aujourd'hui, on élève des millions de poulets, de canards et de dindes. Les œufs aussi sont consommés en grande quantité; on peut dire que presque tout le monde en mange. En plus des oiseaux que l'on élève pour leur chair, il y a les oiseaux sauvages que l'on mange comme gibier.

D'autres oiseaux sont très appréciés pour leurs plumes. L'Aigrette est élevée pour ses belles plumes blanches. Les plumes d'Autruche sont également bien connues et il n'est heureusement pas besoin de tuer les Autruches pour se les procurer.

Tout le gibier à plumes et beaucoup d'oiseaux utiles disparaîtraient bien vite s'il n'y avait pas de lois pour les protéger; certaines espèces ont déjà disparu. Le Pigeon migrateur, qui volait autrefois en troupes nombreuses, a été complètement anéanti. Le grand Pingouin, fréquent autrefois sur les rivages de l'Amérique du Nord, a disparu aussi. Un grand nombre d'espèces sont actuellement en danger. Pourtant, la plupart de nos oiseaux valent la peine qu'on les préserve et chacun de nous devrait veiller à ce que les lois qui les protègent soient appliquées. On nuit aux oiseaux en abattant les forêts ou en labourant les prairies dans lesquelles ils vivent. On leur nuit encore en introduisant imprudemment des oiseaux étrangers dont la concurrence peut être telle qu'elle finit par les faire disparaître. Respectons et protégeons ces hôtes gracieux, qui animent nos bocages et nos jardins, protègent nos cultures et nous égaient de leurs chants.

Cardinaux

Opossum

Les Mammifères

L'Opossum est un Mammifère ; sa fourrure le prouve. Il en est de même de l'Ornithorhynque, du Koala et du Kangourou, dont la fourrure est facilement reconnaissable. L'Echidné, au contraire, n'a pas de véritable fourrure; c'est pourtant un Mammifère; en effet, ce mangeur de fourmis a bien le corps couvert de poils, mais ceux-ci sont devenus des épines raides et pointues. Les 5 animaux représentés pages 100 et 101 sont donc des Mammifères. Ils sont les représentants d'un groupe inférieur, qui prend place au bas du rameau des Mammifères, dans l'arbre généalogique. On pourrait les considérer comme des essais de la Nature, à une époque où elle expérimentait des organismes à sang chaud, couverts de poils et allaitant leurs petits.

Dans le rameau des Mammifères, l'Ornithorhynque et l'Echidné sont placés au-dessous de l'Opossum, du Kangourou et du Koala. En effet, ils pondent des œufs et ce caractère les sépare de tous les autres Mammifères, qui sont vivipares. Ils appartiennent à l'ordre des Monotrèmes. Une fois éclos, les petits Monotrèmes sont nourris du lait de leur mère, tout comme les petits des Mammifères vivipares. L'Ornithorhynque, encore appelé Platypus, vit en Australie; lorsque les premiers colons anglais établis dans l'île envoyèrent des peaux de Platypus en Angleterre, les savants crurent qu'on leur jouait un tour; ils pensèrent que des becs de Canard avaient été cousus à la peau d'un animal à fourrure. Et l'Ornithorhynque ne ressemble pas au Canard seulement par le bec, il en a encore les pieds palmés.

Les Ornithorhynques sont souvent dans l'eau et leur bec solide sert à sortir les vers et les coquillages de la vase, au fond des rivières.

Ils nichent dans des terriers creusés dans le sol des rives. Un terrier peut avoir 10 m de long; à son extrémité, une pièce abrite la femelle; elle y installe un nid d'herbe dans lequel elle pond un, deux ou trois œufs. A l'éclosion, les jeunes tout nus sont très faibles; aussi la mère les maintient-elle contre son corps avec sa queue, tandis qu'elle les soigne et les allaite.

Les Ornithorhynques sont les seuls Monotrèmes venimeux; encore n'y a-t-il que les mâles qui soient pourvus, sur leurs pattes de derrière, d'éperons creux reliés à des glandes à venin.

L'Echidné est ovipare comme l'Ornithorhynque, mais il ne dépose pas ses œufs dans un nid; il les place tout de suite dans une poche située sous le corps. Les œufs y séjournent jusqu'à l'éclosion et les deux petits, qui en sortent, s'y maintiennent quelques semaines.

L'organisation de l'Echidné est celle d'un mangeur de fourmis : des griffes solides l'aident à éventrer les fourmilières; un long bec, une langue longue et gluante facilitent la capture des fourmis. Il y a bien d'autres mangeurs de fourmis parmi les Mammifères, mais ce ne sont pas des parents proches de l'Echidné. Ce Monotrème ne se rencontre qu'en Australie et dans quelques îles voisines.

L'Opossum, le Koala et le Kangourou sont des Mammifères à poche, qui ne pondent pas. Ils appartiennent à l'ordre des Marsupiaux. A leur naissance, les petits sont très fragiles. La mère les place dans sa poche et les y laisse jusqu'à ce qu'ils soient couverts d'une fourrure suffisamment fournie et assez vigoureux pour vivre en liberté. Ils ne quittent d'ailleurs pas la poche définitivement. En cas de danger, ils ont vite fait d'y regrimper.

Le Koala, " Ours indigène " d'Australie, vit dans les arbres, se nourrissant de préférence de feuilles d'Eucalyptus; un seul petit naît à la fois; il reste dans la poche environ trois mois, après quoi il grimpe sur le dos de sa mère, où il se maintient pendant le même temps. Cette position du jeune doit être particulièrement amusante lorsque la mère fait des sauts de plusieurs mètres, comme elle en a l'habitude à l'heure du crépuscule. Cette gymnastique fait d'ailleurs suite à un long repos; dans la journée, en effet, la mère et son petit dorment tranquillement dans les branches inférieures des arbres.

Un petit Kangourou préfère rester dans la poche de sa mère plutôt que de s'installer sur son dos, ce qui n'empêche d'ailleurs pas la mère de faire des bons de 6 à 8 mètres.

Les Kangourous vivent dans les régions sèches de l'Australie, là où les plantes, dont ils se nourrissent, sont plutôt rares. Il semble donc qu'il soit très avantageux pour eux de se déplacer rapidement.

Il y a beaucoup d'autres Marsupiaux en Australie et dans les îles voisines. On peut citer la Souris à miel, le Diable de Tasmanie, le Wombat et le Bandicoot.

L'Opossum est le seul Marsupial de l'Amérique du Nord; il se distingue de la plupart des Marsupiaux par le nombre de ses petits, qui peut atteindre la quinzaine. Comme les jeunes Koalas, les petits Opossums quittent la poche pour s'installer sur le dos de leur mère.

Nous avons vu que les Monotrèmes et les Marsupiaux se trouvaient réunis en Australie et dans les îles voisines. Ce fait n'est pas surprenant, car cette région du globe a été depuis très longtemps séparée par la mer des autres continents. S'il en avait été autrement, les Marsupiaux et les Monotrèmes auraient probablement été chassés par les autres Mammifères plus évolués. Il est vrai que l'Opossum a tenu bon et cette constatation est assez étonnante.

Les Monotrèmes et les Marsupiaux forment 2 ordres dans la classe des Mammifères. Les autres Mammifères comptent environ 4.000 espèces qui ont été groupées en un grand nombre d'ordres, comme le montre le tableau de la page 181.

Ornithorhynque

Koala

Kangourou

Echidné

Grand Panda

Baleine bleue

Léopard

Les savants réunissent tous les Mammifères, autres que les Monotrèmes et les Marsupiaux, en un grand groupe, celui des Mammifères placentaires. Chez les Mammifères placentaires, les jeunes se développent dans le corps de la mère jusqu'à un stade beaucoup plus avancé que chez les Marsupiaux. La mère porte les petits pendant un temps qui varie avec les espèces et, bien que les jeunes ne soient pas aussi faibles, à leur naissance, que les petits Marsiupaux, ils ont tout de même besoin de soins pendant des semaines, des mois et même des années.

« Aussi gros qu'un Eléphant » est une expression courante; mais il y a des Mammifères beaucoup plus gros. Une Baleine bleue est beaucoup plus grosse qu'un Eléphant; à notre connaissance, c'est l'animal le plus gros qui ait jamais vécu. Le tableau de la page 180 montre à quel point cet animal dépasse aujourd'hui en dimensions les géants terrestres, tels les Dinosaures, qui vivaient autrefois. La taille des Mammifères varie entre 2 extrêmes représentés par la taille de la Baleine bleue et celle de la Musaraigne. La Musaraigne pygmée, mangeur d'insectes, est plus petite qu'une Souris. Du point de vue de l'habitat et du régime alimentaire, on peut dire que les Mammifères vivent dans des milieux très différents et que leur nourriture est très variée.

Le poil est une production de la peau très caractéristique des Mammifères. Sans doute les poils paraissent-ils complètement absents chez certaines espèces, comme l'Eléphant et la Baleine; en réalité ces 2 animaux n'en sont pas complètement dépourvus. Les poils, ou fourrure, forment une excellente couverture pour un animal à sang chaud. Elle empêche le corps de se refroidir.

Le grand Panda est certainement bien protégé par sa fourrure; ce Mammifère, qui vit dans les forêts de Chine et du Thibet, n'est connu que depuis peu et ce fut un événement, lorsqu'en 1937, le premier Panda fut amené dans l'un de nos Zoos.

Le grand Panda appartient à l'ordre des Carnivores, c'est-à-dire à l'ordre des mangeurs de chair. Ces animaux se nourrissent de chair, en effet, et leurs dents permettent de la déchirer et de la couper.

Éléphant

La plupart des Carnivores se nourrissent d'animaux, mais le Panda ne mange guère que des pousses de Bambou.

La Baleine bleue, aussi étrange que cela puisse paraître, se nourrit de plantes et d'animaux minuscules, qui forment le plancton des mers. C'est que la Baleine bleue n'a pas de dents; à leur place, elle dispose de plaques dont les rebords portent de longs piquants qui retiennent le plancton flottant dans l'eau; imaginez combien de minuscules êtres vivants la Baleine bleue mange en un seul jour.

Puisque les Baleines respirent avec des poumons comme tous les Mammifères, il leur faut venir à la surface de temps en temps pour rejeter l'air vicié de leurs poumons et les remplir d'air frais. L'air chaud et humide rejeté par la Baleine s'élève en une sorte de jet formé par condensation de la vapeur d'eau en un brouillard visible.

Les Baleines et les autres animaux du même ordre sont appelés souvent à tort des poissons.

Le Tigre a la réputation d'être le plus féroce des Mammifères carnivores, mais son parent, le Léopard, est aussi féroce que lui.

Les Eléphants constituent un ordre à part ; aucun autre mammifère ne leur ressemble. Chacun sait qu'ils possèdent un long appendice ou trompe. Les Eléphants représentés ici sont des Eléphants indiens; ils sont moins gros que les Eléphants d'Afrique, dont les oreilles sont beaucoup plus étendues. Donner des cacahuètes aux Eléphants est un amusement que connaissent bien les habitués du Zoo et du cirque, mais ce n'est pas la nourriture des Eléphants sauvages, qui mangent de l'herbe et des racines. Leurs solides défenses les aident beaucoup à déraciner les plantes et leurs quatre énormes dents servent à écraser les plantes les plus coriaces. On dit souvent que les Eléphants vivent plus vieux que les hommes; en réalité, peu d'Eléphants dépassent 70 ans.

Les Chauves-Souris sont les seuls Mammifères qui peuvent réellement voler et elles volent très bien, en effet. Il en existe de nombreuses variétés; les Chauves-Souris des pays d'Europe sont des mangeurs d'insectes tandis que les Chauves-Souris les plus communes en Asie se nourrissent presque exclusivement de fruits. Enfin, dans les forêts de l'Amérique tropicale il y a les Vampires

Chauve-Souris

qui s'attaquent aux animaux qu'ils mordent pour sucer leur sang.

L'ordre auquel appartiennent le grand Fourmilier, les Paresseux et les Tatous, est un curieux mélange d'animaux. Le Fourmilier a des griffes si longues qu'elles le gênent pour marcher; par contre, elles sont parfaites quand il s'agit de creuser les fourmilières et les termitières. En regardant un Fourmilier, on imagine sans peine, à voir son museau, que la langue est très longue; toute gluante, c'est un outil commode pour capturer des insectes; avec sa langue, le Fourmilier les englue par milliers; il mange bien 150.000 termites à la fois.

Le Morse est un Carnivore, souvent chassé par les Esquimaux. On l'a appelé le roi des mers arctiques. Remarquez ses longs crocs qui lui servent à extraire les coquillages.

Les Primates sont placés dans l'arbre généalogique à l'extrémité du rameau des Mammifères et il nous plaît de le constater, car c'est à cet ordre des Primates qu'appartiennent les êtres humains. Le Gorille fait aussi partie de l'ordre, ainsi d'ailleurs que tous les autres Singes, grands et petits, et les Lémuriens.

Le Gorille est l'un des grands Singes anthropoïdes; c'est le plus grand de tous, beaucoup plus grand que son parent, le Chimpanzé, mais moins intelligent que lui. Les Gorilles vivent en groupes familiaux dans les forêts de l'Afrique équatoriale. Un groupe familial de Gorilles comprend un mâle, une femelle et de nombreux enfants d'âge variable. La femelle et les enfants dorment la nuit sur une plate-forme construite dans un arbre à cet effet. Pendant ce temps, le mâle monte la garde en bas. Au Zoo, les Singes sont toujours les favoris du public; les grandes personnes, comme les enfants, s'amusent à ces grimaces qui leur sont familières.

Grand Fourmilier

Morse

Gorille

Empreintes de pas d'Ours noir

Ours gris ou **Grizzly**

Raton laveur

Tous les Mammifères représentés sur ces 2 pages (104 et 105) appartiennent à l'ordre des Carnivores. Tous se nourrissent de chair. Dans n'importe quelle région, on peut établir la chaîne des espèces, dont chacune est à la fois le " prédateur " de celle qui la précède, et la proie de celle qui la suit. Ainsi, dans une région où il y a des Chênes, les glands sont mangés par les Mulots et les Mulots par les Hiboux. En Afrique, dans certaines contrées, l'herbe est mangée par les Zèbres et les Zèbres par les Lions. Une autre chaîne est constatée dans l'Arctique. Des plantes sont attaquées par des Insectes, ceux-ci sont mangés par la Perdrix des neiges et cette dernière est la proie d'un Renard.

Une chaîne commence toujours par des plantes. Elle se termine presque

outre, la Belette, le Vison et la Loutre. Le Raton laveur ou Racoon est voisin des Martres.

Les Ours constituent à eux seuls une famille. Il y a beaucoup d'autres Carnivores. Le Morse, déjà cité, n'est pas le seul Carnivore marin. Le Phoque à fourrure, le Lion de mer et le Phoque éléphant sont aussi des Carnivores. La Hyène est bien un Carnivore, mais elle ne mange que les restes abandonnés par les autres Carnivores; elle ne tue pas les animaux pour les manger et, bien qu'elle ait mauvaise réputation, on doit reconnaître que c'est une bonne nettoyeuse.

Répandus dans tout le monde, il y a beaucoup de Carnivores peu connus et leur nom est aussi étrange que leur aspect. Parmi ceux-ci on peut citer le Coati, le Raton crabier et le Kinkajou.

Martre

Coyote

Skunk

Puma

Hippopotame

Les Chevaux ont des sabots; leur histoire a été bien souvent racontée; ils ont mis des millions d'années à devenir de gros animaux; en se transformant, ils sont parvenus à courir sur l'ongle de leur doigt médian, modifié en un robuste sabot. Les Chevaux et tous les autres Mammifères à sabots forment un groupe que les savants appellent Ongulés. Certains Ongulés ont un nombre impair de doigts; citons, outre le Cheval, le Zèbre et le Rhinocéros; ils appartiennent au groupe des Imparidigités. L'Hippototame, l'Elan, la Girafe sont au contraire des Paridigités. Il en est de même des animaux domestiques, tels que Porcs, Moutons, Vaches et Bœufs, Chèvres, Chameaux.

Tous les animaux à sabots se déplacent sur le sol. Il n'y aurait d'ailleurs aucun avantage à avoir des sabots si le déplacement se faisait autrement qu'en marchant et en courant sur le sol. Ce sont tous des mangeurs de plantes; or, les mangeurs de plantes sont souvent appelés herbivores et cependant ce nom n'est donné à aucun ordre de Mammifères.

Les Ongulés fournissent une bonne partie de la nourriture des Carnivores. Et la viande que nous consommons nous est fournie presque en totalité par les Mammifères à sabots.

Le maintien de la vie animale dans la Nature exige que les herbivores soient assez nombreux pour permettre aux carnivores de vivre.

Le mot Hippopotame signifie : Cheval de rivière. Ce n'est pas que cet animal soit un proche parent du Cheval, mais il passe presque tout son temps dans l'eau. C'est bien l'un des animaux les plus laids. Comme la Baleine et l'Eléphant, il n'a presque pas de poils; mais il en a tout de même un peu, comme tous les Mammifères. Il nourrit ses petits du lait que sécrètent des glandes mammaires internes.

La bouche de ce gros mangeur de plantes est énorme et l'appétit en rapport. Il arrache les plantes qu'il veut manger, avec ses fortes défenses. Comme la plupart des Mammifères à sabots, les Hippopotames forment des troupeaux qui passent le jour dans l'eau, en général, et vont à terre, la nuit, pour se nourrir dans les fonds de vallées. Dans la rivière, l'Hippopotame est souvent allongé, la face seule émergeant de la surface de l'eau. Elle ne laisse voir que 2 oreilles dressées, 2 yeux globuleux et 2 narines proéminentes. Ainsi, l'animal peut à la fois voir, entendre et respirer.

Un jeune Hippopotame est toujours une attraction dans un Zoo. Il paraît bien petit à côté de sa mère, et pourtant, il pèse bien autant qu'un poulain. Les sabots de l'Hippopotame, aplatis, sont très différents de ceux du Cheval; on comprend qu'ils soient mieux adaptés à la marche sur les fonds vaseux des rivières. D'ailleurs, la pression qui s'y exerce n'est pas égale au poids du corps; il en faut retrancher le poids énorme de l'eau déplacée. Cet allègement de l'Hippopotame dans l'eau facilite également la nage; et l'animal sait fermer ses narines pour empêcher l'eau d'y pénétrer.

En Afrique, le Zèbre est un voisin de l'Hippopotame; son corps rayé est bien connu; il vit en troupes cantonnées dans les régions herbeuses; tous les repas sont pris la nuit, alors que ses raies rendent son corps moins visible au clair de lune; malheureusement pour les Zèbres, ce camouflage n'empêche pas les Lions de les manger.

Le Tapir, parent du Zèbre, ne lui ressemble pas du tout. Ses petits, au contraire, le rappellent un peu par le curieux mélange de taches et de raies qui sont dessinées sur leur corps.

La famille des Cerfs est une famille nombreuse; l'Elan, aux grands bois, est un Cerf de grande taille. L'un de ses parents vivait autrefois en Irlande; de génération en génération les bois devinrent de plus en plus grands, si bien qu'ils finirent par devenir encombrants. Deux mâles, qui se battaient, finissaient souvent par s'accrocher au point de ne plus pouvoir se séparer; ils étaient condamnés à mourir sur place. Toujours est-il que l'Elan irlandais a disparu.

Le Cerf à queue blanche ou Wapiti est commun en Amérique du Nord. Les premiers colons ont utilisé sa chair pour se nourrir et sa peau pour s'habiller.

Les Cervidés ruminent. Pour échapper à leurs ennemis carnivores, ils comptent surtout sur leur aptitude à la course. Un Cerf est parfois obligé de s'alimenter en courant. Il avale la nourriture, précipitamment, sans la mâcher. Les aliments descendent alors dans l'une des poches d'un estomac multiple; là, ils sont quelque peu ramollis et lorsque le Cerf peut se reposer, la nourriture est ramenée dans la bouche pour y être plus complètement mâchée. On dit que le Cerf rumine.

Beaucoup d'autres animaux à sabots font comme lui. Chacun a pu voir la Vache ruminer à l'ombre, dans la prairie. Elle rumine comme ses parents sauvages, malgré l'absence de tout danger.

Le Rhinocéros vient au 3e rang pour la taille, dans le groupe des Mammifères terrestres. Seuls, l'Eléphant et l'Hippopotame le dépassent. Le Rhinocéros a une longue histoire. Il y avait, par exemple, beaucoup de Rhinocéros laineux en Amérique du Nord, au temps des Mammouths et des Mastodontes. Aujourd'hui, les Rhinocéros n'existent plus qu'en Asie et en Afrique. Les Rhinocéros se reconnaissent facilement à la corne ou aux deux cornes qu'ils ont sur le nez. En réalité, ces cornes ne sont pas faites de vraie corne, comme celles des Vaches. Il s'agit de paquets de poils fortement compressé et solidement implantés dans la peau. Un Rhinocéros a la peau dure, si dure qu'elle sert de terme de comparaison dans l'expression familière " aussi dure qu'une peau de Rhinocéros ". Chez les Rhinocéros, la mère tient toujours, en marchant, son petit devant elle; lorsqu'elle court, elle tient la tête près du sol; ainsi, il lui est facile de faire avancer le petit en lui donnant de temps en temps un léger coup de corne.

Une Girafe est un animal étonnant. Pattes et cou sont si longs qu'ils font de la Girafe l'animal le plus haut du monde actuel. Une Girafe peut, en effet, atteindre 6 mètres. Elle a l'air bien embarrassé lorsqu'elle mange les plantes qui poussent au ras du sol; il lui faut alors écarter les pattes de devant pour arriver à baisser la tête jusqu'à terre; au contraire, ses longues pattes lui sont d'un grand secours pour atteindre et manger les feuilles des arbres. La Girafe semble bien ne jamais avoir soif. Mais n'oublions pas qu'elle absorbe l'eau contenue dans les feuilles qu'elle mange. Sur sa peau, on voit des carreaux dont le dessin facilite le camouflage. En effet, il rappelle un peu le dessin des taches lumineuses que font les rayons du soleil ou de la lune, qui passent entre les feuilles. De même que le Zèbre, la Girafe a le Lion comme principal ennemi. Pour se défendre, elle donne des coups de pied et frappe avec ses sabots; mais, le plus souvent, elle cherche à se cacher ou à fuir. Presque tous les Zoos ont leurs Girafes, qui inquiètent les gardiens; ils craignent que ces " animaux à échasses " ne brisent leur long cou.

Les Rongeurs constituent un ordre important et très prospère. On les a bien nommés; tous ont, en effet, l'habitude de ronger, en s'attaquant aussi bien aux coquilles de noix qu'aux troncs d'arbres.

Zèbre

Wapiti

Rhinocéros

Girafe

Porc-épic américain

Chipmunk

Rat musqué

Lapin

L'étude de leur organisation montre qu'ils sont bien adaptés à leur genre de vie. Ils peuvent déplacer leur mâchoire aussi bien dans le sens horizontal que dans le sens vertical ; en outre, leurs dents de devant, ou incisives, taillées en biseau comme un ciseau, ont une extrémité tranchante. En arrière, d'autres dents, les molaires, écrasent la nourriture que les incisives ont arrachée. Mais les ciseaux s'usent et il n'y aurait bientôt plus que leurs racines, si les incisives des Rongeurs étaient comme les nôtres ; heureusement, leur croissance est régulièrement entretenue.

On trouve des Rongeurs presque partout, sauf dans les mers. Certains vivent sur le sol, d'autres dans le sol et quelques-uns dans les arbres. Il en est aussi qui passent une bonne partie de leur temps dans l'eau des marais et des cours d'eau. Enfin, quelques espèces, comme le Rat-kangourou, ont une organisation qui leur permet de vivre dans les déserts, où l'eau fait souvent défaut.

Parmi les Ecureuils arboricoles, les Ecureuils volants disposent de replis cutanés, avec lesquels ils peuvent glisser dans l'air.

Le plus grand de tous les Rongeurs est certainement le Cabiai, qui peut atteindre la taille d'un Cochon. Il vit dans les cours d'eau de l'Amérique centrale et de l'Amérique du Sud. Il se nourrit des plantes qui poussent au milieu de la rivière ou le long des rives.

Les Ecureuils, avec leur queue touffue, sont sans doute les Rongeurs les plus jolis. Ces animaux arboricoles sont bien connus ; on ne leur en veut pas du tout de voler les noix de la récolte ou de piller de temps à autre des nids d'oiseaux. Ils restent sympathiques. L'Ecureuil représenté ici est un Ecureuil-renard. Ses proches parents sont l'Ecureuil gris et l'Ecureuil rouge.

Le Chipmunk est une sorte d'Ecureuil à fourrure rayée, qui passe tout son temps à terre. On ne le trouve qu'en Amérique. C'est un joli petit Rongeur, vivant dans les trous des murailles et même dans des terriers. Le couloir d'entrée peut avoir plusieurs mètres de long ; il aboutit à l'office, toujours assez vaste, où la nourriture est entreposée. Les Chipmunks disposent de sacs à provisions très commodes ; ce sont les poches qui dépendent de leurs joues et qu'on appelle abajoues. Il est toujours amusant de donner des cacahuètes à des Chipmunks et de voir comment ils s'y prennent pour les mettre l'une après l'autre dans les abajoues.

Le Porc-épic n'aurait jamais de prix s'il devait participer à un concours d'élégance et de beauté. Est-ce la présence de piquants barbus qui nuit ainsi à sa réputation ? Il est pourtant bien pacifique, contrairement à ce que l'on pense. Il est faux de croire qu'il lance ses piquants sur un ennemi qui approche ; c'est l'ennemi qui se remplit de piquants, d'ailleurs impossible à extraire, en s'attaquant au Porc-épic. Les piquants, en effet, se détachent facilement et le Porc-épic connaît l'avantage de ses armes ; aussi se permet-il de se promener tranquillement sans trop se soucier des mauvaises rencontres.

Certains Rongeurs ont des fourrures précieuses ; celle de l'Ecureuil est jolie, mais fragile ; on lui préfère les fourrures du Rat musqué et du Castor. Les Lapins, aussi, ont un poil apprécié, surtout si on lui donne un autre nom. Le Lapin n'est pas seulement intéressant pour son poil ; sa chair est abondamment consommée. On chasse avec plaisir le Lapin de garenne et il est étonnant qu'avec tant de chasseurs il n'ait pas complètement disparu. C'est qu'il se reproduit vite et les naissances ont vite fait de compenser les pertes.

D'autres Rongeurs prolifiques sont les Souris et les Rats ; ils sont bien gênants, ne serait-ce que par l'énorme quantité de nourriture qu'ils consomment tous les ans. Dans les maisons, surtout à la campagne, il faut leur faire une guerre continuelle ; les cultivateurs doivent les combattre dans les granges et dans les champs.

Écureuil

Non seulement les Rats détruisent les récoltes, mais ils transportent des microbes redoutables. Pour empêcher les Rats de passer par bateau d'un pays à l'autre et de transporter des maladies, on utilise des " barrages " qui les empêchent de grimper le long des amarres, lorsque le bateau est à quai.

Il est d'autres barrages que l'homme a construits sur les cours d'eau et dont il a le droit d'être fier; mais il n'est pas le premier à avoir réussi ce genre de constructions. Les Castors ont construit des barrages, bien avant que l'homme soit sur la Terre. En barrant les rivières, les Castors obligent l'eau à s'étaler; ainsi se forment des lacs, qui deviennent des lieux d'habitation. Les Castors vivent en colonie; ils travaillent ensemble à la construction des barrages; ils disposent pour cela d'excellents outils : leurs dents solides et pointues servent à ronger et à abattre les arbres; coupés en morceaux, les troncs flottent jusqu'au chantier. Là, les branches sont assemblées et cimentées avec de la vase. C'est de cette manière que s'édifient les maisons. L'entrée de chaque loge est placée dans l'eau, mais la pièce d'habitation émerge toujours. Il arrive parfois que les Castors creusent des terriers dans les berges; là encore, l'entrée est immergée, tandis que des tunnels inclinés conduisent au lieu d'habitation, toujours placé au-dessus du niveau de la rivière.

Les Rats musqués construisent également leurs maisons dans l'eau, le plus souvent, dans les marécages; les entrées sont encore sous l'eau, mais il n'y a jamais édification de digues pour former des lacs, comme le font les Castors.

Les premiers colons installés en Amérique ont pensé que les animaux à fourrure et le gros gibier, seraient toujours assez abondants et qu'on pouvait les chasser à sa guise. Le résultat fut que les quatre animaux représentés ici, pages 110 et 111, auraient complètement disparu, si l'alarme n'avait été donnée.

Les premiers trappeurs firent, en Amérique, des fortunes considérables avec la vente des peaux de Castor; ils tuèrent par millions ces petits Rongeurs industrieux. Seulement, voici une conséquence qu'on n'avait pas prévue : en barrant les petits cours d'eau, les Castors obligent l'eau des fortes pluies et de la fonte des neiges à s'écouler beaucoup plus lentement qu'elle ne le fait en l'absence des barrages; les Castors, décimés, n'étant plus assez nombreux pour construire les digues, les inondations se multiplièrent, dévastant tout sur leur passage et couvrant les fonds de vallées de boues et de débris de toutes sortes. On comprit un peu tard que la valeur du sol était de beaucoup supérieure à celle des fourrures, et de nos jours, on encourage, en beaucoup d'endroits, la protection des Castors.

L'histoire du Bison est encore de celles dont il n'y a pas lieu d'être fier. Lorsque les premiers explorateurs, dans leur marche vers l'ouest, abordèrent les grandes plaines, ils virent d'énormes troupeaux de Bisons, troupeaux si nombreux que leur débandade devenait particulièrement redoutable. On décida donc de les tuer. L'homme y trouvait son compte : les peaux tenaient chaud l'hiver, la chair faisait une bonne nourriture et la langue savoureuse permettait de préparer un plat de choix. Persuadés qu'il y aurait toujours des Bisons en abondance, les hommes en étaient arrivés à tuer un animal pour ne consommer que sa langue. En même temps que se poursuivait la destruction des Bisons, on transformait leur habitat en labourant les plaines où ils avaient l'habitude d'errer et on les privait ainsi de leur nourriture. Il n'est donc pas surprenant que les immenses troupeaux du début finirent par disparaître rapidement. Heureusement, une sage décision fut prise à temps; des réserves ont été constituées, où les rescapés purent enfin vivre sans être dérangés. La dernière grande chasse au Bison eut lieu en 1883; maintenant, les Bisons sont au nombre de plusieurs milliers qui vivent en troupeaux dans les réserves.

Castors

L'Antilope à cornes fourchues d'Amérique était autrefois presque aussi commune que le Bison; elle aussi ne fut sauvée que de justesse.

L'Elan, bien qu'il n'ait jamais été aussi abondant que les animaux précédents, était beaucoup plus commun qu'il ne l'est aujourd'hui; il vit dans les forêts, mais on abat les arbres en trop grande quantité et les chasseurs font le reste.

D'autres Mammifères sauvages ont été également tués en trop grand nombre, pour le plaisir de la chasse, la fourrure ou la nourriture. Heureusement, il y a maintenant des lois qui protègent le gibier et aident les Mammifères sauvages à se maintenir.

Antilope à cornes
ourchues d'Amérique

Bisons

Élan

Brebis et agneaux

Nos lointains ancêtres, les premiers hommes des cavernes, vivaient très simplement. Leurs meilleures armes étaient des haches de pierre; ils s'habillaient de peaux de bêtes et utilisaient pour se nourrir les plantes et les animaux sauvages. Puis, ils s'aperçurent qu'ils pouvaient cultiver les plantes et domestiquer les animaux sauvages. A partir de cette découverte, leur façon de vivre se modifia profondément. Ils firent les élevages qui répondaient à leurs besoins. Ainsi délivrés de l'obligation d'avoir chaque jour à chercher la nourriture, l'activité des hommes des cavernes s'orienta vers des réalisations nouvelles.

Beaucoup d'animaux domestiqués furent des Mammifères. On les éleva d'abord pour la nourriture; le Cheval même fut domestiqué pour sa viande et son lait; en même temps, la plupart des animaux d'élevage fournissaient leur peau et la laine, pour s'habiller; ils aidaient l'homme à chasser et à cultiver; ils facilitaient les déplacements en transportant à la fois, de place en place, les hommes

Vache et Cochons

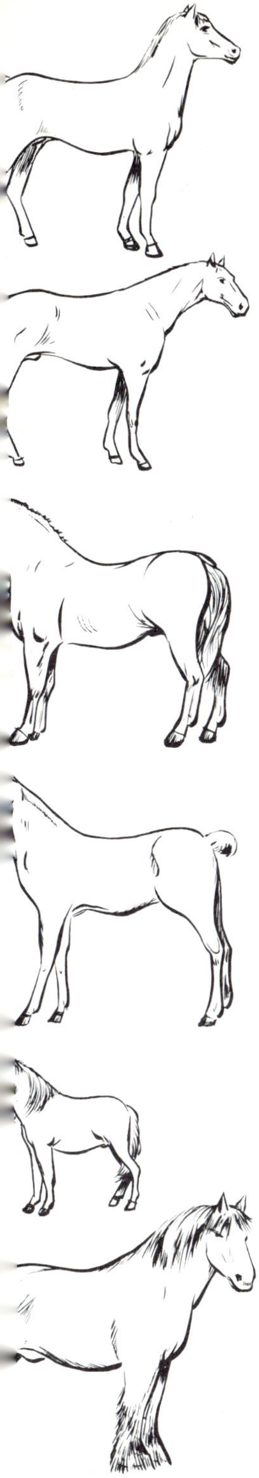

Jument et poulain

et le matériel; enfin, certains animaux devinrent de bons gardiens et l'homme s'en fit des amis et des compagnons.

Personne ne sait bien comment la domestication s'est réalisée; la plupart de nos Mammifères domestiques auraient été apprivoisés dans l'ordre suivant : chien, porc, vache, mouton, chèvre, âne, cheval, chat. Au cours des milliers d'années qui ont suivi cette première étape de la domestication, l'homme s'est appliqué à obtenir des races différentes, chaque race nouvelle étant destinée à satisfaire des besoins nouveaux. Ainsi, des moutons ont été élevés surtout pour la laine, d'autres pour la viande.

Les moutons de Boukhara, qu'on élève en Asie, donnent une fourrure de qualité, l'Astrakan ou Caracul, qu'on utilise dans la confection des manteaux de fourrure ; ces moutons sont bien reconnaissables à leur queue large et plate.

Il y a 2 types de Porcs : le type à lard et le type à bacon. Le Cochon du Hampshire, qui se reconnaît aisément à sa bande blanche, est une race à lard; les races à bacon, au contraire, ont un corps plus allongé et plus maigre.

Les bovins ont été modifiés par l'élevage, en vue d'obtenir soit une meilleure viande, soit un meilleur lait.

Lapin blanc

Les meilleures Vaches à lait appartiennent à la race flamande et à la race hollandaise. En dix mois, ces Vaches fournissent 4.000 à 5.000 litres de lait.

Les Vaches de race bretonne ou de Jersey, de taille plus petite, en donnent beaucoup moins, mais leur lait est plus riche en crème.

La race la plus ancienne est probablement une race suisse, dont l'origine remonte à la période néolithique, au temps des cités lacustres.

Les races de Chevaux sont très nombreuses; il y a les Chevaux de trait, de 500 à 800 kg, élevés pour leur taille et leur force; les Chevaux légers, sélectionnés pour la vitesse et la beauté; enfin, les Chevaux nains ou Poneys. Le grand développement de l'automobile a fait perdre aux Chevaux une partie de leur importance; on a beaucoup moins besoin de Chevaux de trait qu'autrefois. Les éleveurs s'intéressent surtout aux Chevaux de course, et aux Chevaux de selle, utilisés pour la chasse et pour le saut. Les Chevaux arabes sont les chevaux légers les plus anciens; ils sont à l'origine de la lignée. Chacun a entendu parler des Chevaux pur-sang; il ne s'agit pas simplement de chevaux de bonne race; ils appartiennent à une race distincte. Les chevaux de course sont des Pur-sang. En croisant des Pur-sang anglais et arabes, on obtient le Pur-sang anglo-arabe, particulièrement recherché. C'est avec des Pur-sang aux noms célèbres qu'ont été établis les records mondiaux (16 mètres à la seconde).

Les Chevaux sont loin d'avoir donné, dans les croisements, autant de combinaisons nouvelles que les Chiens. Il suffit de visiter une exposition canine pour s'en rendre compte.

Il semble bien que le Loup soit l'ancêtre des chiens domestiques actuels; d'ailleurs, certaines races de Chiens ressemblent plus à des loups qu'à des chiens. On utilise les chiens à des fins fort variées; ils gardent les propriétés, aident les chasseurs, traînent les fardeaux, guident les aveugles, détruisent les rats, surveillent les troupeaux, facilitent la recherche des touristes égarés et sont pour l'homme d'excellents compagnons.

Saint-Bernard

Dogue

Terrier

Lévrier

Setter

Basset

Cobayes ou Cochons d'Inde

On élève certains chiens uniquement pour la course. En croisant les chiens entre eux, on a obtenu des gros et des petits chiens, des chiens à poil long ou à poil court, des chiens calmes ou enjoués; en somme, on peut dire que les races de Chiens sont assez variées pour satisfaire au goût de chacun. Toutes ces races ont été classées en 6 groupes : Chiens de chasse courants ou d'arrêt, Chiens de trait, Chiens de garde, Chiens de luxe, Lévriers et Terriers.

Les Chats ont une activité plus limitée; on les élève surtout pour en faire des compagnons; ils nous aident à détruire les souris, mais les éleveurs n'ont jamais cherché à obtenir de meilleurs chasseurs; leurs efforts ont été orientés vers la production de types nouveaux plus jolis et d'aspect plus curieux. Il y a les Chats à poil long et les Chats à poil court. Au premier groupe, appartiennent les Persans, dont certains sont souvent appelés Angoras.

Le Chat commun fait partie du second groupe. Son poil est diversement coloré; le Maltais est une variété gris bleu; d'autres ont le pelage rayé. Il y a même des chats à poil ras, qui n'ont pas de queue; c'est le cas du Chat de Man. Enfin, une race asiatique, la race siamoise, introduite en Europe il y a un siècle, se reconnaît facilement à ses yeux bleus, à son pelage clair et à son visage brun foncé.

Les pratiques de croisement et de sélection ont permis à l'éleveur d'obtenir des races de Lapins, dont les unes fournissent une chair abondante et les autres une fourrure appréciée. La fourrure peut être toute blanche; c'est un caractère des lapins albinos, aux yeux rouges. Leur poil est dépourvu de tout pigment naturel, sans qu'on sache expliquer la cause de sa disparition.

Le Cochon d'Inde — des Indes occidentales — ressemble beaucoup plus à un Lapin qu'à un Cochon. Ce sont de petits Rongeurs très familiers. Leur corps dépourvu de queue mesure entre 20 et 30 cm. On les élève surtout comme animaux de laboratoire et l'expression " servir de cobaye " est bien connue.

Parmi les autres animaux domestiques rencontrés dans les diverses parties du monde, on peut citer, le Chameau, le Yack, le Lama et le Renne. Il est des espèces réfractaires à la domestication; c'est, par exemple, le cas du Zèbre dont le dressage a été trouvé trop difficile.

Dromadaires (1/25)

Les adaptations animales

Chaque animal a l'habitat naturel qui lui convient. On dit qu'il est adapté à son milieu. Il arrive même que l'adaptation est si totale qu'elle empêche l'animal de vivre ailleurs. Un Chameau ne pourrait pas vivre dans des marécages; une Grue des marais périrait bien vite dans un désert brûlé par le soleil. Imaginons maintenant qu'une Chauve-Souris et une Taupe échangent leur habitat, quelles difficultés ne connaîtraient-elles pas ?

L'adaptation d'un animal à son milieu est souvent complexe. Si le Chameau est bien le " vaisseau du désert ", c'est parce que son organisation lui permet de marcher longtemps sans avoir besoin de boire. En effet, voyager dans un désert n'est pas facile, car les oasis sont très éloignées les unes des autres. En outre, le sable meuble gêne la marche et le vent violent des tempêtes le soulève et le transporte à grande vitesse. Le Chameau n'a pas besoin de boire aussi souvent que la plupart des autres Mammifères. Mais quand il boit, il boit beaucoup. 80 litres d'eau constituent la ration habituelle, et une bonne partie de cette eau est mise en réserve dans certaines parties du corps. Elle sera utilisée ultérieurement et avec parcimonie. Ainsi le Chameau peut marcher plusieurs jours sans boire.

Grues (Amérique)

Il dispose également de la nourriture nécessaire; les réserves, surtout des graisses, sont entreposées dans la bosse; le Chameau peut donc continuer son voyage, même s'il ne trouve rien à manger. Quand il trouve de la nourriture, c'est presque toujours des plantes dures, épineuses, qu'il peut manger parce que ses lèvres sont elles-mêmes coriaces et ses dents particulièrement solides.

Il faut aussi que le Chameau puisse marcher sur le sable meuble, sans trop de difficulté; d'épais coussinets aux pieds l'empêchent de s'enfoncer, en même temps qu'ils le protègent du sable brûlant. En outre, il arrive que le sable soit projeté violemment au cours des tempêtes; si le Chameau peut tenir bon, c'est parce que son corps est couvert de poils résistants, que ses yeux disposent d'un écran protecteur formé par de longs cils, que les trous des oreilles sont obturés par une touffe de poils. Le Chameau peut même se boucher le nez, si c'est nécessaire. On comprend que toutes ces adaptations facilitent la vie du Chameau dans le désert.

Sur les rivages, le mode de vie des animaux est bien différent; aussi, les adaptations présentent-elles des caractères tout autres. La Grue a de longues pattes qui facilitent les déplacements dans les marais; un " long bec emmanché d'un long cou " aide à capturer poissons, grenouilles et insectes aquatiques; et la chasse terminée l'oiseau peut décoller aisément grâce à des ailes solides que font battre des muscles puissants.

Avec la Chauve-Souris, nous avons affaire à un Mammifère adapté à la vie aérienne. L'adaptation est même si totale que l'animal ne peut plus quitter le sol, s'il y est tombé par accident. Les ailes d'une Chauve-Souris, faites d'une peau dure, ont une envergure considérable, si l'on pense à la petite taille du corps; deux pattes grêles et griffues ne servent à l'animal qu'à se suspendre; c'est ainsi que la Chauve-Souris dort, la tête en bas, agrippée à un mur, au toit d'une grotte, ou dans le creux d'un tronc d'arbre. Elle se réveille à la tombée du jour; des yeux tout ronds et brillants, comme des perles, lui permettent de bien voir au crépuscule. Alors, le chasseur d'insectes entre en action, à la recherche de sa nourriture. La vision crépusculaire n'est sans doute pas l'adaptation la plus étonnante. La Chauve-Souris possède en outre un système de radar, grâce auquel elle peut voler dans l'obscurité la plus complète, sans heurter les obstacles. Elle

Chauve-Souris (1/2)

émet des sons trop hauts pour que nous puissions les entendre, mais audibles pour ses propres oreilles. On comprend que les échos renseignent l'animal sur la présence d'un obstacle.

La Taupe passe presque toute sa vie sous terre, à peu de distance de la surface. Sa fourrure est une sorte de velours épais qui peut être brossé dans les deux sens; aussi la Taupe peut-elle se déplacer dans le sol, soit vers l'avant, soit vers l'arrière, sans être ébouriffée. A partir de son terrier, elle creuse des tunnels dans toutes les directions; son nez pointu travaille un peu comme un chasse-neige; ses deux grosses pattes de devant servent de pelles tandis que les griffes aident à creuser. Ainsi équipée, une Taupe de 10 cm environ a pu creuser, en une nuit, un tunnel de 90 m de long. Au cours de son travail souterrain, la Taupe trouve des insectes et des vers de terre, qu'elle mange ou met en réserve. Une Taupe a bien 2 yeux, mais ils sont atrophiés et cachés dans la fourrure; à quoi serviraient de bons yeux dans une obscurité à peu près constante ?

Nous n'avons pu vous donner que quelques exemples d'habitats. Il en existe bien d'autres. Ils diffèrent par un certain nombre de facteurs physiques : la température, la lumière, la pression de l'air, la quantité d'oxygène, etc. Les plantes et les animaux interviennent aussi. Voilà pourquoi les diverses parties de la terre constituent des habitats variés. Certains animaux se rencontrent un peu partout, pourvu que le climat ne soit ni trop froid, ni trop sec, et l'altitude ni trop faible, ni trop élevée. Il est peu d'endroits sur la terre qui soient tout à fait inhabités.

Les animaux ont une organisation en rapport avec le milieu où ils vivent. Ils y trouvent leur nourriture; pour se la procurer et pour la manger, ils disposent de moyens appropriés. Le Pélican blanc mange du poisson; en nageant, il lui est facile

Taupe (1/2)

Pélican blanc

Grenouille verte

Murex perceur

d'écoper les petits poissons qu'il rencontre, grâce à la poche, sorte de filet, qui pend au-dessous de son bec. Après chaque coup de filet, il laisse l'eau s'écouler, puis avale sa capture. Quand il a des petits à élever, la poche sert également de soupière; le Pélican l'emplit d'une sorte de soupe au poisson, préparée dans l'estomac et régurgitée au moment des repas. Les petits n'ont qu'à placer leur bec dans celui des parents pour manger la soupe. Il arrive même que la tête d'un petit Pélican disparaisse presque complètement dans la soupière. Pour pêcher le poisson, il est bon de pouvoir nager; une palmure entre les doigts facilite la nage; avec des ailes solides et vigoureuses, le Pélican explore commodément les lieux de pêche et transporte rapidement sa capture.

Certains animaux attrapent leur proie avec la langue. Nous avons vu que les Crapauds et les Grenouilles ont une langue allongée et gluante, fixée en avant du plancher de la bouche. Quand un insecte se trouve à portée, le Batracien projette sa langue sur lui, en la rabattant, et la proie engluée est rapidement déglutie par un mouvement de langue vers la gorge. Les yeux qui font saillie dans la bouche ne gênent nullement la déglutition, car ils obéissent à la poussée.

Un Gastéropode, mangeur d'huîtres, qui est un Murex, le Cormaillot, utilise, lui aussi, sa langue, pour atteindre la proie. Comme il n'est pas question d'ouvrir la coquille de l'Huître, il n'y a qu'à la percer. Et la langue couverte de dents minuscules est une bonne lime que le Cormaillot actionne à travers la coquille.

Les Huîtres ont d'autres ennemis. Avec leurs bras garnis de pieds ambulacraires les Etoiles de mer arrivent à ouvrir les Huîtres; mais le corps du Mollusque n'est pas avalé; c'est l'estomac du " prédateur " qui sort et se plaque sur la proie, dont la digestion se fait à l'extérieur.

L'Anémone de mer est un de ces animaux qui doivent attendre que la nourriture vienne dans le voisinage. Au début de leur développement, les Anémones de mer se fixent aux coquilles et aux rochers, dans des eaux peu profondes, le long des rivages. Il ne leur est pas absolument impossible de se déplacer, mais elles ne peuvent le faire que très lentement, et si elles devaient se procurer la nourriture comme le fait un Pélican, leur récolte serait bien maigre et elles risqueraient fort de mourir de faim. Heureusement pour elle, l'Anémone de mer possède des tentacules formant une couronne autour de sa bouche et avec lesquels elle attrape sa nourriture. Ces tentacules sont garnis de fléchettes venimeuses fixées à l'extrémité de longs filaments blancs. Quand une proie a été touchée par des fléchettes, les tentacules se replient sur elle et l'animal ainsi capturé est amené à la bouche. Celle-ci s'ouvre sur l'estomac, sorte de poche creusée au centre du corps charnu ayant la forme d'une tige épaisse. La figure ci-contre montre qu'une Anémone de mer peut même capturer un poisson.

Anémone de mer

Colibri à gorge rouge

Les animaux fixés ne sont pas tous pourvus de fléchettes venimeuses. Par exemple, l'Anatife. Il capture les proies autrement. A l'aide d'appendices, en forme de plume, il agite l'eau et les animaux minuscules, qui s'y trouvent, sont orientés vers la bouche.

Les Huîtres entretiennent aussi des courants d'eau qui véhiculent un plancton microscopique à l'intérieur de la coquille.

Observez maintenant les Colibris figurés ci-dessus. Ils sont attirés par le nectar des fleurs, sécrété goutte à goutte au fond des corolles. Pour leur permettre de l'atteindre, leur bec est long et fin, comme la trompe d'un papillon, et pour l'aspirer, la langue sert de chalumeau : ses bords, roulés vers l'intérieur, en font une double paille qui conduit le nectar vers l'œsophage. Il arrive même que de minuscules bestioles sont entraînées pendant l'aspiration. Mais un Colibri n'a pas la légèreté d'un papillon. Il ne peut donc pas se poser sur les fleurs. C'est pourquoi il est obligé de battre des ailes pendant tout le repas, et si rapidement qu'il fait entendre, en butinant, un bourdonnement caractéristique. De plus, chacun sait que les fleurs sont souvent agitées par la brise; mais le Colibri n'en est pas gêné, car ses possibilités de manœuvre sont extraordinaires; il peut voler aussi bien en arrière qu'en avant, ce qui est une véritable performance dans le monde des Oiseaux.

Nous pourrions multiplier les exemples d'animaux adaptés à leur régime alimentaire. Qu'il nous suffise de rappeler le long cou de la Girafe, les fortes pinces du Homard, la trompe de l'Eléphant, le long museau du Fourmilier et sa langue filiforme et gluante, les filières de l'Araignée avec lesquelles elle tisse la toile qui sert de piège à insectes, tous ces exemples sont autant d'adaptations animales.

Beaucoup d'animaux ont des habitudes qui peuvent être considérées comme des adaptations. La migration en est un exemple.

Certains oiseaux, avons-nous vu, résident en été dans une partie du monde et en hiver dans une autre. Deux fois par an, ils vont et viennent entre ces deux résidences. La plupart des oiseaux migrateurs ne volent que la nuit et ils passent inaperçus. D'autres volent si haut qu'ils ne sont pas faciles à voir. Mais il en est certains, comme les Hirondelles, les Canards et les Grues, qu'on peut très bien observer au cours de leur voyage, vers le nord ou vers le sud, c'est-à-dire au printemps ou en automne.

Les distances parcourues par les oiseaux migrateurs sont parfois considérables. La Sterne arctique bat tous les records avec ses 18.000 km de vol chaque printemps et chaque automne. Elle a l'habitude de nicher très loin, au nord de l'Amérique et du Groenland; on a parfois trouvé ses petits en excellente santé dans des nids couverts de neige. Et pourtant, quand l'hiver approche, la Sterne part vers le sud, en direction du cap Horn, à la pointe de l'Amérique.

D'autres oiseaux font des voyages moins importants; le Colibri à gorge rouge, par exemple, se contente de quelques centaines de kilomètres. Un certain nombre de Colibris traversent le golfe du Mexique, sans s'arrêter, ni pour se nourrir, ni pour se reposer.

On peut se demander pourquoi certains oiseaux effectuent de telles migrations. La question est encore sans réponse. Comment l'habitude des grands voyages a-t-elle été acquise ? Est-ce la

Canards sauvages
au cours de leur migration

Grues en voyage

période glaciaire qui l'a provoquée ? Pourquoi certains oiseaux émigrent-ils et pourquoi d'autres ne le font-ils pas ? Pourquoi certains migrateurs vont-ils très loin alors que d'autres ne parcourent que de courtes distances ? Comment les oiseaux s'orientent-ils au cours de leur long voyage ? Il n'est pas encore possible de répondre avec certitude à toutes ces questions.

Tout ce qu'on peut dire, c'est que les migrations permettent aux oiseaux de vivre dans des conditions meilleures que s'ils étaient restés au même endroit.

Les Martinets de cheminée qui se nourrissent presque exclusivement d'insectes séjournent ainsi toute l'année dans des pays chauds, où les insectes sont abondants. Les Canards sauvages trouvent toujours les plantes des marais, qu'ils ont l'habitude de manger. La Sterne arctique, grâce à ses longs voyages, a dans une année plus d'heures de jour que n'importe quel autre animal. En émigrant, les oiseaux échappent aux grands froids; certes, personne ne penserait que les oiseaux ne courent aucun risque pendant leurs longs voyages; que de dangers ne doivent-ils pas affronter ? Les tempêtes, les ennemis, divers obstacles, sur lesquels ils peuvent trouver la mort. Mais les avantages compensent les inconvénients.

Les Oiseaux ne sont pas les seuls animaux migrateurs. Le Saumon a lui aussi deux résidences; il passe une partie de sa vie en eau salée et une partie en eau douce. Sa vie commence loin des côtes et près de la source des fleuves. Puis, il descend jusqu'à la mer; c'est là qu'il devient adulte et attend la période de reproduction. Il remonte alors les cours d'eau, qu'il a descendus, quand il était jeune. Les rapides dangereux ne lui font pas peur; il peut sauter par-dessus les chutes. Au terme du voyage, les œufs sont pondus et fécondés. Après quoi, le Saumon meurt; ainsi se termine la vie du Saumon, en eau douce, où elle avait commencé.

L'Anguille, comme le Saumon, fait un long voyage pour aller pondre. L'itinéraire emprunté est le même, mais l'Anguille le parcourt en sens inverse. Elle passe une bonne partie de sa vie en eau douce, mais va très loin en mer pour pondre.

Certains animaux, qui ne voyagent pas, peuvent vivre dans des régions très froides grâce à leur possibilité d'hibernation. Il ne faut pas croire que ces animaux dorment tout l'hiver; leur activité est seulement très faible. Les animaux à sang froid ne peuvent évidemment pas maintenir leur corps à une température plus élevée que celle du milieu; aussi la plupart d'entre eux meurent-ils quand vient l'hiver. Seuls leurs œufs résistent au froid. Il en est tout de même qui tiennent bon, même par les plus grands froids. Ils y arrivent en hibernant. C'est ainsi qu'on ne voit pas de Grenouilles, de Serpents ou de Salamandres, quand les étangs sont devenus des “ patinoires ” et que le sol est couvert de neige. On ne voit ni Papillons, ni Bourdons. Les Grenouilles s'enterrent dans la vase, au fond de l'étang. Avant de s'endormir, elles prennent soin d'engraisser en mangeant beaucoup. Ainsi, elles peuvent vivre sur les réserves de leur corps, au cours de l'hiver. Elles consomment d'ailleurs très peu; leur respiration très réduite n'a plus lieu qu'à travers la peau : il ne faut pas beaucoup d'oxygène, quand le corps est si tranquille. Le cœur lui-même fonctionne au ralenti.

Les Serpents et les Salamandres passent l'hiver sous les pierres, ou sous le bois mort. Il en est de même des Crapauds et des Tortues, qui peuvent aussi s'installer dans la vase d'un étang. En somme, la vie des organismes en hibernation est presque suspendue.

Migration du Saumon, vers les lieux de ponte.

Certains Papillons émigrent comme les Oiseaux. D'autres meurent avant l'hiver; quelques espèces passent la mauvaise saison en hibernant; d'autres, enfin, hivernent à l'état de chrysalide enveloppée dans un cocon. Chez les Bourdons, la reine seule a la possibilité de passer l'hiver. Elle s'abrite dans une fente assez profonde de l'écorce d'un arbre ou dans la crevasse d'un vieux mur.

Tous les animaux hibernants qui viennent d'être cités sont des animaux à sang froid. Mais l'hibernation existe aussi chez les animaux à sang chaud. Les Mammifères, tels que les Loirs, les Chipmunks, les Chauves-Souris et les Marmottes, sont des exemples bien connus. Les Chipmunks accumulent de la nourriture avant d'entrer dans le sommeil de l'hiver; un seul couple peut mettre en réserve 2 litres de noix et de glands dans l'abri souterrain. Les Loirs font quelques provisions et s'endorment dans un nid abrité qu'ils ont aménagé dans un grenier ou une autre retraite. De temps à autre ils se réveillent et mangent. Les Chauves-Souris ne font pas de provisions. Les Marmottes se contentent de bien manger pour engraisser suffisamment avant le sommeil hibernal. Et que n'a-t-on raconté sur leur période de sommeil ? On a même longtemps cru que si la Marmotte voit son ombre, le jour de la Chandeleur, le 2 février, le froid doit durer encore six semaines. Elle retourne alors dans son trou pour y dormir six semaines de plus. Dans le cas contraire, c'est-à-dire si la Marmotte ne voit pas son ombre, c'est l'annonce du printemps. Il ne s'agit là, bien entendu, que d'une superstition.

On peut maintenant se demander comment la vie des diverses espèces animales peut se maintenir à la surface de la Terre. L'essentiel pour les animaux est sans doute de pouvoir manger sans être mangés. Ils y arrivent souvent grâce à leur couleur. En effet, cette couleur est parfois si proche de celle du milieu que l'animal ne peut être vu facilement. Ainsi dissimulé, l'animal peut même chasser avec succès. L'Ours blanc, qui n'a à craindre aucun ennemi, vit surtout de Phoques et de Poissons. Blanc comme neige, il peut ramper jusqu'à sa proie, sans être vu. C'est ainsi que les Phoques se font prendre. Il lui est plus difficile de capturer le Renard arctique et la Perdrix des neiges qui sont aussi blancs que lui. Il n'est donc pas surprenant que l'Ours blanc doive se contenter quelquefois de bêtes crevées qui ont été poussées sur le rivage.

Beaucoup d'oiseaux femelles sont protégés par leur couleur. On ne les voit que s'ils se déplacent. Les mangeurs d'oiseaux auraient la tâche bien facile si la mère qui couve sur son nid avait un plumage brillamment coloré. Dans les forêts, le pelage des animaux, qui y vivent, est souvent tacheté et rayé; or la lumière fait aussi dans le sous-bois des bandes et des taches. C'est de cette façon que sont dissimulés le Tigre, le Léopard, le Zèbre et la Girafe.

Les Poissons sont également moins faciles à voir grâce à la couleur sombre de leur dos et à la teinte plus claire de leur ventre. Qu'un oiseau regarde un poisson d'en haut, il peut fort bien ne pas le voir, si le fond de la rivière ou du lac est également sombre. De même un poisson nageant sous sa proie risque de ne pas l'apercevoir, si le ciel est clair.

Chez certains animaux, la couleur change avec les saisons. La petite Hermine est marron en été;

Hermine en automne

Hermine en hiver

c'est la couleur du sol, des herbes et des feuilles sèches. Il lui est donc plus facile de ramper sans être vue jusqu'à sa proie ; et elle est d'autre part plus difficilement aperçue par ses ennemis, toujours friands d'un repas d'Hermines. Ce petit animal reste actif pendant l'hiver. Il lui faut donc se nourrir comme en été. Quand vient l'automne, les poils marrons sont remplacés par des poils blancs; l'Hermine prend ainsi, comme l'Ours blanc, la couleur de la neige. Mais personne ne comprend pourquoi le bout de sa queue reste sombre.

Les Oiseaux aussi changent de teinte au cours des saisons. Le Tangara écarlate mâle et le Troupiale ont un pelage relativement sombre, en automne, peu avant leur migration qui les conduit vers leur résidence d'hiver. Peut-être le nouveau plumage leur évite-t-il d'être pris au cours d'un long voyage.

Les changements de couleur du corps peuvent même accompagner les changements de couleur du milieu. Il en est ainsi chez la Rainette arboricole, qui est grisâtre sur l'écorce et verdâtre sur les feuilles; une heure suffit pour que s'effectue le changement de couleur.

Le Calmar ou Encornet, la Plie ou Carrelet prennent avec autant de facilité la couleur du sable et du gravier. Une petite Araignée est blanche ou jaune comme la fleur sur laquelle elle repose. Et les changements de couleur du Caméléon ont été si souvent pris comme exemple, que le nom de l'animal les évoque aussitôt. Mais ici, les teintes nouvelles ne sont pas toujours celles du nouveau milieu; le changement de couleur semble plutôt provoqué par des variations de lumière, de température ou en relation avec des excitations diverses.

Phasme
ou Bâton du diable

Rainette arboricole

Quand un Caméléon dort, il est généralement vert pâle; il devient vert brillant, s'il est excité ou en danger. Tôt le matin ou tard le soir, la peau prend une teinte grise ou jaune pâle; au soleil, c'est le brun foncé qui domine. A ces changements de couleur, s'ajoutent ceux qui peuvent être provoqués par le passage d'un support à un autre. Et cette aptitude du Caméléon explique assez pourquoi il est si difficile de le retrouver après une évasion, hors du jardin où il avait été apprivoisé.

Avec les Bernard-l'Ermite, on a affaire à des animaux dont les adaptations ont été aussi très étudiées. Sur les rochers ou les coquilles de Buccin habitées par les Bernard-l'Ermite s'installent souvent de minuscules animaux de teinte rose. On pourrait penser qu'il s'agit plutôt de plantes. Chaque individu de la nombreuse colonie se présente, en effet, sous la forme d'une tige; mais les tiges ne sont pas toutes identiques; certaines digèrent, d'autres, pourvues de piquants qui protègent, d'autres, enfin, pondent des œufs et reproduisent l'espèce. Ces animaux sont des Hydractinies de la classe des Cœlentérés. Il semble bien qu'ils aident les Bernard-l'Ermite à se dissimuler; en retour, ils sont promenés gratuitement et peuvent ainsi trouver plus facilement leur nourriture. Le Bernard-l'Ermite n'intervient donc pas directement pour réaliser son camouflage ; il en va différemment chez l'Araignée de mer, son proche parent qui dispose des algues et de petits animaux sur son dos et ses longues pattes ; le

Bernard-l'Ermite

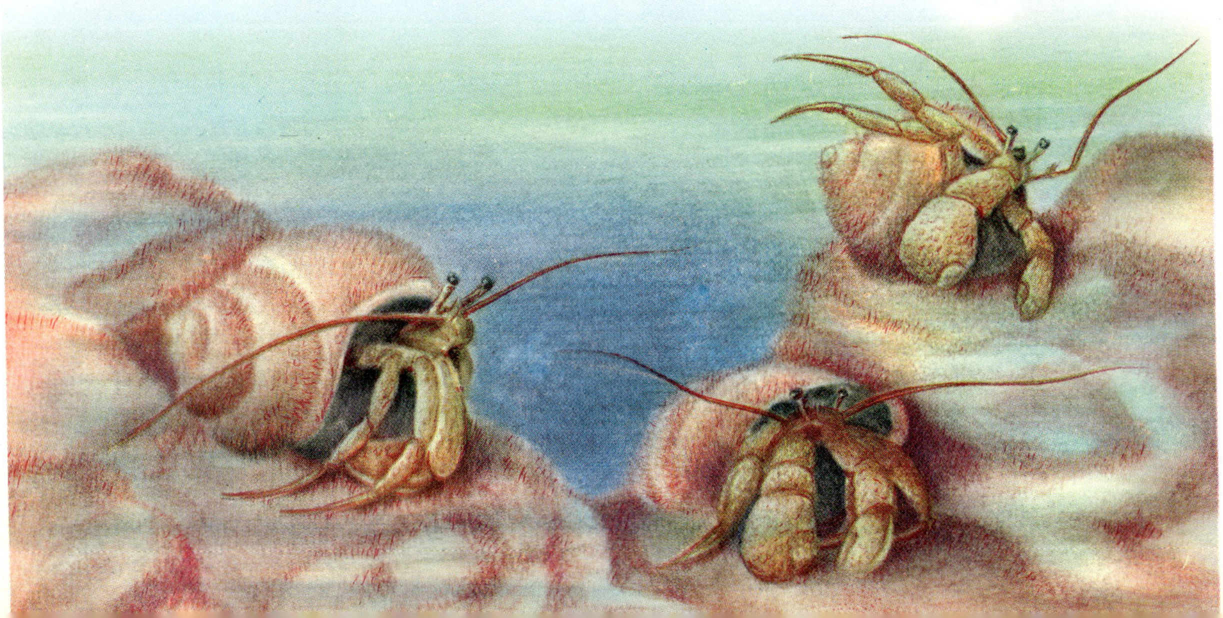

camouflage est si parfait qu'il est à peu près impossible de l'apercevoir; elle a même la précaution de changer de costume lorsqu'elle change de résidence.

C'est par mimétisme que le Bâton du diable se dissimule parmi les ramures; son corps ressemble à une brindille et il arrive souvent que ses ennemis passent près de lui sans même le voir.

La Mante religieuse prend la couleur verte des plantes qu'elle fréquente et l'un de ses parents, qui vit en Asie, a le corps en forme de feuilles. Des nervures y sont même dessinées, comme sur un vrai limbe. Les pattes aussi sont vertes et leur aplatissement les font ressembler à de petites feuilles. Par endroits, leurs rebords sont même un peu déchirés comme si d'autres insectes les avaient mordillés. Et quand le vent souffle, l'animal bouge comme si c'était une feuille.

Il y a aussi des Papillons mimétiques. L'un d'eux a le dessous des ailes qui rappelle si bien une feuille morte qu'un passant ne saurait apercevoir le papillon au repos sur une branche. Un autre papillon, le Vice-Roi, dont les oiseaux sont friands, ressemble beaucoup à une autre espèce, le Monarque, dont le goût si désagréable lui assure une certaine tranquillité. Bien entendu, le mimétisme n'est pas toujours un obstacle pour un prédateur expérimenté; les espèces mimétiques paient leur tribut, comme les autres, aux animaux les mieux armés et les plus forts.

Certains animaux résistent assez bien aux attaques de leurs ennemis, grâce à une solide cuirasse ou a des armes particulièrement efficaces. Voir à temps l'ennemi a une grande importante. Les yeux perfectionnés des Gyrins ou Tourniquets permettent à ces Coléoptères, excellents nageurs, de voir à la fois au-dessus et au-dessous de la surface de l'eau.

Dans les fonds marins, où l'obscurité est totale, certains animaux benthiques (du grec " benthos " profondeur de la mer), produisent une lumière qui attire les proies.

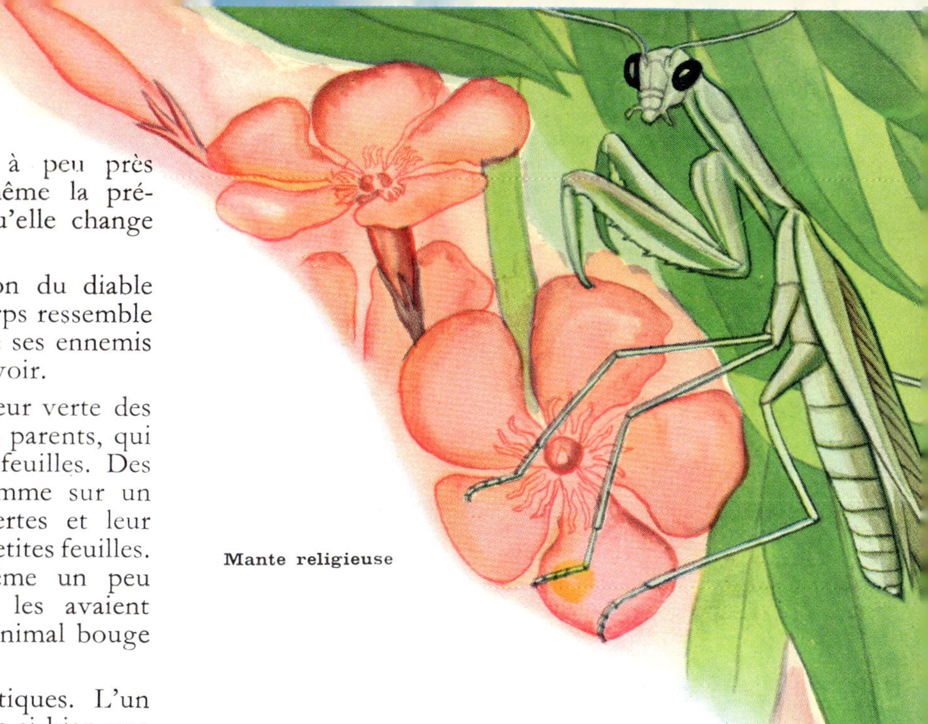

Mante religieuse

Si les Dauphins peuvent rester 20 à 30 minutes sous l'eau, c'est parce que leurs poumons emmagasinent une grande quantité d'air. Quelques Escargots terrestres se tiennent aussi pendant quelque temps sous l'eau; ils communiquent alors avec la surface par un tube respiratoire.

Avant de terminer cette revue des principales adaptations animales, nous signalerons le cas des Poissons qui vivent dans les grandes profondeurs. La pression y est énorme. Comment sont-ils organisés pour s'y maintenir ? En fait, ils se gonflent quand ils remontent vers la surface et ils sont tués quand la pression externe diminue brusquement. On peut dire, en conclusion, que les divers animaux se sont adaptés à leur milieu, au cours des âges, et que les adaptations ainsi réalisées leur permettent de vivre dans ce milieu.

Caméléon

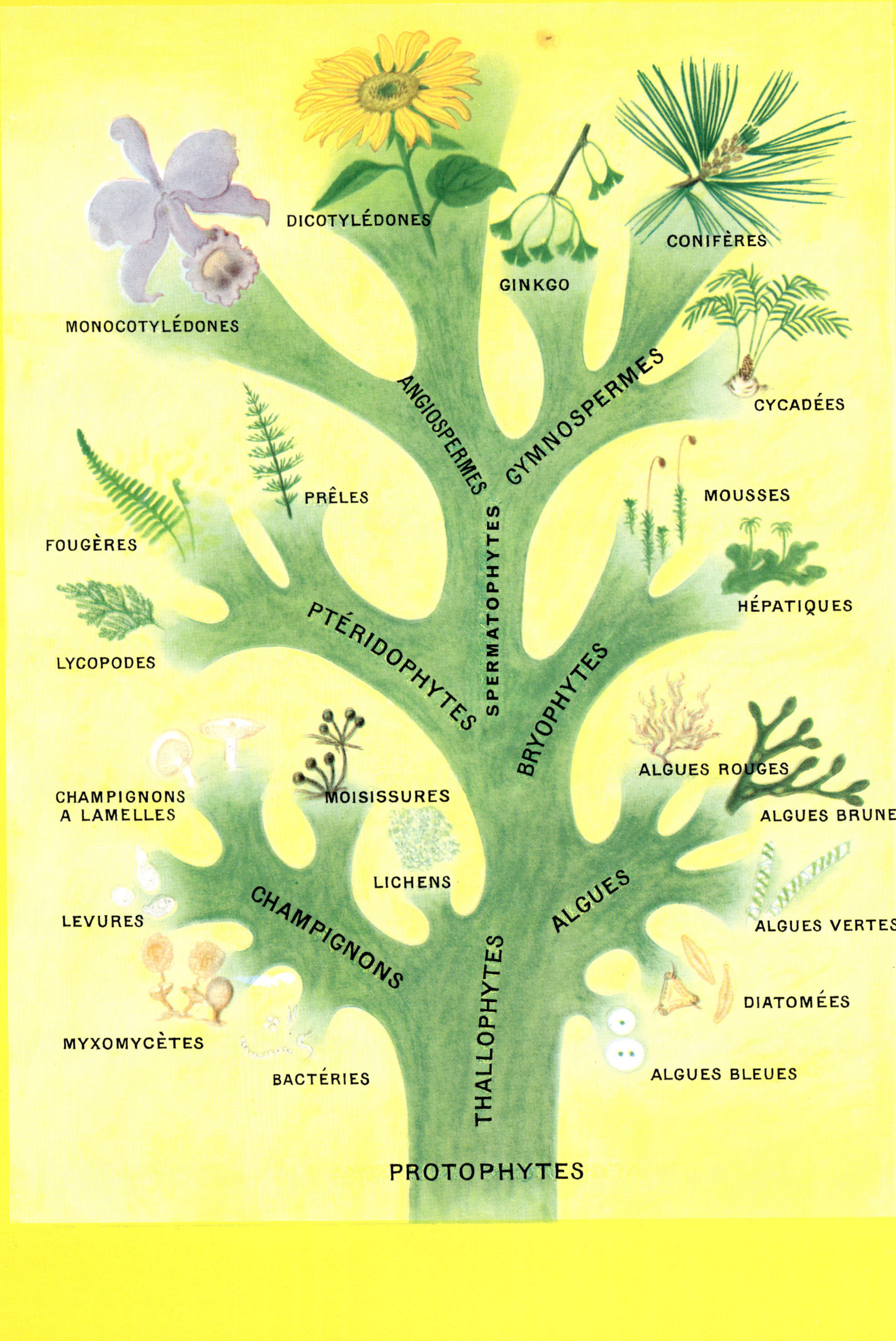
DICOTYLÉDONES
CONIFÈRES
GINKGO
MONOCOTYLÉDONES
CYCADÉES
ANGIOSPERMES
GYMNOSPERMES
PRÊLES
MOUSSES
FOUGÈRES
SPERMATOPHYTES
HÉPATIQUES
PTÉRIDOPHYTES
LYCOPODES
BRYOPHYTES
ALGUES ROUGES
CHAMPIGNONS
A LAMELLES
MOISISSURES
ALGUES BRUNES
LICHENS
LEVURES
CHAMPIGNONS
ALGUES
ALGUES VERTES
THALLOPHYTES
DIATOMÉES
MYXOMYCÈTES
BACTÉRIES
ALGUES BLEUES
PROTOPHYTES

Le règne végétal

Il y a bien moins d'espèces végétales que d'espèces animales. Il est vrai que certaines parties du monde n'ont pas encore été explorées et que certaines plantes sont trop petites pour être vues sans microscope. Actuellement, on connaît environ 320.000 espèces de plantes contre un million d'espèces d'animaux.

Les plantes ont été classées comme les animaux; il y a les embranchements, les classes, les ordres, les familles, les genres et les espèces. On distingue aussi des sous-embranchements, qui se placent dans l'arbre généalogique entre les embranchements et les classes.

Le Tournesol commun est une espèce du genre Helianthus; il appartient à la famille des Composées. Cette famille, très nombreuse, comprend des plantes telles que les Pissenlits, les Pâquerettes et les Verges d'or. Les Composées font partie de l'ordre des Gamopétales, comme la famille des Campanules. Les Gamopétales appartiennent à la classe des Dicotylédones, du sous-embranchement des Angiospermes. On appelle ainsi les plantes à fleurs, dont les graines sont à l'intérieur d'un fruit. Toutes les plantes à graines forment l'embranchement des Spermatophytes.

Chaque plante a un nom scientifique, comme d'ailleurs chaque animal. Le Tournesol a comme nom : Helianthus annuus. L'arbre généalogique figuré ci-contre donne une idée de l'ensemble du règne végétal. On suppose que les milliers de plantes actuelles proviennent de plantes plus simples, à une cellule, qui vivaient sur la Terre, à l'époque où la planète était jeune. Les ancêtres des plantes sont appelés les Protophytes, mot qui signifie « premières plantes ».

Le règne végétal ne comprend que 4 embranchements principaux. Les Thallophytes constituent l'embranchement inférieur. Ce sont des plantes sans feuilles, sans racines et sans tiges. On y trouve les Algues, les Champignons et les Lichens.

Le second groupe a reçu le nom de Bryophytes (du grec : « bruon », mousse ; « phuton », plante) ; c'est le groupe des Mousses, auquel s'ajoutent les Hépatiques, petites plantes dont beaucoup de gens ignorent l'existence.

Au-dessus des Mousses, dans l'arbre généalogique, se placent les Fougères et leurs parents, dont l'ensemble constitue les Ptéridophytes (du grec : « ptéris », fougère ; « phuton », plante). Dans ce groupe, il faut également signaler les Lycopodes et les Prêles.

Au sommet de l'arbre généalogique se trouvent les Spermaphytes ou plantes à graines.

Comme on le voit sur le tableau, il y a 2 branches principales : les plantes qui fleurissent ou Angiospermes et les plantes à cônes ou Conifères, c'est-à-dire les Gymnospermes.

Les plantes à fleurs sont les dernières venues sur la Terre. Très vite, elles peuplèrent les diverses régions du globe, chaque fois que cela était possible. Aujourd'hui les espèces de plantes à fleurs sont beaucoup plus nombreuses que toutes les autres espèces de plantes réunies. Si les branches de l'arbre généalogique avaient des dimensions proportionnelles au nombre d'espèces qu'elles représentent, l'arbre aurait des frondaisons touffues et fortement dissymétriques.

Toutes les plantes figurées ci-dessous sont des Algues; presque toutes les Algues sont des plantes aquatiques, telles les Spirogyres bien connues. Certaines Algues sont si petites qu'on ne peut les voir sans microscope; elles sont souvent faites d'une seule cellule. Il y a également des Algues de grande taille; un grand Varech brun peut avoir une cinquantaine de mètres. Il y a des Algues bleues, vertes, brunes et rouges. Dans le groupe des Algues, se trouvent les Diatomées, plantes minuscules à une seule cellule, qui sécrètent une carapace de silice, en forme de boîte. Les Diatomées forment une partie importante du plancton, la soupe de nombreux animaux marins.

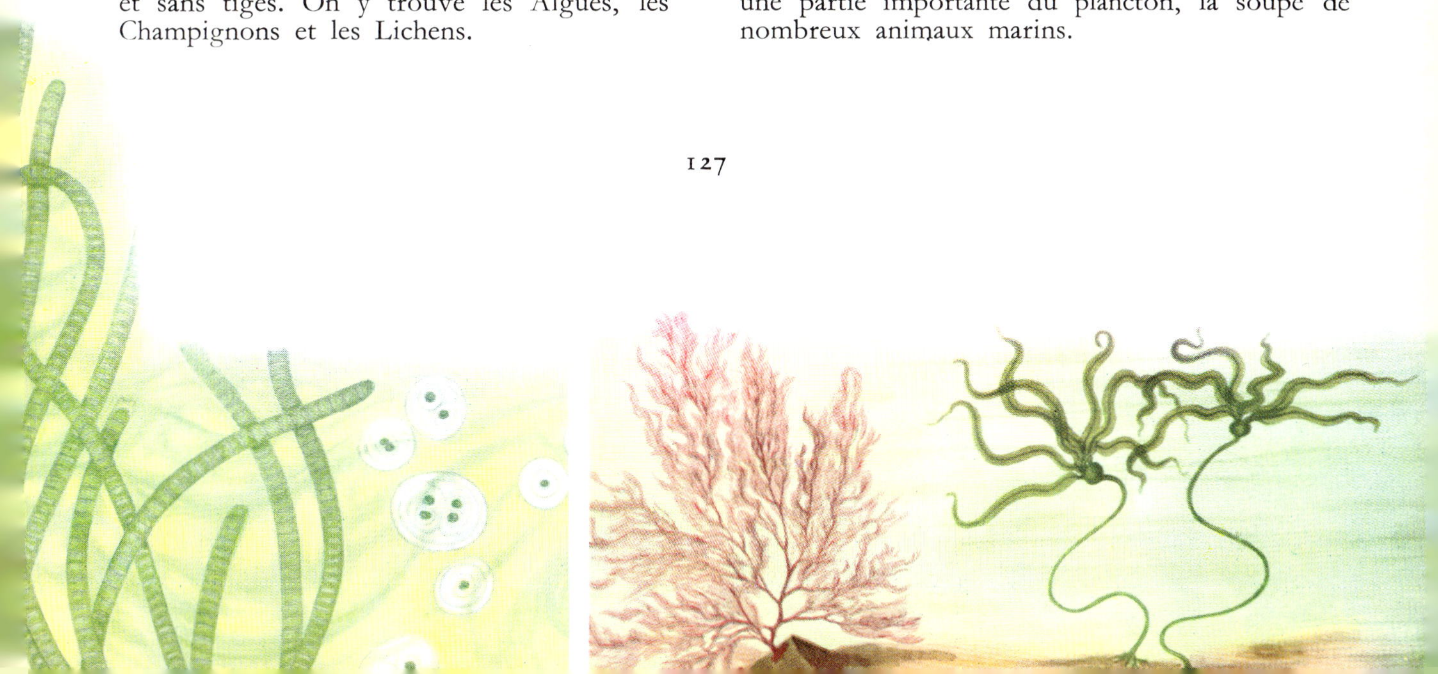

Orchidée

On a figuré sur ces 2 pages les représentants des 4 embranchements du règne végétal. Il suffit de regarder l'arbre généalogique pour constater que les 3 plantes représentées en haut des pages 128 et 129 sont plus évoluées que celles figurées au bas de ces mêmes pages. Le Champignon, qui a été choisi ici, est une espèce vénéneuse, mais chacun sait qu'il y a de bons champignons. Tous, sans exception, sont dépourvus de cette substance verte que possèdent la plupart des autres plantes. Mais les Champignons ne sont pas tous incolores ou blancs; il en est qui ont de vives couleurs.

Les Orchidées prennent place à l'extrémité de l'une des branches supérieures de l'arbre généalogique, où se trouve écrit le mot " Monocotylédones ". Certaines Orchidées poussent sur le sol, mais beaucoup d'entre elles, comme celle de la gravure, se développent sur les branches des arbres des forêts tropicales. Des Lichens aussi vivent sur les arbres et ces espèces épiphytes ressemblent beaucoup aux Lichens des pierres, dont la gravure donne un exemple.

Les Lichens sont des plantes curieuses. Ils sont constitués par un Champignon et une Algue verte réunis. Si l'on examine un bout de Lichen au microscope, on y voit des points verts entourés des filaments incolores du Champignon. Il s'agit là de l'une des associations les plus prospères du monde vivant. Algue verte et Champignon s'aident de façon si efficace que les Lichens peuvent vivre sur des roches où aucune autre plante ne peut pousser. L'Algue verte fournit la nourriture au Champignon; le Champignon retient l'eau de pluie et empêche l'Algue de se dessécher. L'Algue seule ne pourrait pas se maintenir sur la pierre; le Champignon, au contraire, mord la roche en produisant un acide, ce qui permet au Lichen de s'ancrer. Ainsi attaqué

Champignon

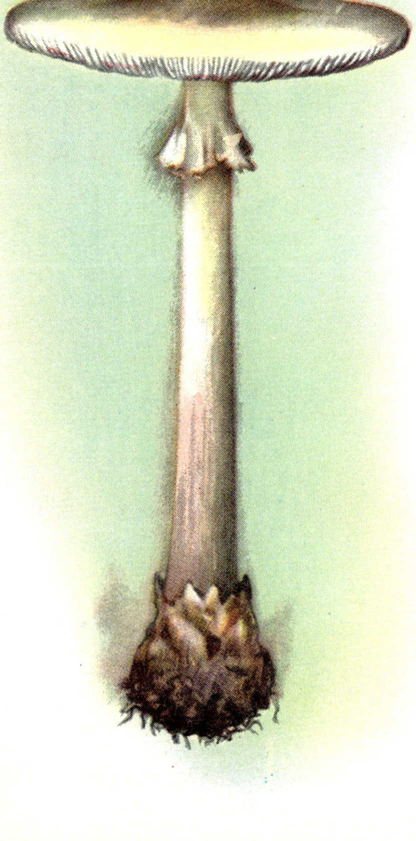

Lichen

Sapin

Pin

en surface, le rocher finit par s'émietter, d'où la formation d'une croûte meuble qui devient un sol. D'autres plantes peuvent alors s'y installer; c'est pourquoi on a dit que les lichens étaient des pionniers parmi les plantes.

Le Pin et le Sapin sont des Conifères. Dans l'arbre généalogique, les Conifères se trouvent à l'extrémité d'une ramification du tronc des plantes à graines.

Les Mousses sont des plantes minuscules; elles se tiennent si près les unes des autres qu'elles forment un tapis de velours vert; on les rencontre un peu partout dans le monde; certaines même se maintiennent dans des régions très froides. Mais il arrive qu'on prenne pour des Mousses certaines plantes qui n'en sont pas. La " Mousse irlandaise ", la longue mousse, la mousse des rennes ne sont pas des Mousses. Il s'agit d'une Algue brune, d'une plante à graines, le Tillandsia, et d'un Lichen.

Les minces tiges de la Mousse figurée ci-dessous portent à leur extrémité une urne à spores. Comme les Mousses, la plupart des plantes moins évoluées que les Spermaphytes se multiplient par spores, c'est-à-dire à l'aide de cellules simples, fragments minuscules de matière vivante.

Au voisinage des Mousses et parmi les Bryophytes, se trouvent les Hépatiques, en forme de rubans généralement très serrés sur le support. On les rencontre généralement sur les parois humides et ombragées des ravins. Pour la plupart des gens, ce sont des plantes sans importance, mais elles présentent un grand intérêt pour les savants. Les Hépatiques seraient les premières plantes terrestres et les premières Hépatiques ont même été considérées comme le Christophe Colomb du règne végétal. Certains savants pensent que ce sont les ancêtres non seulement des Mousses, mais de toutes les plantes supérieures.

La Fougère figurée ici, comme toutes les Fougères d'ailleurs, est une Ptéridophyte. Les Ptéridophytes n'ont plus aujourd'hui la place importante qu'elles ont eue dans le monde des plantes. Les Fougères arborescentes furent, en effet, les premières plantes terrestres de grande taille. Dans les forêts, où la houille s'élaborait, il y avait des Fougères, des Prêles et des Lycopodes arborescents. Les Ptéridophytes géants n'existent plus aujourd'hui. Tous les Lycopodes et toutes les Prêles de la flore actuelle ne sont que de petites plantes. Seules quelques Fougères arborescentes se rencontrent encore dans les régions tropicales. Les Prêles actuelles, appelées souvent " queue de cheval " ne poussent que sur un sol pauvre et siliceux. Leurs tiges et leurs rameaux sont faciles à désarticuler. On les reconnaît facilement dans les coins humides.

Tout le monde a vu aussi une Fougère, quand elle sort de terre. La feuille enroulée en crosse se déroule progressivement du bas vers le haut; deux crosses sont représentées sur la figure et les feuilles montrent bien que les nervures présentent des bifurcations égales.

Les espèces de Fougères sont encore très nombreuses et il y en a 10 fois plus que les espèces de Lycopodes et de Prêles réunies. Mais si on les compare aux plantes à graines, on peut dire que les Fougères constituent actuellement une faible partie du monde des plantes.

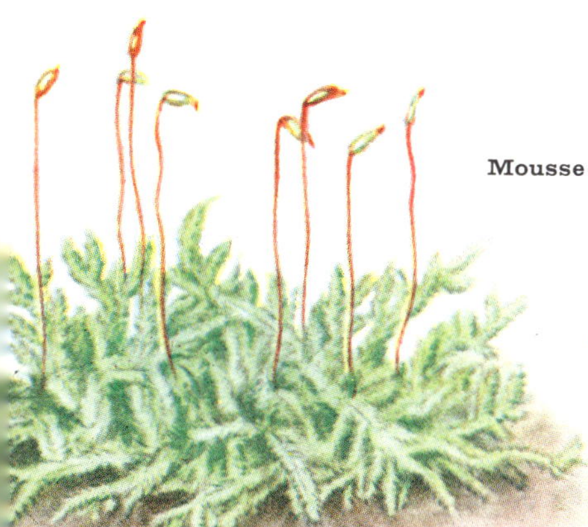

Mousse

Fougère

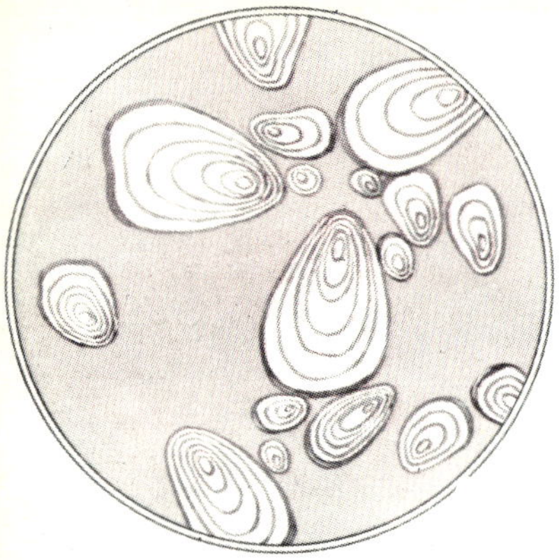

Grains d'amidon

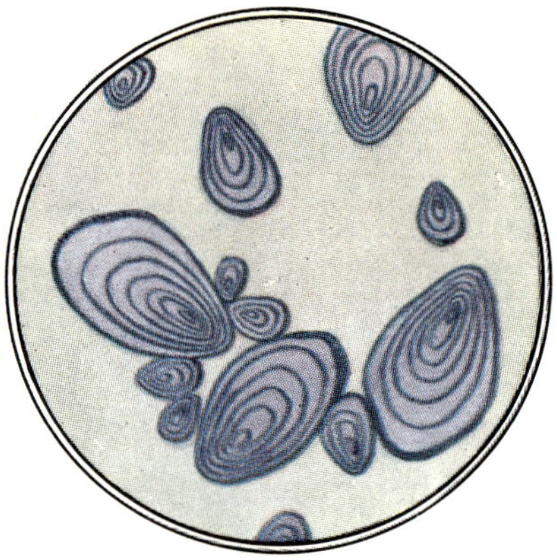

Grains d'amidon
colorés par l'iode

Érable à sucre
du Canada.

Fabriques d'aliments

Dans les pays où pousse l'Erable à sucre, au Canada par exemple, on commence au printemps les travaux du " sucrage ". Il faut d'abord percer des trous dans les troncs des Erables et y placer de petites gouttières, au bout desquelles un seau est suspendu. Dès que la sève monte dans les arbres, elle s'écoule en partie dans les seaux. Cette sève, très riche en eau, contient du sucre. On la distille pour obtenir le sirop d'érable. Le sucre ainsi récolté s'était accumulé dans les troncs, pendant l'hiver. Il est dissous par l'eau qui monte dans les arbres au printemps. S'il n'était pas arrêté en route, il irait vers les parties de l'arbre qui en ont besoin. Feuilles, fleurs et branches nouvelles ne peuvent en effet pousser sans nourriture.

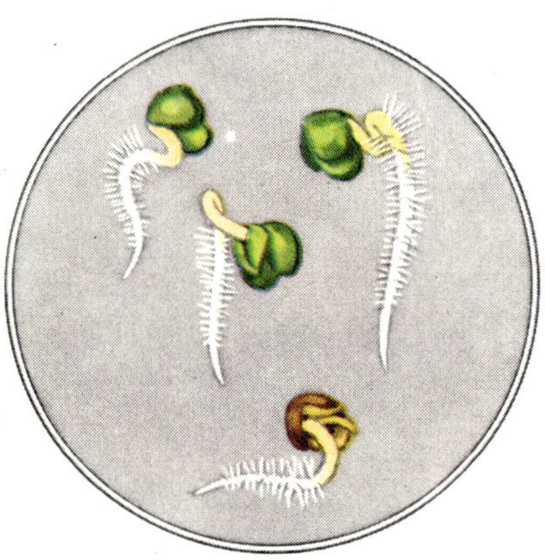

Poils absorbants

Poils absorbants
très grossis

Coupe transversale d'une feuille

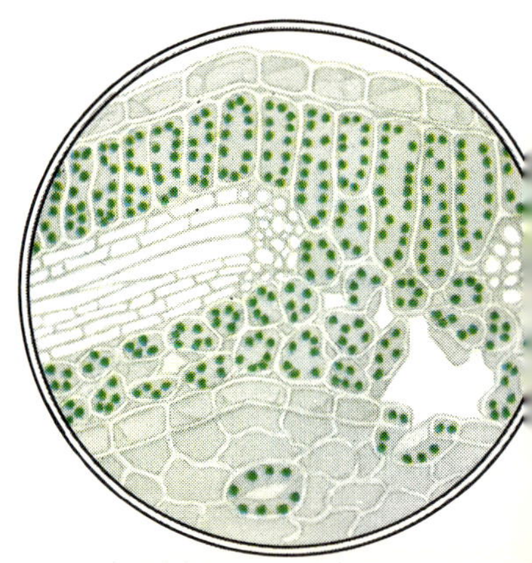

Coupe de feuille à un fort grossisseme

Mais d'où vient le sucre ? S'il est facile de comprendre comment la sève ascendante s'est chargée de sucre au printemps, il est bien malaisé d'expliquer comment l'Erable a fabriqué le sucre mis en réserve dans son tronc.

Un Erable n'a à sa disposition que 2 endroits d'où il peut tirer sa nourriture : le sol et l'air. Il va sans dire qu'il n'y a de sucre ni dans le sol, ni dans l'air. C'est donc qu'il le fabrique lui-même. Et pour le fabriquer, l'Erable doit tirer du sol ou de l'air les substances indispensables à cette fabrication. Nous allons voir que l'Erable est bien une usine à sucre.

Les Erables à sucre ne sont pas les seules plantes qui peuvent faire du sucre. Toutes les plantes vertes en font. Mais certaines le consomment aussi rapidement qu'elles le fabriquent; d'autres le transforment en amidon, avant de le mettre en réserve. L'idée à retenir est bien que toutes les plantes vertes se nourrissent du sucre qu'elles ont la possibilité de fabriquer elles-mêmes.

Le sucre est fabriqué par les plantes à partir de substances très banales, l'eau et le gaz carbonique. C'est surtout dans les feuilles que le sucre est fabriqué. Elles contiennent des cellules dans lesquelles se trouvent de petits corpuscules verts appelés chloroplastes. Ces corpuscules sont verts parce qu'ils renferment cette matière colorante des feuilles vertes, un pigment, la chlorophylle. Un examen au microscope d'une coupe de feuille montre bien que les chloroplastes sont les seules parties vertes de la feuille. Le reste de l'organe, en effet, est en général incolore. Une feuille paraît verte comme un sac transparent paraîtrait rouge, s'il contenait de minuscules billes rouges.

Les chloroplastes peuvent très bien être considérés comme les organes de l'usine à sucre, car c'est à leur niveau que le sucre se fait à partir de l'eau et du gaz carbonique. Et c'est la chlorophylle qui permet cette fabrication.

Les feuilles de l'Erable et de la plupart des plantes vertes présentent dans leur épiderme de petites ouvertures appelées stomates, mot qui signifie " petites bouches ". Par ces bouches d'aération, l'air pénètre dans les feuilles et les chloroplastes fixent le gaz carbonique qu'il contient. L'eau entre dans la plante par les racines, au niveau des poils absorbants qui forment une sorte de manchon autour d'elles, près de leur extrémité. Ces poils s'agrippent aux particules du sol; ils pompent l'eau, qui circule ensuite dans les racines, la tige et les branches. Cette circulation se fait dans des tubes spéciaux, qu'on appelle des vaisseaux, et qui forment une partie du bois du tronc et des rameaux. Au terme de son déplacement, l'eau pénètre dans les nervures des feuilles, qui la conduisent à proximité des cellules à chloroplastes. L'eau ne pénètre donc pas dans les feuilles par les stomates; l'eau de pluie ne fait que couler à la surface des limbes, les stomates n'étant d'ailleurs présents, en général, qu'à la face inférieure des feuilles.

Bulles d'oxygène s'échappant d'une plante verte

Les chloroplastes ne sont actifs qu'à la lumière. Dans le jour, ils rejettent l'oxygène, dont le dégagement est facile à observer chez les plantes aquatiques. Lorsque le sucre est fait, les chloroplastes peuvent le transformer tout de suite en amidon. Chaque grain d'amidon est fait de couches successives que l'iode teinte en bleu. A partir de l'amidon et du sucre, les plantes vertes peuvent fabriquer d'autres aliments, en ajoutant des éléments minéraux tirés du sol. Elles peuvent donc faire elles-mêmes leur nourriture. Les animaux, au contraire, doivent se la procurer aux dépens des plantes ou d'autres animaux, qui eux-mêmes se nourrissent de plantes. On peut donc dire que les plantes vertes sont les fabriques d'aliments du monde.

Stomates dans l'épiderme d'une feuille

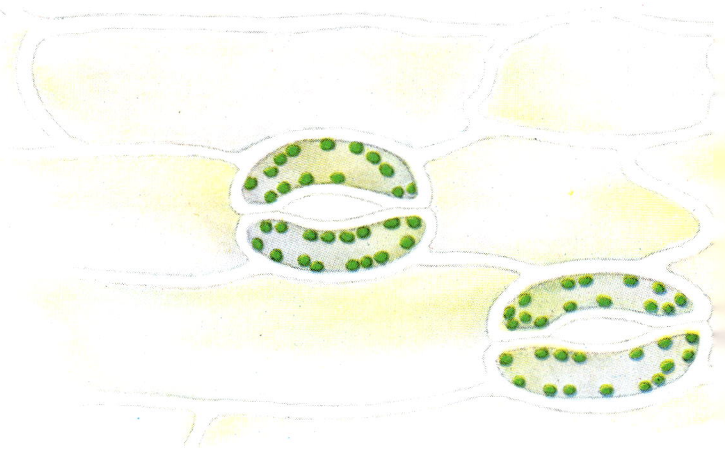

Sapin baumier

Les arbres

Les arbres sont des plantes de grande taille. Mises à part quelques Fougères arborescentes des régions tropicales, on peut dire que tous les arbres sont des plantes à graines.

Les uns appartiennent au sous-embranchement des Angiospermes, les autres à celui des Gymnospermes. Ces derniers portent généralement des cônes; tous les arbres représentés sur ces 2 pages sont des Conifères. On les distingue surtout en observant leurs aiguilles et leurs cônes. Les feuilles des Conifères, bien que très étroites, ont le même rôle que les feuilles plus larges des autres plantes vertes. Ce sont des usines à nourriture. La plupart des Conifères ont des feuilles toute l'année; ce sont des arbres toujours verts, autrement dit à feuilles persistantes. On n'entend pas par là que les Conifères ne perdent jamais de feuilles. Ils en perdent bien toute l'année, mais pas beaucoup à la fois; c'est pourquoi ils ne sont jamais dépouillés de leur feuillage.

Le Mélèze et le Cyprès chauve font exception. Ils perdent leurs feuilles en automne et en font de nouvelles au printemps.

On trouve, parmi les Conifères, des arbres qui nous fournissent un bois précieux. On les appelle souvent des arbres à bois tendre, mais il existe des Conifères à bois dur, certaines espèces de Pins, par exemple.

Le Cyprès chauve est à un certain point de vue une énigme; cet arbre qui croît dans les marécages forme des pousses curieuses, qui emmagasineraient de l'air pour les racines; elles empêcheraient l'arbre de se noyer. Diverses expériences contredisent ces interprétations et il n'est pas encore possible de dire avec certitude en quoi les pousses aident le Cyprès.

Les Conifères sont connus, même par ceux qui vivent loin des forêts.

Mélèze

Sapin

Les fêtes de Noël sont une occasion de faire leur connaissance. On apprend à distinguer les différents Conifères d'après les aiguilles.

Les Conifères sont parmi les plantes arborescentes celles qui ont les plus grandes tailles. Un Séquoia géant a plus de 12 m de diamètre à la base et 90 m de hauteur; il est aussi haut qu'une construction qui comprendrait 20 étages; une église pourrait prendre place dans son tronc. On a donné à cette espèce gigantesque le nom " général Sherman ". Ce n'est pas le seul Conifère géant; il en est d'autres presque aussi grands que lui.

Les savants disent que les Séquoias géants sont les arbres les plus anciens; on a même cru qu'ils seraient les plus anciens de tous les êtres vivants !

Sapin de Douglas

Pin

Cyprès chauve

Orme

Le Séquoia " général Sherman " a probablement 4.000 ans. Il aurait commencé à pousser, nous disent les savants, à une époque où les Egyptiens étaient les plus civilisés du monde. Il avait plus de 3.000 ans quand Christophe Colomb découvrit l'Amérique. Si l'âge du " général Sherman " n'est pas exactement connu, il est possible de savoir l'âge d'un arbre en apprenant à lire la section de son tronc. Il suffit de compter les anneaux de bois. Dans les troncs de la plupart des espèces arborescentes, le bois nouveau forme une couche supplémentaire à l'extérieur du bois ancien et sous l'écorce. Quand le tronc est scié en travers, chaque couche se présente sous la forme d'un anneau; autant d'anneaux, autant d'années.

Les arbres figurés ici appartiennent au sous-embranchement des plantes à fleurs, dont les graines sont enfermées dans un fruit. Leurs feuilles ont un limbe plus ou moins étalé. Ils font partie des arbres à bois dur, bien que certains d'entre eux donnent un bois plutôt tendre. Leurs feuilles tombent en automne et il en pousse de nouvelles au printemps. Tous ces arbres sont dépouillés de leur feuillage pendant l'hiver; c'est pourquoi on les appelle arbres à feuilles caduques, d'un mot latin, qui signifie tomber.

Le Chêne-vert a bien des feuilles larges, comme les arbres précédents, mais elles persistent au cours de l'hiver; il est vrai que l'hiver est relativement doux dans les régions habitées par le Chêne-vert. Dans les pays à hiver froid, la chute des feuilles est utile aux Angiospermes arborescentes.

Chêne-vert

Hêtre

Chêne rouge

La matière vivante des cellules d'une aiguille de Conifère est moins exposée au froid que celle des feuilles à limbe étalé. Mais dans les régions où les hivers sont doux, les arbres à larges feuilles peuvent garder toute l'année leur feuillage. C'est le cas du Chêne-vert, déjà cité.

Il arrive que l'on puisse reconnaître de loin un arbre par sa silhouette. Certaines espèces d'Orme ont la forme d'un vase, le Chêne-vert, celle d'un parasol..., etc. Les silhouettes sont évidemment plus expressives en hiver, quand les árbres n'ont plus leurs feuilles.

Disons tout de suite que l'observation des feuilles permet une détermination plus sûre. Chaque espèce arborescente a des feuilles de forme particulière. Les unes sont étroites, les autres larges; les bords du limbe peuvent être lisses ou au contraire dentés comme une scie; certaines feuilles sont lobées alors que d'autres sont entières. Chez d'autres encore, le limbe est divisé en petites feuilles ou folioles; on les dit alors, composées. Le botaniste amateur est parfois arrêté dans son travail de reconnaissance, quand il trouve sur le même arbre des feuilles de forme différente. Le Sassafras, qui est une Lauracée, et le Houx présentent ce caractère.

Les nervures diffèrent aussi avec les types de feuilles. Dans certaines espèces, elles s'étalent comme les doigts de la main, dans d'autres, elles se ramifient comme les barbes d'une plume. Dans le premier cas, on les dit palmées, dans le second, ce sont des feuilles pennées.

Les feuilles s'attachent à la tige par un pétiole; il est rond dans la plupart des cas; mais la feuille du Tremble a un pétiole plat, d'où une grande mobilité du feuillage, sous la brise la plus légère.

La disposition des feuilles sur les rameaux varie selon les espèces. Les Erables et les Frênes ont des feuilles opposées; chez le Catalpa, c'est même 3 feuilles qui sont attachées au même niveau sur la branche. Mais cette disposition reste exceptionnelle; la disposition alterne est, en effet, de beaucoup la plus fréquente. Dans ce cas, les feuilles poussent

à des niveaux différents, d'un côté et d'autre du rameau.

Quand il n'y a plus de feuilles aux branches, on peut encore reconnaître un arbre, si l'on se rappelle les caractères de son écorce, de ses bourgeons et de ses cicatrices foliaires. Certains arbres ont même des épines qui peuvent aider à trouver leur nom.

Au printemps, les fleurs apparaissent et la détermination en est parfois facilitée. Un peu plus tard la présence des semences fournit des caractères nouveaux.

Les glands, par exemple, sont les semences des Chênes et chaque espèce de Chêne peut être reconnue, si l'on connaît la forme et les dimensions de ses glands.

Parmi les feuilles représentées ci-dessus, on reconnaît celles de 2 Conifères, le Sapin baumier et le Pin blanc. Les autres feuilles ont un limbe étalé. Trois d'entre elles sont composées de folioles distinctes : Ailante, Marronnier à fleurs rouges ou Pavier, Gleditschia ou Févier. Chez le Févier les folioles se divisent en folioles secondaires. On compte ici 10 folioles primaires. En haut et à gauche de la page, on remarque la feuille du Ginkgo, arbre qui n'appartient ni aux Conifères, ni aux Angiospermes. Comme le montre l'arbre généalogique de la page 126, c'est bien une plante à graines. Ses feuilles rappellent un peu celles d'une Fougère, la Capillaire à cheveux de Vénus. De tous les arbres dont les feuilles sont figurées ici, le Ginkgo est le plus ancien sur la Terre. C'est un fossile vivant.

Avant l'ère des Angiospermes, à l'époque des Dinosaures, le Ginkgo poussait un peu partout sur la Terre. Il était prospère en Europe, en Amérique du Nord et en Asie. Actuellement il est évincé de ces régions et on ne le trouve plus guère à l'état sauvage que dans les montagnes de la Chine occidentale. Toutefois, beaucoup de gens ont vu le Ginkgo sans être allés en Chine; c'est qu'on le cultive dans les parcs et qu'on le plante le long de certaines avenues. On l'aime assez parce qu'il est peu attaqué par les insectes; malgré la faveur dont il bénéficie, il est peu probable qu'il supplante les Erables, les Ormes et les Chênes.

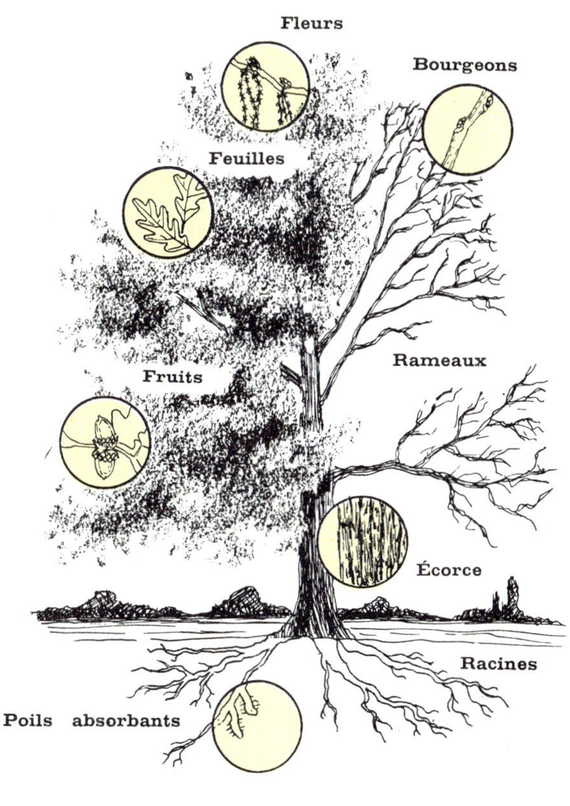

Robinier noir

Nos arbres à larges feuilles appartiennent au groupe des Angiospermes. Ce sont tous des plantes à fleurs, mais leurs fleurs sont souvent difficiles à reconnaître. Il est certain que l'on prendrait assez difficilement les fleurs du Noyer (p. 168) pour un bouquet. Mais certains arbres ont des fleurs bien visibles. Celles qui sont figurées sur ces 2 pages ne peuvent passer inaperçues. Il faudrait y ajouter les fleurs de tous les arbres de nos vergers. Aucun parterre fleuri ne fut jamais plus beau qu'un champ de pommiers en fleurs.

Les fleurs du Cornouiller se voient surtout à cause des grandes bractées qui entourent les inflorescences. Ces bractées sont parfois roses, parfois blanches. On les prendrait facilement pour des pétales, mais elles sont situées en dehors de la fleur. Les fleurs proprement dites sont toutes petites et verdâtres.

Regardons l'arbre généalogique; le rameau des plantes à fleurs, Dicotylédones, est beaucoup plus riche en espèces arborescentes que le rameau des Monocotylédones. On en ignore d'ailleurs les raisons.

Parmi les Monocotylédones, on ne trouve qu'une famille importante d'arbres, la famille des Palmiers. On distingue environ 4.000 espèces de Palmiers, qui ont une grande importance dans les régions tropicales. Elles procurent à l'homme, l'abri, la nourriture, la boisson et les fibres.

Les Palmiers n'ont pas un bois aussi solide que celui des Dicotylédones et des Conifères. Leur tronc ressemble davantage à la tige d'un plant de Maïs géant. Des paquets de vaisseaux du bois, éparpillés dans les troncs, sont cimentés entre eux par une sorte de poix molle. Impossible de dire l'âge d'un Palmier en comptant les anneaux de bois, car ceux-ci sont absents.

Cornouiller

Arbre de Judée

Toutes les espèces arborescentes, quelles qu'elles soient, ont malheureusement leurs ennemis. De nombreux insectes, notamment, vivent sur les arbres de nos forêts et de nos vergers, sur les arbres ornementaux de nos parcs et de nos villes.

Dans les agglomérations, la fumée nuit beaucoup aux arbres, et la plupart d'entre eux ne résistent pas longtemps à l'air chargé de suie des cités industrielles. Mais le pire ennemi des arbres reste le feu; les incendies de forêts provoqués souvent par la négligence des promeneurs détruisent chaque année de grandes étendues de bois.

Un champ de blé détruit par le feu ou la grêle peut être récupéré l'année suivante; il n'en est pas de même d'une forêt anéantie. Pour refaire une forêt, il faut parfois plus d'un siècle. Et il arrive souvent qu'un incendie de forêt endommage le sol si profondément que les arbres ne peuvent plus y pousser.

Connaissant bien les ennemis des arbres, on peut choisir convenablement les arbres d'ornement que l'on désire planter autour des maisons et le long des avenues. Un arbre sensible aux maladies ou fréquemment attaqué par les insectes ne peut donner satisfaction. Il en est de même des espèces dont la vie est trop courte ou dont le bois trop fragile risque de se briser pendant les orages.

Il ne faut pas non plus qu'un arbre pousse trop lentement, que ses racines soient trop abondantes, que ses fleurs aient une odeur désagréable et qu'à chaque floraison et fructification, il encombre le sol de fleurs et de semences. Tant d'exigences n'empêchent pas de choisir les arbres qui conviennent, car les espèces arborescentes ne manquent pas. C'est très heureux pour les citadins, car les arbres leur sont d'une grande utilité.

Tulipier

Aubépine

Catalpa

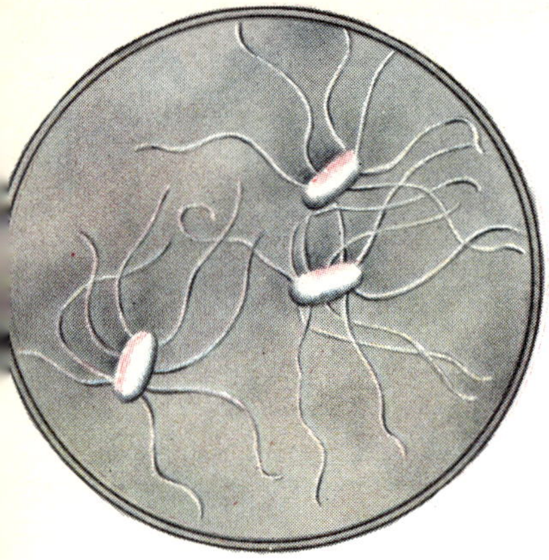

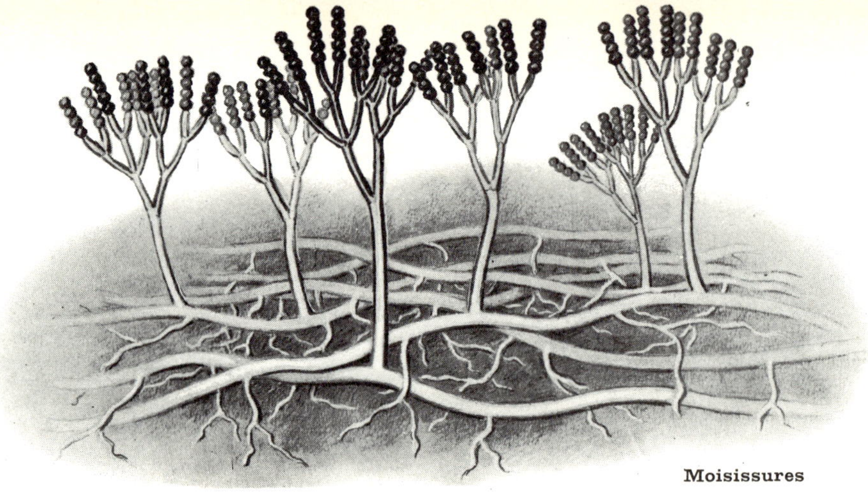

Moisissures

Des plantes qui ne sont pas vertes

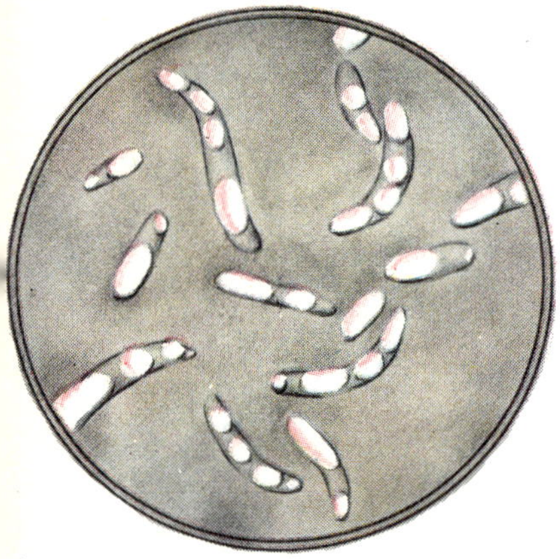

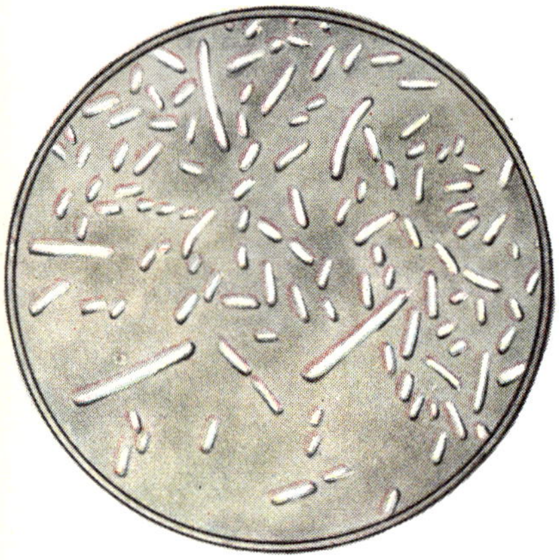

Quelques bactéries pathogènes, agents des maladies

Les végétaux sont pour la plupart des plantes vertes. Ces plantes contiennent un pigment vert, la chlorophylle dont l'effet est vraiment magique. Avec le secours de la chlorophylle elles peuvent élaborer les substances nutritives dont elles ont besoin.

Mais d'autres plantes n'ont pas de chlorophylle. Elles ne peuvent pas fabriquer elles-mêmes les substances nutritives. Elles doivent les trouver toutes prêtes, tout comme font les animaux.

Certaines plantes sans chlorophylle trouvent leur nourriture en se développant sur d'autres plantes ou sur des animaux vivants, ce sont des plantes parasites. D'autres puisent leur nourriture sur les cadavres des animaux ou sur les plantes en décomposition ou bien encore sur des produits d'origine animale ou végétale, comme le cuir, le lait ou la farine, on les appelle des plantes saprophytes. La plupart des plantes parasites ou saprophytes sont des Bactéries ou des Champignons.

Les Bactéries sont des végétaux si petits qu'on ne peut les voir qu'à l'aide d'un microscope, et même d'un microscope puissant. Certaines sont si petites qu'il en faudrait 10.000 sur un rang pour faire 1 centimètre. Chaque Bactérie est formée d'une seule cellule, bien que plusieurs d'entre elles puissent s'aligner bout à bout pour former une chaînette.

Certaines Bactéries, les Coques ou Cocci, sont comme de minuscules ballons ; d'autres, les Bacilles, ont la forme de bâtonnets ; d'autres encore, les Spirilles, sont enroulées en spirale. Quelques Bactéries sont pourvues de cils dont les mouvements leur permettent de nager.

Il y a des bactéries partout : dans l'air que nous respirons, dans les aliments que nous mangeons et dans l'eau que nous buvons. Il y en a dans notre corps et dans le corps de tous les animaux. Il y en a des milliards dans chaque mètre carré du sol.

Ces végétaux minuscules se multiplient très simplement. Lorsqu'une cellule atteint une certaine taille, elle se divise simplement en deux cellules.

Certaines bactéries sont pathogènes, elles provoquent des maladies. D'autres provoquent la décomposition de nos aliments. De tels méfaits font considérer l'ensemble des Bactéries comme dangereuses ou néfastes. Cependant il y a des bactéries qui nous rendent de grands services.

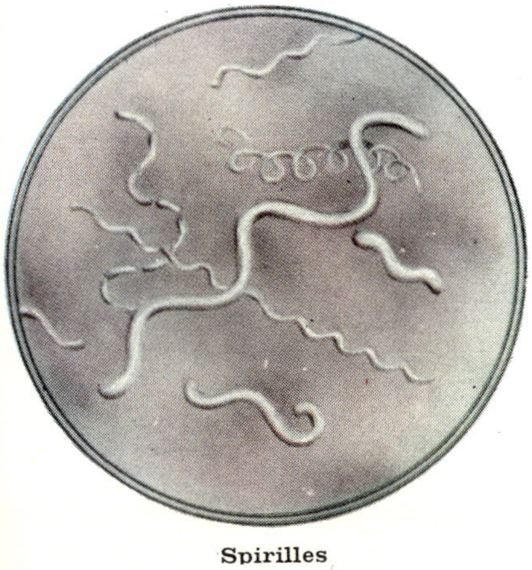

Spirilles

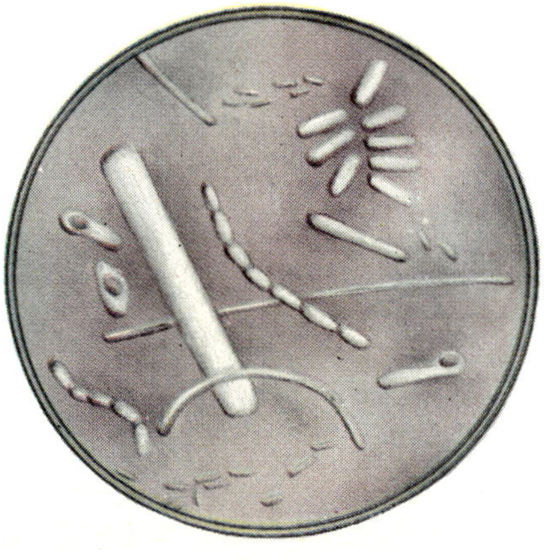

Bacilles

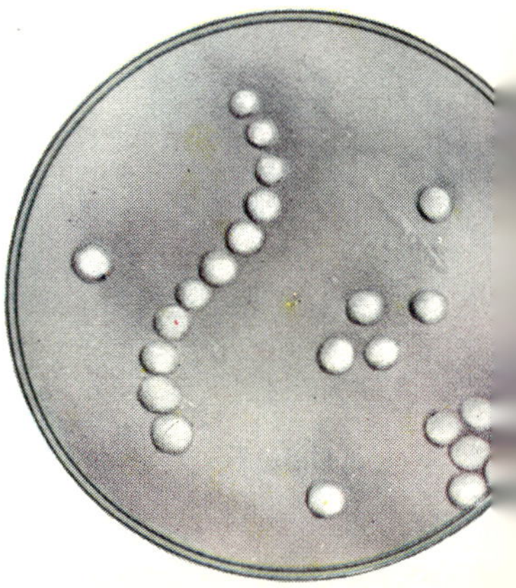

Coques ou Cocci

Parmi les bactéries qui sont fort utiles on trouve en particulier celles qui vivent en petites masses, ou nodosités, sur les racines de certaines plantes comme le trèfle ou la luzerne. Ce sont des bactéries fixatrices d'azote. Elles maintiennent la fertilité des sols en puisant l'azote dans l'air pour élaborer des composés azotés qui sont utilisés par les plantes sur les racines desquelles elles se développent.

Les Levures sont aussi des végétaux unicellulaires; ce sont les plus petits des Champignons. Comme les Bactéries, on ne peut les voir qu'avec un bon microscope.

Les Levures vivent surtout aux dépens des sucres. Ces sucres doivent être dissous. Les Levures utilisent alors le sucre et produisent du gaz carbonique et de l'alcool. Lorsque les Levures envahissent une solution, on dit que la solution est en fermentation.

Comme les Bactéries, les végétaux minuscules que sont les Levures flottent dans l'air. Elles tombent alors très facilement dans tout jus de fruit ou autre substance sucrée qui n'est pas protégée et " déclenchent " la fermentation.

Les Levures qui flottent dans l'air sont des Levures sauvages. Mais on cultive des Levures pour les utiliser dans la fabrication de l'alcool, des boissons alcooliques et aussi du pain. Les plaquettes de levure employées par les boulangers contiennent des millions de cellules de Levure mélangées avec de la farine. La fermentation de la pâte produit un important dégagement de gaz carbonique dont les bulles font lever le pain.

En règle générale, la Levure se multiplie par bourgeonnement. Un petit bourgeon apparaît sur la cellule, une cloison le sépare bientôt de la cellule mère; toute une chaîne de cellules peut ainsi se constituer, mais à tout moment cette chaîne peut se briser en cellules indépendantes.

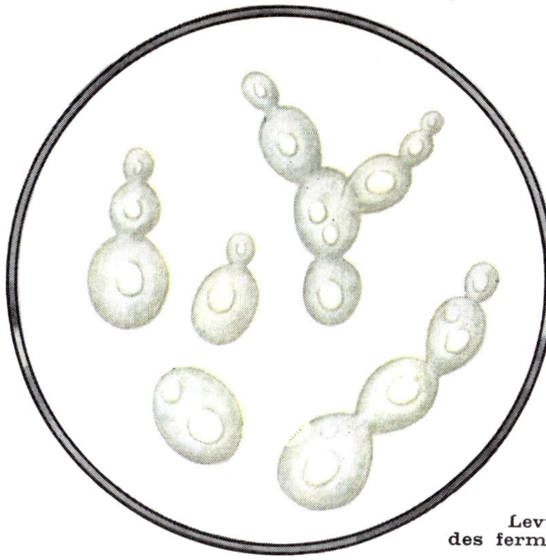

Levures des fermentations

Les Moisissures sont aussi des Champignons. Elles sont beaucoup plus volumineuses que les Bactéries et les Levures. La partie principale de la moisissure est constituée par des filaments blancs dont la masse constitue le " mycélium ". Du mycélium s'élèvent de petites tiges portant les spores. Les spores sont les semences des Moisissures; elles germent et donnent de nouvelles Moisissures. Ce sont les spores qui leur donnent leur couleur. Les plus communes sont noires, vertes ou bleues.

Les Moisissures croissent sur la plupart des substances d'origine animale ou végétale. Celles qui envahissent les aliments sont bien désagréables; toutefois de nombreux fromages doivent leur saveur particulière aux moisissures qui s'y sont développées. Les moisissures qui se développent sur le cuir, le papier, les étoffes ou la laine gâtent ces substances et, à la longue, les décomposent. Tout récemment, on a pu extraire de certaines moisissures des substances comme la Pénicilline et l'Auréomycine qui sont précieuses pour combattre des maladies très graves.

Bactéries fixatrices d'azote sur les racines de Légumineuse

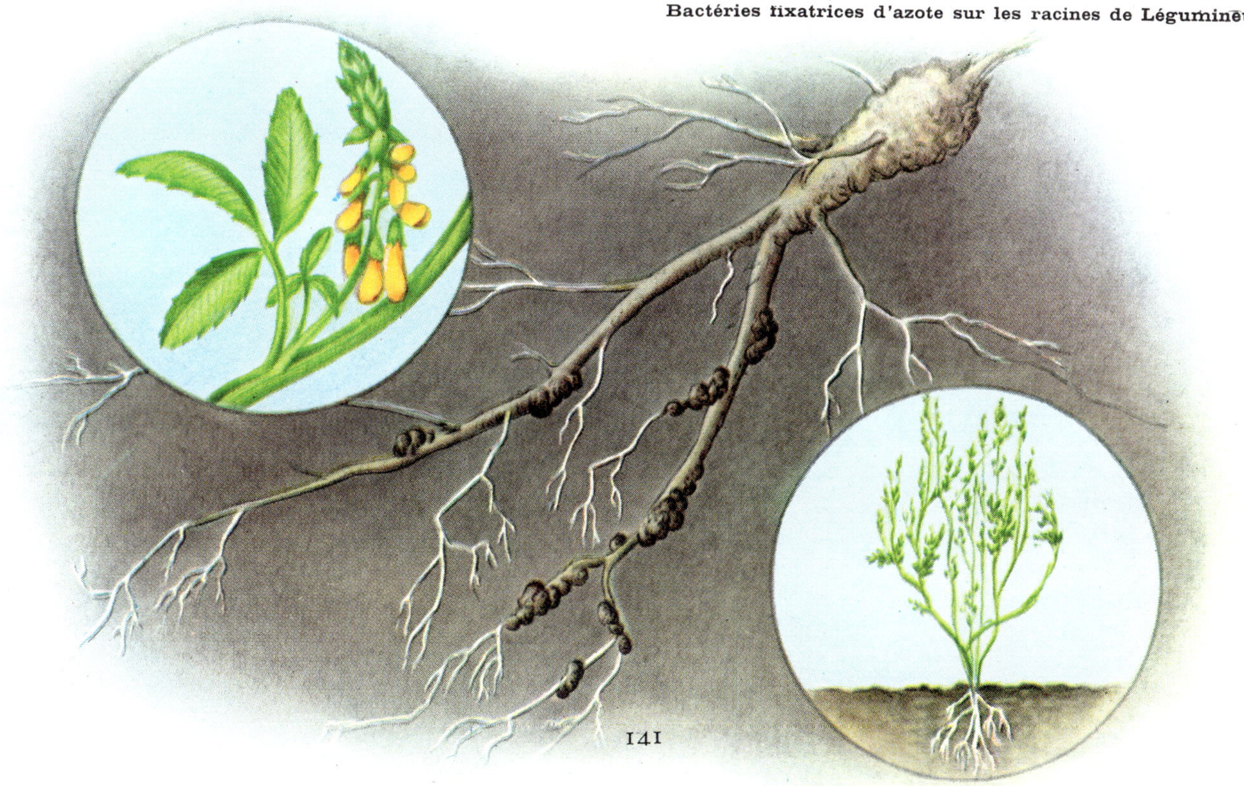

Histoire du développement du Champignon blanc des prés

Il est de nombreux Champignons beaucoup plus volumineux que les Moisissures. Toutefois leur organisation générale est analogue à celle des Moisissures.

La partie principale de la plante est encore une masse de filaments blancs, le mycélium. Sur le mycélium se développent des carpophores qui portent les spores. La différence essentielle entre les Moisissures et les Champignons est que le carpophore des Champignons est beaucoup plus gros que celui des Moisissures. Ce que l'on appelle habituellement un Champignon représente seulement le carpophore; le mycélium est généralement bien caché dans la terre, le fumier ou le bois sur lesquels poussent les Champignons.

La gravure ci-dessus retrace l'histoire du Champignon blanc des prés. Une spore germe dans le sol humide; un filament blanc très fin se développe. Il puise sa nourriture dans les substances végétales en décomposition dans le sol. Ces filaments s'accroissent et se ramifient, ils envahissent le sol et peuvent se développer pendant plusieurs semaines sous la terre.

Mais bientôt de petites masses arrondies apparaissent sur le mycélium; ce sont les futurs carpophores du Champignon. Ces petits champignons grossissent rapidement et apparaissent à la surface du sol.

Lorsqu'un Champignon blanc des prés apparaît, il ressemble à un bouton blanc et rond. Mais il s'accroît rapidement et s'étale comme un parapluie, c'est le chapeau du champignon. Le manche du

Lycoperdon perlé

Polypore soufré

Hydne coralloïde

Une touffe de Coprins noir d'encre

parapluie est le pied ou " stipe " du champignon. Lorsque le chapeau s'étale, il abandonne une collerette autour du pied. Le chapeau peut s'accroître beaucoup; on a trouvé des Champignons des prés atteignant 10 à 12 centimètres de diamètre, mais ils sont généralement plus petits.

Sous le chapeau on peut voir de nombreux replis minces; ce sont les lamelles. Elles se répartissent autour du centre comme les rayons d'une roue. Les lamelles sont roses lorsque le chapeau vient de s'épanouir; plus tard elles deviennent brunes et enfin presque noires. Le dessin du chapeau devient plus sombre lui aussi.

Les lamelles sont couvertes de spores. Les spores sont brunes lorsqu'elles sont mûres. Elles sont si nombreuses qu'il faudrait plus de 20 années à une personne pour compter une par une les spores d'un seul champignon.

Lorsque les spores sont mûres, la plupart tombent sur le sol. Le vent les disperse. Et un animal, un insecte, par exemple, qui vient se frotter contre le champignon peut aussi en entraîner avec lui.

Tous les Champignons ont une histoire analogue à celle du Champignon blanc des prés. Mais ils ne portent pas tous leurs spores de la même façon. Le Coprin noir d'encre a des lamelles tout comme le Champignon des prés. Ces lamelles sont d'abord blanches, mais lorsque les spores sont mûres, les lamelles se transforment en un liquide visqueux noir comme de l'encre.

Le Lycoperdon perlé porte ses spores à l'intérieur d'une sorte de petite massue; lorsqu'il est mûr, la massue se brise au sommet et il s'en échappe un nuage de spores. Le Polypore soufré porte ses spores dans des tubes qui s'ouvrent à la face inférieure du carpophore. L'Hydne coralloïde, si curieux, porte ses spores sur de petites dents, la Morille dans les cavités de sa surface, et la Clavaire sur ses nombreux rameaux.

Une Morille

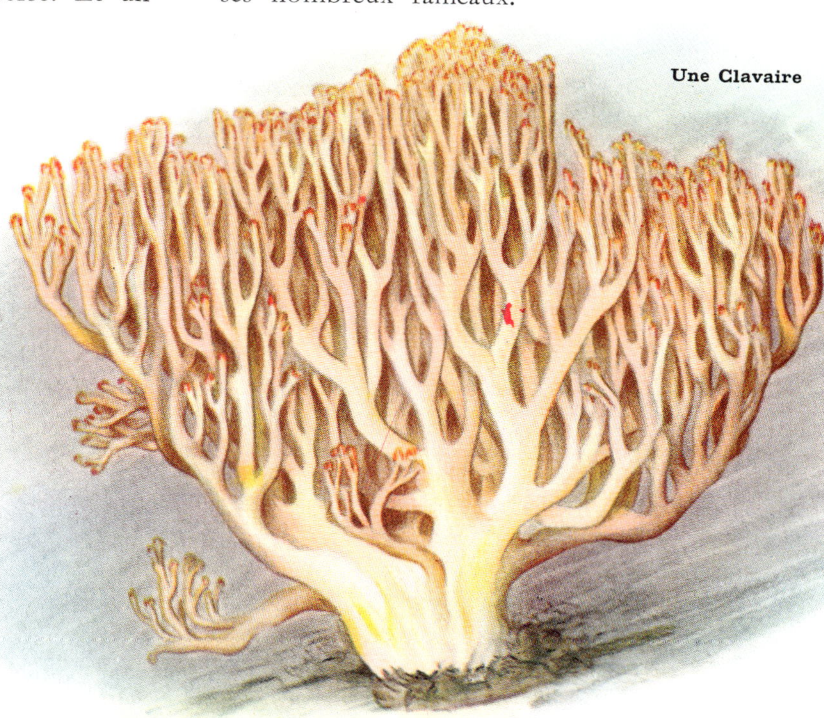

Une Clavaire

Mycène en casque

Pholiote ridée

Lactaire délicieux

Coprin chevelu

Polypore commun

La plupart des Champignons figurés sur ces deux pages produisent leurs spores sur des lamelles, tout comme le Champignon des prés. Le Polypore commun fait exception. Comme le Polypore soufré, il forme ses spores sur la paroi de tubes, à sa face inférieure. Celle-ci est presque blanche. Ce champignon pousse sur les troncs d'arbre comme une sorte de tablette plus ou moins étalée.

Les noms de la plupart des champignons figurés s'expliquent aisément. Le Lactaire délicieux laisse couler un jus laiteux de couleur orangée et de saveur douce; le chapeau du Coprin chevelu est couvert de poils hérissés; le Mycène en casque est petit et en forme de clochette; la Lépiote à spores vertes a ses spores et ses lamelles vertes.

Le Pleurote de l'olivier, d'un beau jaune orangé,

ᵓleurote de l'Olivier
•horescent dans l'obscurité)

Amanite vineuse
(ou rougeâtre)

ıote à spores vertes

manite printanière
(mortelle)

ıanite tue-mouches

émet des lueurs phosphorescentes dans l'obscurité; l'Amanite vineuse devient rose ou rougeâtre là ou elle est froissée; l'Amanite tue-mouches est plus ou moins visqueuse au sommet et attire les insectes. L'Amanite printanière, d'un blanc virginal, est un champignon mortel. Il n'y a guère que deux champignons mortels et ce sont tous les deux des Amanites que l'on reconnaît aisément à leur volve et à leurs lamelles toujours blanches; ce sont les Amanites phalloïde (v. p. 128) et printanière. L'Amanite printanière est le plus dangereux des champignons figurés sur cette page, mais on doit également éviter de manger les autres champignons représentés ici. Par contre, aucun des champignons figurés sur la page opposée n'est toxique bien qu'ils ne soient pas tous comestibles. Le Mycène en casque est trop petit pour être récolté, le Polypore commun est trop ligneux pour être consommé.

" Rond de sorcières "

De tous les champignons comestibles, c'est le Champignon blanc des prés que l'on mange probablement le plus souvent. Cette espèce est cultivée, c'est le Champignon de couche. Parmi les autres champignons fort appréciés comme aliment on peut citer les Morilles et les Cèpes.

Malheureusement, certains champignons toxiques ressemblent beaucoup à des champignons qui sont comestibles. Aussi faut-il tout d'abord bien apprendre à reconnaître les espèces dangereuses. Elles sont peu nombreuses et il est facile d'observer et de retenir leurs caractères distinctifs. Alors on sera sûr de ne jamais s'empoisonner en consommant les champignons que l'on aura récoltés. Mais il ne faut jamais se fier aux recettes de " bonne-femme " pour distinguer les bons champignons des mauvais. Il n'est pas exact que les limaces ou les insectes évitent les mauvais champignons; bien au contraire l'Amanite phalloïde (voir p. 128) est souvent attaquée par les limaces et c'est un champignon mortel pour l'homme. De même il est inexact de dire que les mauvais champignons changent de couleur lorsqu'on les brise, alors que les bons ne changeraient pas; l'Amanite phalloïde ne change pas de couleur et elle est mortelle, tandis que certains Bolets qui bleuissent sont d'excellents comestibles. La seule bonne méthode est d'apprendre à connaître et à reconnaître les caractères des différentes espèces de Champignons.

Autrefois on pensait que les anneaux ou les cercles formés parfois par certains champignons étaient des cercles magiques ou des " ronds de sorcières ". Les botanistes savent maintenant que le mycélium se développe sous la surface du sol dans toutes les directions à partir de la spore initiale et forme ainsi un cercle.

De tous les Champignons, aucun ne cause plus de dégâts aux cultures que les Rouilles des céréales, qui peuvent ravager des champs entiers. Les Rouilles ressemblent à des Moisissures, mais certaines d'entre elles ont un cycle de développement fort complexe. Elles passent une partie de leur vie sur une plante et une autre partie sur une autre plante. La Rouille du blé, par exemple, passe une partie de sa vie sur l'Epine-vinette.

Comparées aux 75.000 espèces de Champignons, les autres plantes qui ne sont pas vertes ne constituent qu'une toute petite partie du règne végétal. Trois d'entre elles sont représentées sur la page ci-contre. Toutes les trois sont beaucoup plus " élevées " dans le règne végétal que ne sont les Champignons. Ce sont toutes des plantes à fleurs. Mais elles n'ont pas de feuilles vertes et ne peuvent assurer l'assimilation chlorophyllienne.

Certaines plantes sans chlorophylle, comme on l'a déjà mis en évidence, prennent leurs aliments aux plantes ou aux animaux vivants sur lesquels elles se développent : ces plantes sont dites parasites. Les Bactéries qui causent des maladies sont parasites; quelques espèces de Moisissures, mais quelques-unes seulement, sont parasites; les Polypores qui poussent sur les troncs d'arbres vivants et quelques autres espèces de champignons sont parasites; les Rouilles sont parasites. Il y a aussi des parasites parmi les plantes à fleurs qui sont dépourvues de chlorophylle. L'Orobanche en est une.

L'Orobanche se développe sur les racines d'autres plantes. Il y a plusieurs espèces d'Orobanche; chacune se développe sur une espèce de plante qui lui est propre.

Si une graine d'Orobanche tombe sur le sol humide, elle germe et la jeune Orobanche commence à pousser. La graine contient suffisamment de réserves pour permettre la croissance pendant quelque temps. Mais la jeune plante ne tarde pas à mourir à moins qu'elle ne trouve une plante sur laquelle elle puisse vivre en parasite avant d'avoir épuisé toutes les réserves stockées dans la graine.

Le Monotrope Suce-Pin est parfois appelé " la fleur de spectre " parce qu'elle est toute blanche. Cependant certains pieds ne sont pas aussi blancs que les autres et quelques-uns sont rose pâle ou jaunâtre au lieu d'être blancs.

Parfois le Monotrope Suce-Pin pousse sur les racines d'une autre plante. Mais en général il puise sa nourriture dans les substances végétales en décomposition dans le sol. Il croît le plus souvent sur les tas de feuilles mortes ou de rameaux dans les bois touffus. Il y a presque toujours une masse de filaments mycéliens autour des racines du Suce-Pin. Il est probable que ces filaments mycéliens lui permettent de mieux puiser la nourriture dont il a besoin sur le bois mort ou les feuilles en décomposition.

La Cuscute s'enroule autour des autres plantes; elle est toujours parasite. Cette plante grimpante n'a ni racines, ni feuilles. Elle doit tirer l'eau aussi bien que les substances nutritives des plantes sur lesquelles elle vit; pour cela elle envoie des suçoirs dans la tige de ces plantes. On l'appelle parfois " la mauvaise herbe qui étouffe ".

Il y a au moins une centaine d'espèces de Cuscute, mais elles sont toutes semblables. Certaines ont pour hôte une espèce végétale bien déterminée. L'une d'elles, par exemple, ne pousse jamais sur une autre plante que le Trèfle. Mais beaucoup de Cuscutes croissent sur presque n'importe quelle espèce de plante verte qu'elles peuvent atteindre. Elles nous rappellent un vieux dicton : " les mendiants ne peuvent pas être exigeants ".

L'une des plus grosses fleurs de tout le règne végétal est celle d'une plante parasite, la Rafflesia, qui pousse seulement dans les régions tropicales. Une fleur de Rafflesia peut atteindre un mètre de diamètre. Mais elle est épaisse et charnue et n'a pas de jolies couleurs. De plus elle a une odeur repoussante. Les Rafflesias sont bien loin d'être les plus attrayantes des plantes sans chlorophylle.

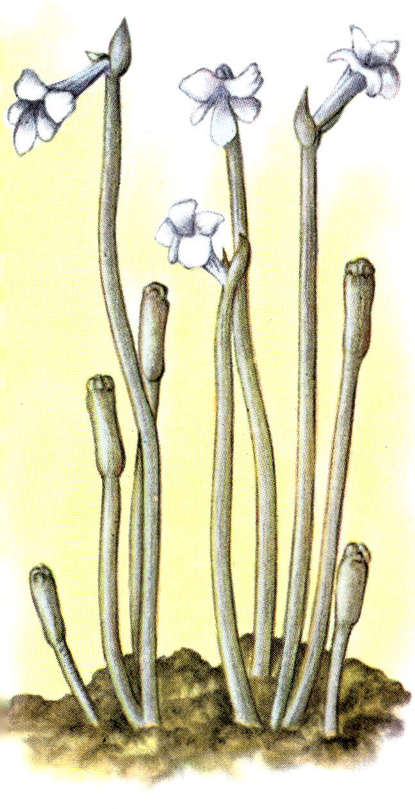

Orobanche exotique

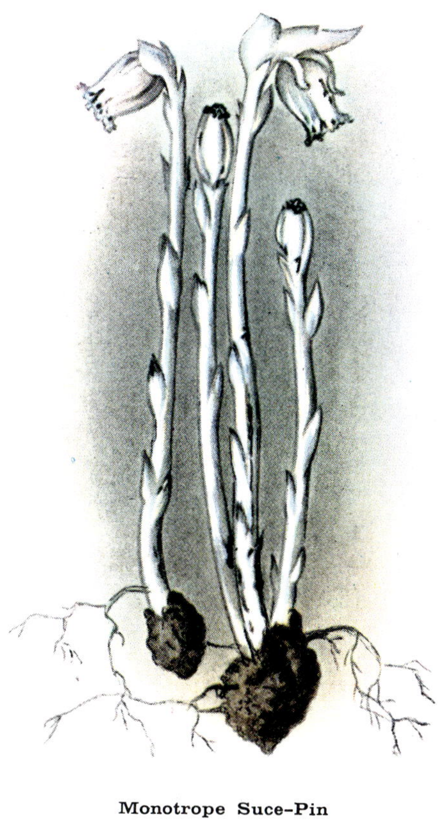

Monotrope Suce-Pin

Cuscute sur le Trèfle

Les légumes

Tous les légumes sont des plantes vertes. Ils emmagasinent dans certains de leurs organes la nourriture qu'ils fabriquent et ce sont ces organes que l'on consomme. Les racines sont les organes de réserve les plus fréquents; carottes, navets, betteraves, radis, panaïs, patates sont tous des racines, qui ont l'avantage de pouvoir se conserver facilement. Bien que les pommes de terre ressemblent assez à des racines, elles ont tous les caractères d'une tige; ce sont des tiges souterraines renflées en tubercules. On raconte que lorsque les Pommes de terre ont été cultivées pour la première fois en Allemagne, les gens ne comprirent pas tout de suite quelle partie de la plante ils devaient manger. Il y en eut qui consommèrent les petites boules vertes, c'est-à-dire les fruits de la plante, et ils en gardèrent un mauvais souvenir. Près de renoncer à la pomme de terre, ils apprirent heureusement qu'ils devaient manger les tubercules. Et le nouveau légume fut particulièrement apprécié.

Les asperges et les céleris consommés comme légumes sont également des tiges, mais ce ne sont pas des tubercules; ils poussent au-dessus du sol et les fibres qu'on y trouve sont les vaisseaux du bois de la plante.

D'autres plantes mettent en réserve la nourriture dans les semences. Le Maïs, le Pois, le Haricot sont parmi celles-là. Dans ce cas, ce sont les graines que l'on consomme. Il n'en est pas de même chez les Potirons et les Courges; ici, on laisse les graines et on ne mange que la partie charnue qui les enveloppe, c'est-à-dire ce qui est, en langage botanique le fruit. Pour les savants, en effet, un fruit n'est pas nécessairement sucré et doux; un fruit, c'est un organe de la plante, qui contient les graines.

Quand on mange des potirons, des citrouilles, des courges et des melons, on laisse les graines; on les mange avec le fruit dans le cas des tomates, des aubergines, des cornichons et des haricots verts.

Les Tomates ont été cultivées avec les plantes à fleurs des parterres et des massifs, bien avant qu'on ait eu l'idée de les manger. On les appelait alors " pommes d'amour " et on les croyait empoisonnées. Maintenant, la tomate est un légume très fréquemment consommé.

Laitue

Un chou-fleur est en réalité un bouquet de fleurs. Quand on mange un Brocolis, on mange en même temps la tige et les fleurs. La Laitue, l'Epinard et le Chou sont des légumes feuillus, de même que le Persil, le Chou frisé et le Cresson. Les Choux de Bruxelles sont de petits bouquets de feuilles, c'est-à-dire de petits choux. Quelques légumes à racines ont aussi des feuilles qui sont bonnes à manger; il y a même des gens qui préfèrent les feuilles des betteraves et des navets à leurs racines.

L'Oignon est un bulbe; on appelle ainsi un organe constitué principalement de feuilles épaisses qui se recouvrent les unes les autres; ces feuilles, le plus souvent souterraines, sont incolores.

La plupart des légumes stockent de l'amidon; d'autres mettent en réserve du sucre; cela ne doit d'ailleurs pas surprendre puisque le sucre et l'amidon sont les aliments que les plantes vertes fabriquent à partir de l'eau et du gaz carbonique. La Pomme de terre renferme surtout de l'amidon. Certains légumes contiennent assez de sucre pour avoir une saveur sucrée; il en est ainsi du Maïs doux, de la Patate, de la Betterave.

L'amidon et le sucre ne sont pas les seuls aliments fournis par les légumes ; pois et haricots renferment également pas mal de protéines et peuvent ainsi remplacer la viande.

Enfin, les légumes sont riches en vitamines et en sels minéraux. Le fer et le calcium nous sont fournis surtout par les légumes feuillus; la vitamine C se trouve en quantité notable dans les légumes verts et les tomates. Tous les légumes jaunes, Carottes, Citrouilles, Patates apportent la vitamine A.

Un bon régime alimentaire ne peut se concevoir sans légumes. Dans la ration journalière, il doit y avoir deux légumes différents, sans compter la pomme de terre. L'un doit être consommé cru, l'autre étant un légume vert ou jaune. Beaucoup de légumes vendus sur nos marchés sont originaires de diverses parties du monde; il suffit pour s'en rendre compte de consulter le planisphère p. 151.

Peut-être serait-il possible de transformer certaines plantes sauvages en légumes savoureux. Pissenlits et Doucettes sont cueillis dans les prés; mais on les cultive aussi dans les jardins. Il est peu probable que l'on puisse augmenter beaucoup le nombre des légumes à partir des plantes sauvages. Et l'on doit se trouver satisfait d'avoir obtenu dans nos potagers un certain nombre de légumes originaires d'autres pays.

Comme le planisphère le montre, l'Amérique du Sud nous a fourni quelques-uns de nos meilleurs légumes. Mais la plupart de ceux que l'on cultive dans nos jardins viennent d'Europe, d'Asie et d'Afrique. Le Proche-Orient, berceau de la civilisation, en a fourni sa part. Si nous ne voyons pas sur la carte le Brocolis, le Chou-fleur, le Chou de Bruxelles et le Chou frisé, c'est parce que toutes ces espèces descendent du Chou sauvage d'Europe. Tous les légumes ont été améliorés au cours des siècles grâce au travail patient des jardiniers. L'his-

Citrouille

Betterave

Aubergine

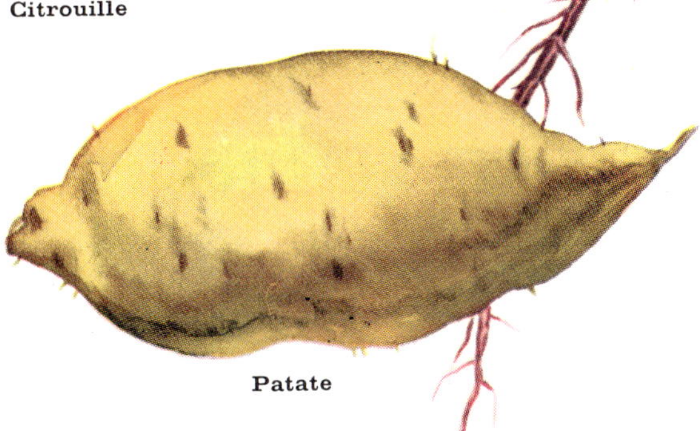

Patate

Courge

Pois en gousses

toire de la Pomme de terre de Burbank montre bien comment on peut obtenir un meilleur légume. Il y a longtemps, Luther Burbank, dont les recherches agronomiques sont bien connues, s'aperçut qu'une baie inhabituelle se formait sur l'un des pieds de Pomme de terre de son jardin. Chacun sait que les Pommes de terre ne sont pas obtenues dans les champs à partir des graines, mais à partir des tubercules. Burbank pensa qu'il pouvait obtenir de nouvelles semences et il surveilla soigneusement la baie nouvelle en formation. Quand la baie fut mûre, il la cueillit et il en sortit les graines. Elles étaient au nombre de 23 seulement. Semées, au printemps suivant, elles germèrent. Le moment de la récolte venu, il examina soigneusement les pommes de terre de chaque pied; quelle ne fut pas sa surprise en constatant que les tubercules différaient tous d'un pied à l'autre ! Les uns étaient tout petits et de forme curieuse; les autres avaient des yeux enfoncés profondément, d'autres avaient une peau rugueuse..., etc. En somme, aucun de ces tubercules nouveaux n'était meilleur que les anciens tubercules. Il y en eut tout de même quelques-uns dont certaines qualités furent jugées particulièrement intéressantes. Deux plants furent obtenus à partir de ces tubercules, qui donnèrent des grosses pommes de terre à écorce lisse, bien différentes de toutes celles qu'on vendait jusque-là sur les marchés. Un examen minutieux des nouvelles pommes de terre apprit à Burbank que celles d'un plant étaient légèrement meilleures que celles de l'autre. Il garda les premières en vue d'une nouvelle récolte. Toutes donnèrent des tubercules savoureux. Il sélectionna les meilleurs pour obtenir de nouveaux plants, l'année suivante. Il obtint alors de grosses pommes de terre, parfaitement lisses, et en quantité suffisante pour les vendre et les faire connaître. C'est ainsi que fut obtenue la Pomme de terre de Burbank. Nous voyons donc que la sélection, si elle est bien conduite, permet d'améliorer les légumes et d'obtenir de nouvelles variétés.

L'histoire du Haricot de Lima va nous apprendre qu'on peut améliorer les légumes d'une autre façon.

Un jour de l'été 1850, un homme qui se promenait le long d'une route de campagne, en Virginie, découvrit un pied de Haricot nain. Il l'arracha soigneusement et le planta dans son jardin. La culture du Haricot de Lima était à ce moment assez désagréable, parce que les plants formaient de longues

Tomate sans, graines

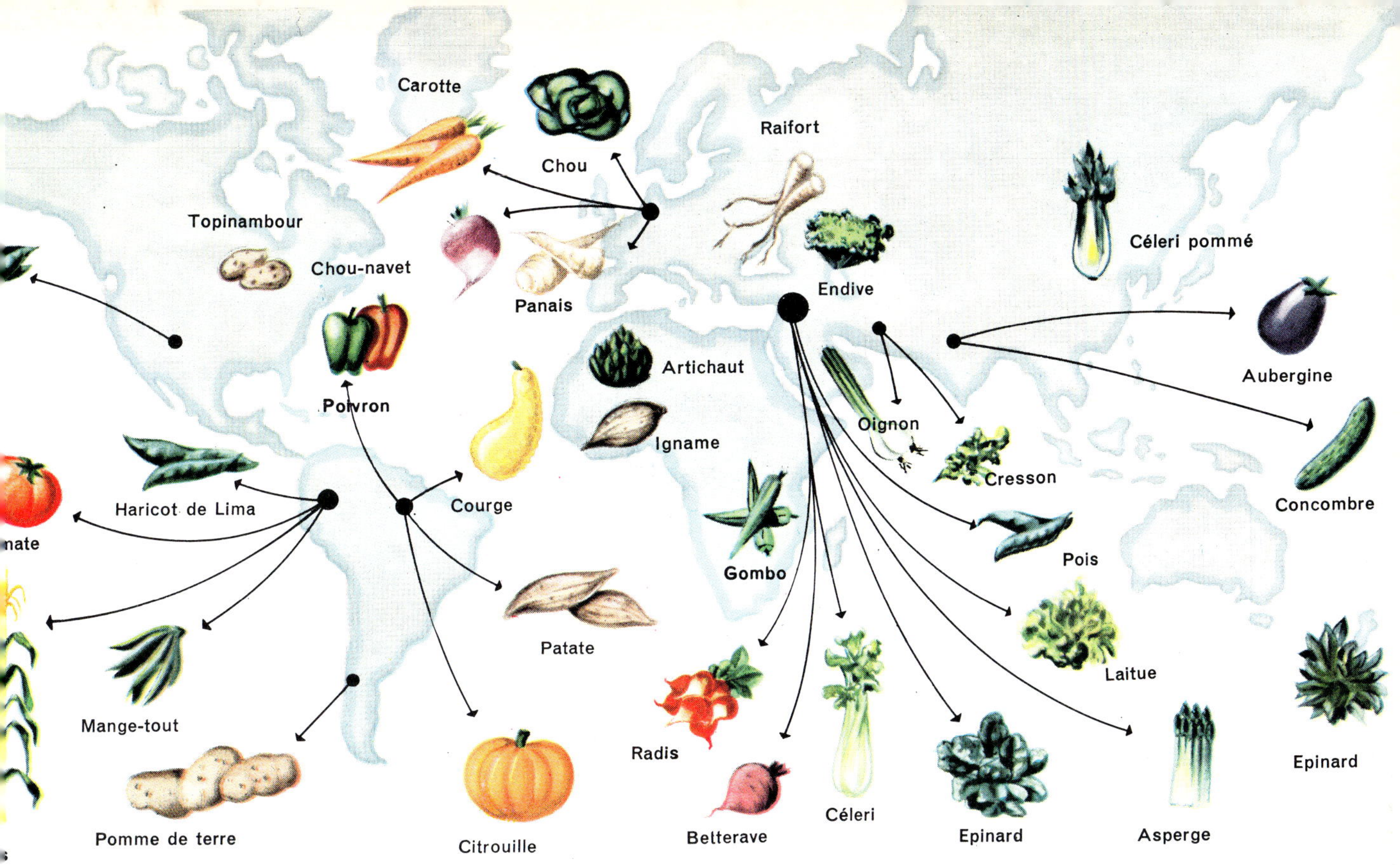

ORIGINE DE NOS LEGUMES

pousses et qu'il fallait enfoncer de nombreuses rames dans les champs pour leur permettre de grimper. On aurait donc bien voulu une variété buissonnante, qui eût évité l'emploi des rames. Les graines de l'unique pied de Haricot nain furent semées et l'on n'obtint que des plantes naines. Une nouvelle variété du Haricot de Lima pouvait maintenant être cultivée. Comme le premier plant de Haricot nain fut trouvé dans un champ de Haricot à rames, il est certain qu'il provenait d'une graine de la même variété. Seulement, cette graine avait des caractères différents de ceux des parents.

On appelle mutant la variété nouvelle qui apparaît ainsi soudainement. Le mot mutant signifie changement. En général, les mutants qui apparaissent ne valent pas les parents, dont ils proviennent. Mais une surveillance attentive peut en faire découvrir de meilleurs, et il est fort possible que les nombreux légumes obtenus à partir des Choux, ne soient que des mutants.

Un autre moyen d'améliorer les légumes consiste à croiser des variétés différentes. On obtient ainsi des hybrides. Comment s'y prend-on pour les obtenir ? La réponse sera donnée dans le chapitre des fleurs.

En fertilisant le sol, il est également possible d'avoir de meilleurs légumes. Des savants ont, en effet, constaté que des Tomates cultivées dans un champ peuvent être beaucoup plus riches en vitamines que celles cultivées dans un autre. L'emploi de certains produits chimiques, appelés régulateurs de croissance, a permis d'obtenir des tomates dites " sans graines ". En réalité, les graines existent encore, mais elles sont moins nombreuses et la pulpe est moins abondante que dans les autres tomates.

Les sélectionneurs disposent donc de moyens variés pour produire des légumes nouveaux et meilleurs; leurs travaux sont encouragés et des prix récompensent les meilleurs résultats.

Grappe de raisin

Les fruits

Dans les boutiques ou sur les marchés, on trouve aujourd'hui des fruits de toutes sortes. On les fait venir des diverses parties du monde. Les fruits arrivent de nos vergers par camions, trains et même avions. Un bon régime alimentaire comporte obligatoirement des fruits. Leur consommation est d'ailleurs si agréable qu'on a pris l'habitude d'en manger tous les jours. Les fruits contiennent beaucoup de sucre. C'est une substance énergétique. Et il vaut mieux prendre le sucre des fruits que sous la forme de sucre en morceaux ou cristallisé. Les fruits nous donnent en plus des vitamines et des sels minéraux et parmi eux, les agrumes, citrons, oranges, mandarines, pamplemousses sont particulièrement riches en vitamine C Les prunes et les dattes donnent du fer.

Si les légumes sont les parties d'une plante, qui varient selon les espèces, il n'en est pas de même des fruits. Les fruits sont tous l'enveloppe dans laquelle les plantes qui les portent emmagasinent leurs graines. Mais bien que tous les fruits soient des enveloppes de graines, ils sont organisés sur des modèles différents. Certains fruits n'ont qu'une graine, alors que d'autres en ont plusieurs. Chaque type de fruits a un nom. Un grain de raisin contient plusieurs graines situées dans une pulpe molle, le tout étant entouré par une peau. La groseille à maquereau, la groseille ordinaire, la myrtille, la grenade, la canneberge, etc., sont du même type.

Variété de pommes

Personne n'a l'habitude d'appeler un raisin une baie; c'est pourtant le nom des fruits, dont les graines sont logées dans une pulpe. Un raisin est une baie, de même qu'une orange. Et il en est ainsi de tous les agrumes, bien que la pulpe soit divisée en sections.

La pomme est le type des fruits à pépins; les pépins sont les graines que l'on trouve dans le " cœur " du fruit. Du même type sont les poires et les coings. Certains fruits ont des graines très nombreuses, souvent une centaine; c'est le cas des melons d'eau ou pastèques et des melons ordinaires, dont la peau est épaisse.

D'autres fruits n'ont au contraire qu'une seule graine et elle est logée dans un noyau. A ces fruits, les savants ont donné le nom de drupes. On peut citer la cerise, l'abricot, la pêche et la prune.

Dans quelle catégorie faut-il placer les framboises et les mûres ? On pense aussitôt aux baies, mais chaque grain d'une mûre renferme un petit noyau à une seule graine; une mûre est donc un groupe de petites drupes, c'est-à-dire une drupe composée. La même observation nous conduit à dire qu'une fraise n'est pas non plus une baie, pas plus qu'une drupe, d'ailleurs. Les graines sont, en effet, à l'extérieur de la pulpe, que l'on peut comparer à une sorte de coussinet à la surface duquel sont fixées les semences. Beaucoup d'autres fruits pourraient encore être cités, qui sont de modèles différents : la figue et l'ananas, par exemple.

Nous avons dit que beaucoup de fruits étaient importés de divers pays du monde. En regardant la carte de la page 155, on voit que les fruits actuellement récoltés dans notre pays ont une origine étrangère. Il n'y a guère que les groseilles qui soient originaires d'Europe.

Autre variété de pommes
" Golden delicious "

On constate parfois que plusieurs régions ont donné le même fruit : les raisins sauvages ont été trouvés dans l'Ancien et dans le Nouveau Monde.

Il y a des fruits importés qu'on ne peut cultiver chez nous, parce que le climat ne convient pas. La Banane, par exemple, ne prospère que dans des pays très chauds et très humides.

Les fruits devaient constituer une partie importante de la nourriture de nos ancêtres et il est fort probable que l'homme des cavernes mangeait des cerises, des pommes et des prunes sauvages. En tout cas, les fruits qu'il consommait étaient certainement très différents de ceux que l'on achète aujourd'hui sur les marchés. Et l'on peut ajouter qu'il ne connaissait pas certains fruits que nous aimons consommer. C'est que nous avons réussi à améliorer toutes sortes de fruits; nous avons même obtenu des variétés nouvelles. Pour arriver à ces résultats, nous avons procédé comme avec les légumes. Les plantes ont été cultivées dans des conditions meilleures que celles qu'elles connaissaient à l'état sauvage. On les a, en outre, sélectionnées, c'est-à-dire qu'on a cultivé les plantes nouvelles issues de parents dont les caractères ont été jugés particulièrement avantageux. Ainsi ont été obtenues, génération après génération, des améliorations importantes.

De plus, des mutants apparaissaient de temps en temps, comme chez les légumes. Les jardiniers se sont mis à guetter les mutants; dès qu'ils apparaissaient, ils étaient l'objet de tous leurs soins, si les caractères nouveaux se montraient avantageux. De nombreuses variétés nouvelles ont été ainsi obtenues.

La framboise de Logan, représentée ci-dessous, ne figure pas sur la carte. C'est qu'elle n'a jamais poussé à l'état sauvage. En 1881, le juge Logan de Santa Cruz, en Californie, découvrit une nouvelle forme de fruit parmi les framboises rouges de sa récolte. Ce fut l'origine de la framboise de Logan.

L'orange de Navel (sans pépins) est apparue de la même façon sur un rameau d'un oranger ordinaire.

Pour améliorer les fruits, les jardiniers ont également appliqué la méthode des croisements entre variétés différentes. Beaucoup de variétés de fruits présentées dans les catalogues ont été obtenues de cette façon; ce sont des hybrides.

Framboise de Logan

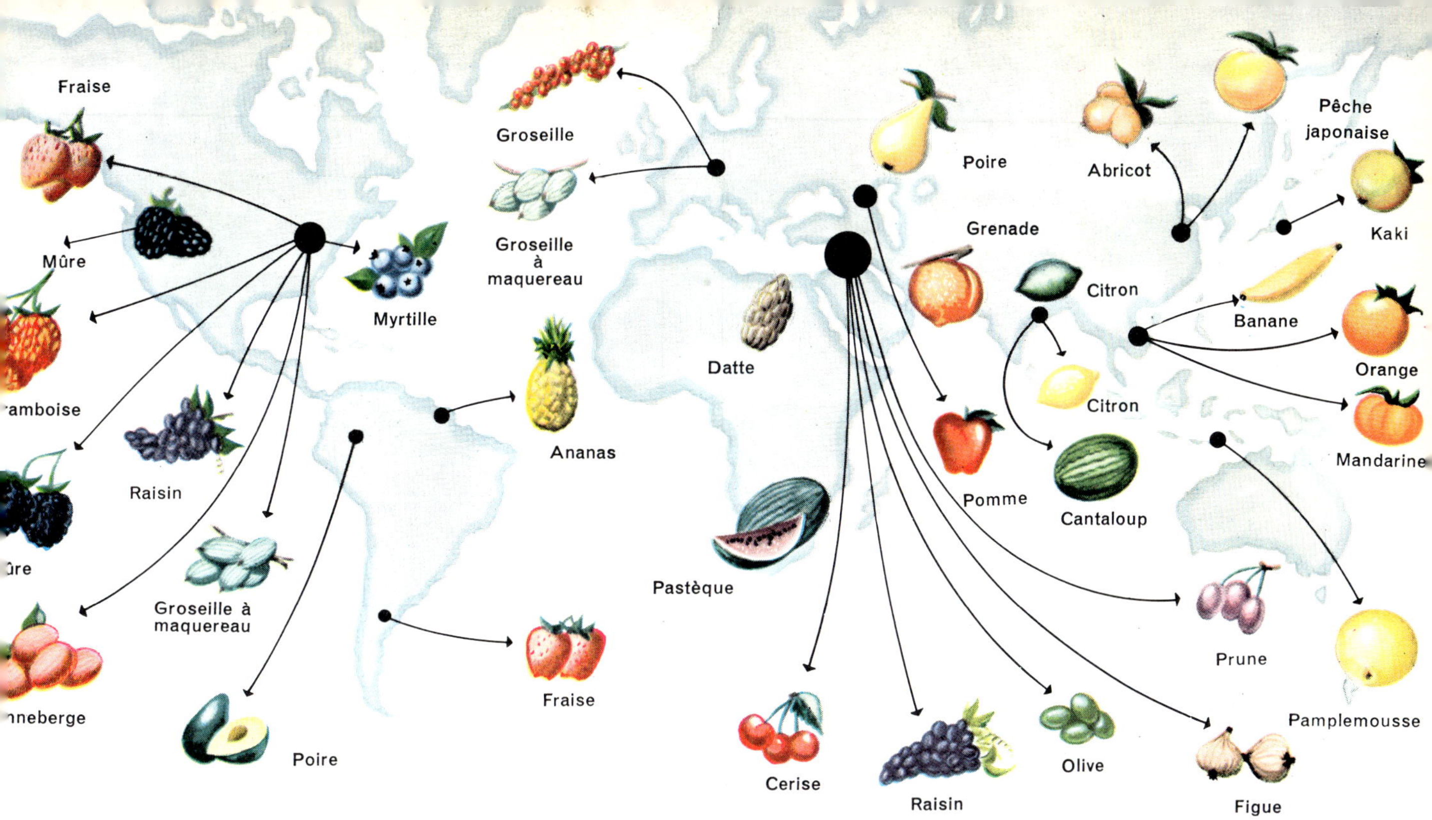

ORIGINE DE NOS FRUITS

La pomme représentée en haut de la page 154 est probablement un hybride dû au hasard, c'est-à-dire un hybride que personne n'a aidé à apparaître; à moins que ce soit un mutant. Tout ce que l'on peut dire, c'est qu'elle apparut dans un verger de Virginie et qu'elle fut aussitôt l'objet de soins attentifs. La framboise de Logan est peut-être aussi un hybride de hasard.

Certains fruits ont été obtenus en croisant des variétés assez différentes. C'est ainsi que Luther Burbank réussit à créer le brugnon en croisant la prune et l'abricot. Le " citrange " provient du croisement de l'orange douce et de l'orange amère, le tangelo d'une mandarine et du pamplemousse.

On n'a malheureusement rien pu obtenir en croisant des espèces différentes; personne n'a pu croiser la pomme et la poire; mais cet obstacle n'empêchera pas que des fruits nouveaux soient encore obtenus. Un nouveau fruit est une création au même titre qu'une nouvelle machine. Celui qui l'obtient reçoit un brevet et la variété nouvelle est enregistrée dans les catalogues des pépiniéristes.

Les lieux de production des fruits sont souvent très éloignés des lieux de consommation; et les fruits s'abîment vite. On a donc cherché à accélérer leur transport et on a construit des voitures frigorifiques. Dans certains cas, les fruits sont expédiés alors qu'ils sont encore verts Après leur arrivée, on emploie souvent des régulateurs de croissance qui précipitent leur maturation. Dans la main de bananes figurée ci-dessous, quelques fruits sont verts alors que d'autres sont jaunes. Cette différence s'explique aisément : les bananes mûres ont été frottées avec un chiffon imprégné de régulateurs de croissance.

Grâce aux découvertes des savants, il devient donc relativement facile d'obtenir de meilleurs fruits dans les conditions les plus favorables.

Main de Bananes

Fleurs de Saule

Lis

Tulipe

Inflorescences de Graminées

Orme

Érable

Les fleurs

Le botaniste qui voudrait connaître le nom de toutes les espèces de plantes à fleurs aurait à apprendre 200.000 noms environ.

Parmi les fleurs, toutes ne sont pas belles à voir. Certaines sont si discrètes que la plupart des gens qui les voient par hasard ne les prennent pas pour des fleurs. Les chatons des Noisetiers et des Saules ne sont pas pour tout le monde des "bouquets" de fleurs. Et les fleurs du Chêne, de l'Orme, de l'Erable, celles de la plupart des herbes sont-elles souvent observées et reconnues ? Au contraire, la plupart des fleurs figurées sur ces 2 pages attirent toujours l'attention et quelques-unes d'entre elles sont même cultivées dans nos jardins ou achetées chez le fleuriste. Sept fleurs appartiennent à la classe des Monocotylédones : 2 fleurs de Graminées, le Lis de Pâques, la Tulipe, le Trillium, le Narcisse et l'Orchis. Une fleur de Graminée est l'une des fleurs les plus simples dans le groupe des Monocotylédones; une fleur d'Orchis est, au contraire, l'une des plus compliquées.

Les autres fleurs, bien entendu, appartiennent aux Dicotylédones. Il y a bien 300 familles de plantes à fleurs et pour les reconnaître, c'est surtout la fleur qu'il faut étudier. Huit familles distinctes sont représentées sur les pages 156 et 157. Les 2 inflorescences sont celles de plantes qu'on appelle couramment des herbes; elles appartiennent à la famille des Graminées, qui est la famille la plus importante des plantes à fleurs. Elle comprend : le Blé, le Seigle, l'Avoine, l'Orge, le Maïs, le Riz et la Canne à sucre.

L'Erable appartient à la famille des Erables, le Saule à la famille des Saules, et l'Orme à la famille des Orties. La famille du Lis comprend outre le Lis de Pâques, la Tulipe et le Trillium. C'est une famille nombreuse à laquelle appartiennent aussi la Jacinthe et le Muguet. Le Narcisse est le type d'une famille voisine, celle des Amaryllis.

Trillium

Narcisse des poètes

Les Orchis ont donné leur nom à la famille. La plupart des Orchidées que nous avons l'habitude de voir sont des plantes sauvages, mais il y en a que l'on cultive et que l'on admire dans les expositions. Parmi les Orchidées sauvages, on en trouve aussi de très belles; le Sabot de Vénus est une espèce appréciée.

Les 4 autres fleurs de la page 157 appartiennent à l'importante famille des Composées. C'est un nom bien choisi, car chaque prétendue fleur se compose de fleurs minuscules. En somme, on a affaire à un " bouquet " de fleurs.

Toutes les fleurs de Composées ne sont pas construites sur le même plan. La Pâquerette a 2 sortes de fleurs; celles de la périphérie ne sont pas les mêmes que celles du centre. Le Pissenlit, au contraire, a des fleurs toutes du même type. Et l'on voit bien que les fleurs de l'Aster et du Tournesol ressemblent à celles de la Pâquerette.

Parmi les autres familles bien connues et importantes, on peut citer la famille des Pois et celle des Roses.

Dans la première se placent, outre le Pois, le Pois de senteur, le Haricot, la Luzerne et le Trèfle. La famille des Roses comprend non seulement toutes nos roses, mais la plupart de nos fruits; pomme, poire, pêche, fraise et framboise, sont toutes cousines des roses de nos jardins. Le tableau de la page 210 donne une idée de la variété des plantes à fleurs; dans chaque famille quelques noms des types les mieux connus sont indiqués. Leur lecture réserve toujours quelque surprise.

Orchidée

Marguerite

Pissenlit

Aster

Tournesol

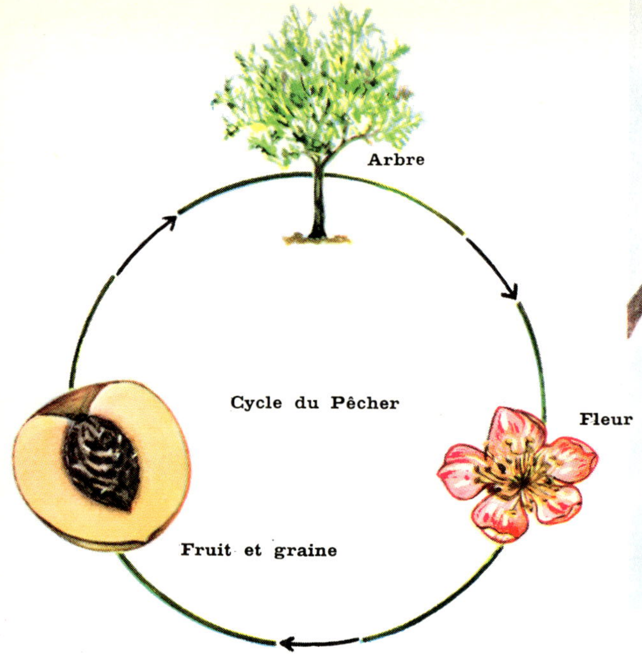

Fleurs de Pêcher

Les fleurs, qu'elles soient ternes ou magnifiques, ont toutes le même rôle, celui de produire des semences.

Prenons l'exemple de la fleur du Pêcher. Si on la dissèque, on voit bien 4 groupes de pièces. Au centre, c'est le pistil, sorte de vase vert à long col; près de lui et l'entourant, de petites tiges roses portent chacune un sac bourré de pollen jaune ; ce sont les étamines. Autour des étamines, 5 pétales d'un rose vif forment la corolle de la fleur. Enfin, un anneau de 5 sépales, vert-rougeâtre, entoure les pétales.

Dans la partie renflée du pistil, il y a 2 corpuscules qui sont les ovules. Ces ovules sont à l'origine des graines. Chaque ovule contient des cellules femelles. Chaque grain de pollen renferme au contraire des cellules mâles. Les cellules mâles des grains de pollen doivent atteindre les cellules femelles des ovules pour que ceux-ci puissent se transformer en graines. Les cellules mâles et les cellules femelles doivent donc se rejoindre, autrement dit les ovules doivent être fécondés.

Dès que la fleur de Pêcher s'ouvre, les abeilles viennent chercher le nectar. En s'enfonçant dans la fleur, leur corps se frotte contre les étamines et il se poudre de pollen. Au cours de la visite d'une fleur voisine, il se frotte contre le pistil, dont le sommet gluant retient quelques grains de pollen. L'un des dessins de la page 158 montre l'étape suivante de cette intéressante histoire. Le pistil a été coupé en long pour montrer non seulement l'ovule, mais le long tube fin produit par un grain de pollen au cours de sa germination. Ce tube va s'allonger jusqu'à atteindre l'ovule; une cellule mâle entrera en contact avec une cellule femelle et l'ovule ainsi fécondé sera prêt à se transformer en graine.

Nous avons dit plus haut qu'il y avait 2 ovules dans le pistil de la fleur de Pêcher. Après fécondation, seul l'un des 2 ovules devient une graine. L'autre dégénère aussitôt. C'est pourquoi on ne trouve qu'une graine dans une pêche. Les pétales, les étamines et les sépales se dessèchent et tombent; il en est de même de la partie supérieure du pistil. Seule la partie renflée du pistil, ou ovaire, persiste et se transforme. L'ovule fécondé qu'elle contient grossit rapidement jusqu'à donner une grosse graine de pêche. Pendant ce temps, la paroi de l'ovaire devient la chair du fruit. Quand la pêche est mûre, elle est prête à devenir un nouveau pêcher. L'arbre nouveau fleurira, les fleurs donneront des semences et les semences de nouveaux pêchers. Le cycle arbre, fleurs, fruits et graines, se répète sans arrêt.

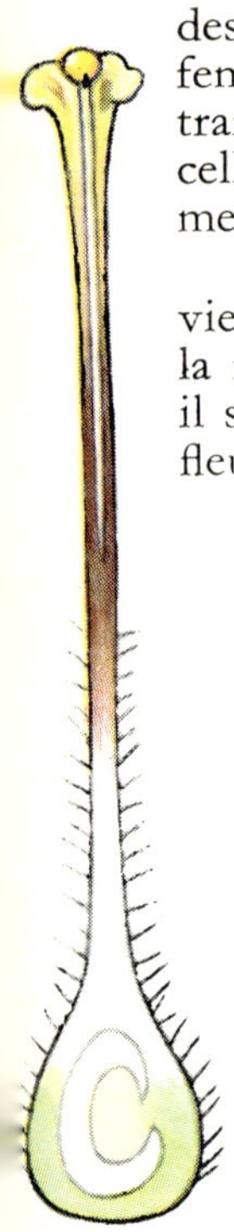

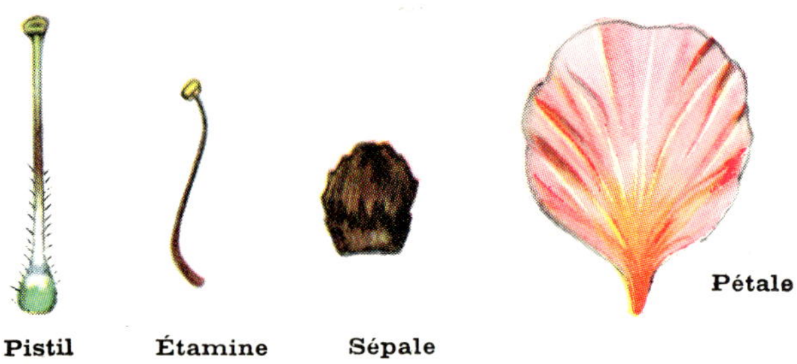

Pièces d'une fleur de Pêcher

Bourdon dans une fleur d'Ancolie

Toutes les fleurs dites complètes ont les 4 sortes de pièces que nous venons de décrire dans la fleur du Pêcher. Mais il y a des fleurs incomplètes. Les fleurs de Saules sont même réduites au minimum indispensable. Aux unes il manque les sépales, les pétales et les étamines, aux autres, les sépales, les pétales et le pistil. Autrement dit, certaines fleurs n'ont que des étamines, tandis que les autres n'ont que le pistil. Seule une petite bractée verte en forme de feuille protège la partie fertile de la fleur.

Les chatons des Saules sont des bouquets de fleurs à étamines. En général, ces chatons sont sur un arbre tandis que les fleurs à pistil sont sur un autre. Et il est évident que les arbres portant les fleurs à étamines ne peuvent pas produire de graines. Ils ne peuvent que donner le pollen qui fécondera les fleurs à pistil. On appelle plantes dioïques, des plantes qui n'ont pas à la fois des fleurs à pistil et des fleurs à étamines sur le même pied. Diœcie veut dire 2 foyers.

Le Peuplier, comme le Saule, est une plante dioïque. Les chatons rougeâtres qui tombent de certains peupliers sont des bouquets de fleurs à étamines.

Certaines plantes, qui ont également les 2 sortes de fleurs, portent ces fleurs sur le même pied. Le Maïs est dans ce cas. C'est une plante monoïque.

Chez la plupart des Graminées les fleurs ont à la fois des étamines et un pistil, mais il leur manque les pétales et les sépales.

Les fleurs de l'Orme et de l'Erable sont également incomplètes, mais seuls les pétales sont absents. On voit ainsi, par les quelques exemples cités, que les fleurs des Dicotylédones présentent des types nombreux et variés.

Chez les Monocotylédones aussi on trouve des espèces de fleurs différentes. Le Trillium a une fleur complète. Autour du pistil, toujours central, on compte 6 étamines, 3 pétales blancs et 3 sépales verts. Comme le Trillium, le Lis, la Tulipe et le Narcisse ont également les 4 sortes de pièces florales. Mais on ne peut manquer d'être surpris en constatant que les sépales ressemblent aux pétales. Pour les distinguer, il faut se rappeler que les sépales sont externes et qu'ils forment un anneau autour des pétales. Dans les fleurs d'orchidées, les sépales et les pétales, vivement colorés, ont une forme très variable d'une espèce à l'autre et il est difficile de les reconnaître.

Les fleurs peuvent être complètes, tout en étant de très petite taille. Il en est ainsi des fleurs du Pissenlit. Les 5 pétales soudés forment la languette jaune. A l'extérieur, les sépales sont hérissés de poils raides et blancs. Un pistil se dresse au centre de la fleur, et on compte autour de lui 5 étamines formant manchette. Chez la Marguerite, les petites fleurs n'ont pas de sépales, celles de la périphérie, à languette blanche, n'ont pas d'étamines. Mais toutes ont des pétales et un pistil.

L'Ancolie, figurée ci-dessus, a des pétales pourvus chacun d'un éperon. Entre eux sont les sépales qui forment le calice, de même couleur que la corolle.

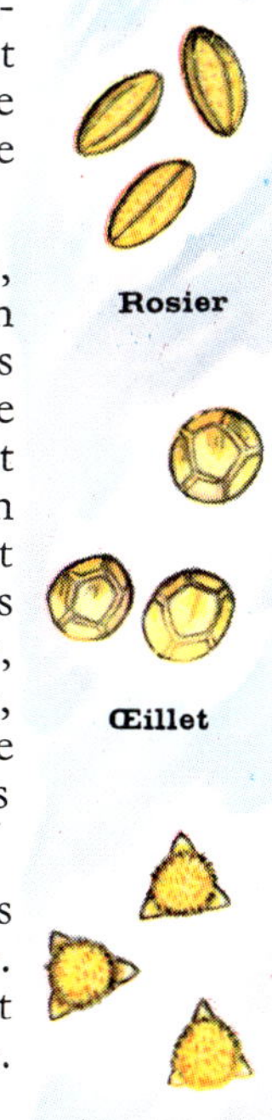

Grains de pollen, grossis.

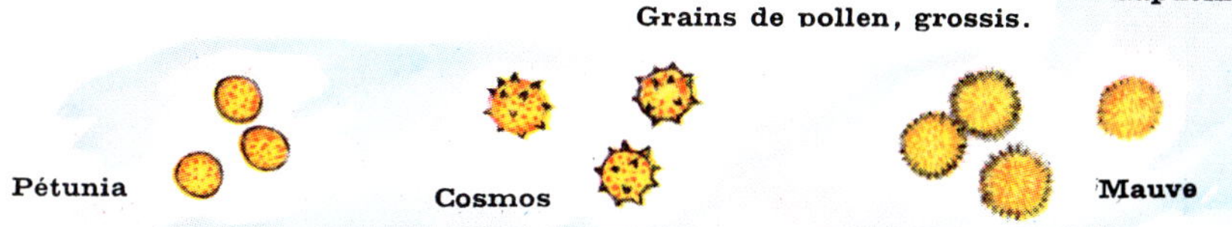

Trèfle rouge

Églantier

Violette

Marguerite

Les fleurs que l'on voit sur ces pages sont des fleurs sauvages qui apparaissent au cours du printemps et de l'été. Leurs pétales permettent de les distinguer facilement. Ceux de l'Eglantier et de la Gyroselle sont également roses, mais n'ont pas la même forme. Chez la Consoude et l'Adlumia, les pétales sont soudés, mais pas de la même façon.

Les " fleurs " de Trèfle et de Marguerite se composent de nombreuses petites fleurs, dont les pétales sont encore différents. On voit donc que les pétales aident beaucoup à déterminer les plantes.

Si cette aide est insuffisante, il est bien rare que les sépales ne fournissent pas des caractères intéressants. Le minuscule calice de la Consoude diffère beaucoup des sépales pétaloïdes de la " Langue de Serpent ". Dans un grand nombre de fleurs, les étamines et le pistil ne sont pas faciles à voir et cependant leur étude est d'un grand secours à celui qui cherche à reconnaître les plantes. C'est que les étamines diffèrent beaucoup d'un groupe de fleurs à l'autre. Tandis que l'Eglantier a de nombreuses étamines, la Consoude n'en a que 5. Les filets des étamines peuvent n'avoir pas la même longueur; les sacs à pollen eux-mêmes et les grains de pollen présentent des différences.

Les pistils montrent aussi des variations étendues. Si l'Eglantier a de nombreux pistils, toutes les autres fleurs figurées ici n'en ont qu'un. Les pistils diffèrent encore par la taille, la forme, et le nombre des ovules qu'ils contiennent. Le niveau de leur point d'attache, par rapport à la corolle et au calice, permet aussi, dans certains cas, de distinguer les fleurs.

Si l'on compare la fleur d'une " Langue de Serpent ", qui est une Monocotylédone, à celle d'une Violette, qui est une Dicotylédone, on voit que les pièces florales de la première sont au nombre de 3 ou d'un multiple de 3, tandis que celles de la seconde sont au nombre de 5. Presque toutes les fleurs des Dicotylédones ont leurs pièces au nombre de 5 ou d'un multiple de 5.

Podophylle

Adlumia

Gyroselle

Consoude

Langue de Serpent

A première vue, il semblerait qu'il n'y ait aucun problème biologique en ce qui concerne la fécondation des fleurs qui ont à la fois des étamines et un pistil. Mais il arrive souvent que la fécondation ne peut se produire que si le pollen est apporté d'une autre fleur et plus fréquemment d'une autre plante de la même variété. En d'autres termes, chez de nombreuses fleurs, la fécondation ne peut avoir lieu que s'il y a pollinisation croisée. Le vent transporte facilement le pollen et beaucoup de fleurs sont ainsi pollinisées par le vent. Mais les insectes ont un rôle encore plus important. Des fleurs vivement colorées ou parfumées attirent les insectes qui peuvent les polliniser en les visitant.

La pollinisation du Trèfle rouge est réalisée par les Bourdons. Au cours de l'histoire de la Terre, les insectes et les plantes à fleurs sont entrés en relation et se sont liés les uns aux autres. Cette liaison a été bénéfique pour tous. On a pu comparer les pétales brillants à des messages sollicitant l'aide des insectes pour transporter le pollen de fleur en fleur. C'est, en effet, au moment où les sacs à pollen s'ouvrent que les pétales sont particulièrement beaux et le parfum spécialement efficace.

Bien entendu, les insectes pollinisateurs ignorent qu'ils aident les plantes; les vives couleurs et les parfums des fleurs jouent le rôle de la cloche qui appelle les convives pour le dîner.

Beaucoup de fleurs sauvages apparaissent au printemps dans les prés et dans les bois. On en trouve, bien avant que les arbres aient toutes leurs feuilles. A la fin de l'hiver, quand les arbres sont encore dépouillés de leur feuillage, le soleil peut atteindre le sous-bois et réveiller les plantes qui s'y trouvent. Ces plantes vivent plusieurs années et on les dit pérennantes.

Elles emmagasinent des aliments dans des bulbes, des racines ou des tiges souterraines. Disposant ainsi de réserves immédiatement utilisables, elles peuvent fleurir rapidement. Sous un soleil printanier, leurs feuilles fabriquent des aliments qui sont stockés pour être utilisés l'année suivante au moment d'une floraison nouvelle. Bien que la plupart des fleurs printanières soient pérennantes, aucune de leurs parties végétatives ne subsiste en hiver au-dessus du sol. Rien ne permet de dire que ces plantes vivent encore dans le sous-bois. Au lieu de perdre seulement leurs feuilles avant l'hiver, comme font les ormes et les rosiers, les plantes pérennantes des bois, en général, perdent toutes les parties aériennes, qui se dessèchent et meurent.

Les fleurs sauvages représentées sur ces 2 pages apparaissent plutôt à la fin de l'été et au cours de l'automne; on ne les trouve pas souvent dans les bois, mais très fréquemment au bord des routes. Presque toutes sont pérennantes; au contraire, l'Hélianthe est une plante annuelle, c'est-à-dire qu'elle naît d'une graine, se développe, fleurit et fructifie en une seule saison. Le cycle de développement d'une Composée voisine, la Rudbeckie, s'étend sur deux ans; il s'agit là d'une plante bisannuelle.

Parmi les fleurs sauvages, il y en a qui sont peu exigeantes et qu'on rencontre à peu près n'importe où. Elles forment une bonne partie de ce que les jardiniers appellent de l'herbe. Encore ne faut-il pas juger trop vite les herbes. Tout le monde est d'accord pour placer le Pissenlit dans les mauvaises herbes lorsqu'il envahit nos pelouses; mais n'est-il pas au contraire une herbe utile quand on le cueille dans les prés pour faire une bonne salade ?

Certaines de nos plus belles fleurs sauvages sont sur le point de disparaître, car on a manqué de précaution, en les récoltant. Si on cueille toutes les fleurs, il est évident qu'elles ne peuvent plus produire de semences et l'espèce est en danger. Pour faire un bouquet, il n'est pas rare qu'on arrache toute la plante; on l'arrache aussi pour la planter dans son jardin, mais presque toujours, elle meurt au cours de la transplantation.

On détruit encore les fleurs sauvages, en modifiant leur habitat naturel. On coupe les bois et on laboure les prairies. On passe la faux ou on met le feu au bord des routes et sur les talus de chemin de fer; on nettoie les champs pour avoir de meilleures récoltes. Tôt ou tard, nos fleurs sauvages disparaîtront à moins que chacun participe à la protection de ces plantes.

Les amateurs de belles fleurs sauvages savent bien qu'il en est qu'on trouve très difficilement. Le beau " Sabot de Vénus " est de celles-là.

Heureusement pour elles, certaines fleurs sauvages ont des aptitudes étonnantes à résister aux conditions défavorables. Dans les régions désertiques, certaines plantes produisent leurs graines en un temps record, pendant qu'il y a de l'eau. D'autres attendent patiemment plusieurs années avant de fleurir. Une Agave ne donne ses fleurs qu'à 20 ou 25 ans et elle meurt peu après.

Hémérocalle

Phytolaque

Roses hybrides

Beaucoup de plantes obtenues à partir d'un grand nombre de variétés sont cultivées uniquement pour la beauté de leurs fleurs.

Il suffit de consulter les catalogues des fleuristes pour avoir une idée de leur nombre. Bien entendu, tous les ancêtres de nos fleurs cultivées vivaient autrefois à l'état sauvage. Nous avons vu comment les jardiniers les avaient transformés; les modifications ont été parfois si profondes que nous ne pourrions reconnaître leurs ancêtres, si nous avions la possibilité de les retrouver. Prendriez-vous pour une tulipe la fleur dessinée au bas de la page, si vous n'étiez renseigné ? Cette Tulipe sauvage vit encore dans certaines régions de l'Asie occidentale; que de différences elle présente avec les somptueuses Tulipes que nous cultivons maintenant !

Les jardiniers n'ont cessé d'améliorer nos fleurs, comme ils l'ont fait pour nos fruits et nos légumes. Sélectionner consiste à guetter l'apparition des mutants, à prendre soin de ceux qui sont avantageux et à obtenir des hybrides.

Les 3 Roses figurées ci-dessus sont des hybrides. En connaissant les pièces florales, on peut mieux comprendre comment ces hybrides ont été produits. Croiser 2 plantes à fleurs consiste à prendre le pollen des fleurs d'une variété et à le déposer sur le pistil des fleurs de l'autre variété. Le jardinier peut imaginer des roses dont les caractères nouveaux feraient plaisir à la clientèle. Il va donc chercher à modifier la couleur, la forme et le nombre des pétales. Peut-être obtiendra-t-il une plante plus résistante, qui grimpe bien, qui se contente d'un sol pauvre ou qui résiste aux insectes et aux maladies. Prenons un exemple. Un jardinier dispose de 2 variétés de rosiers. L'une est un rosier grimpant, résistant, aux fleurs d'un jaune vif. L'autre est aussi un rosier grimpant, vigoureux, résistant bien au froid, mais dont les fleurs sont blanches. Comme les 2 variétés fleurissent en même temps, il détache les pétales, les sépales et les étamines de plusieurs roses d'un plant, celui à fleurs jaunes, par exemple, puis avec un pinceau, il enlève un peu de pollen des roses blanches, pour le déposer sur le pistil des roses jaunes. Les roses jaunes ainsi pollinisées sont maintenant enfermées dans des sacs de papier pour empêcher tout pollen étranger de les atteindre. Peut-être le jardinier n'obtiendra-t-il aucun résultat convenable. Le pollen de la rose blanche peut très bien se révéler inefficace. Si des graines se forment, peut-être donneront-elles des plants accumulant tous les défauts des parents. Mais il peut se faire aussi qu'on obtienne les caractères désirés. Il faut expérimenter pour le savoir.

Tulipe sauvage

Et il est évident que le jardinier pouvait croiser les 2 plantes dans l'autre sens, c'est-à-dire déposer le pollen de la rose jaune sur le pistil de la rose blanche. Les résultats auraient pu être, soit meilleurs, soit pires.

Dans ses jardins de Californie, Luther Burbank, dont nous avons déjà parlé, a obtenu un hybride de qualité, la Marguerite de Shasta. La Rose de la Paix est un hybride plus récent, qui a obtenu une mention officielle.

Des organismes ont dû être créés pour estimer les hybrides obtenus par les pépiniéristes et les jardiniers. Chaque hybride a son rang dans une échelle des valeurs. Si une variété de Pivoine, par exemple, est marquée 9,8 au catalogue, c'est que l'ensemble de ses qualités la fait approcher du maximum fixé à 10. Ainsi estimée 9,8 elle est reconnue meilleure qu'une autre variété de Pivoine notée 7,2. D'autres fleurs ont également un numéro dans les catalogues; on y trouve, par exemple, des Jonquilles, des Iris, des Tulipes, etc.

Les particuliers eux-mêmes se sont mis au travail pour essayer d'obtenir des fleurs nouvelles. Il est peu de villes qui ne cherchent à embellir leurs jardins publics. Comme pour le cinéma, des festivals de fleurs sont organisés : festival de tulipes, de lilas, d'azalées... Et puis, n'est-ce pas une intéressante distraction que de chercher à avoir de jolies fleurs ?

Tulipes cultivées

Breeder

Perroquet

Pavot

Volubilis

Belle-de-Nuit

Capucine

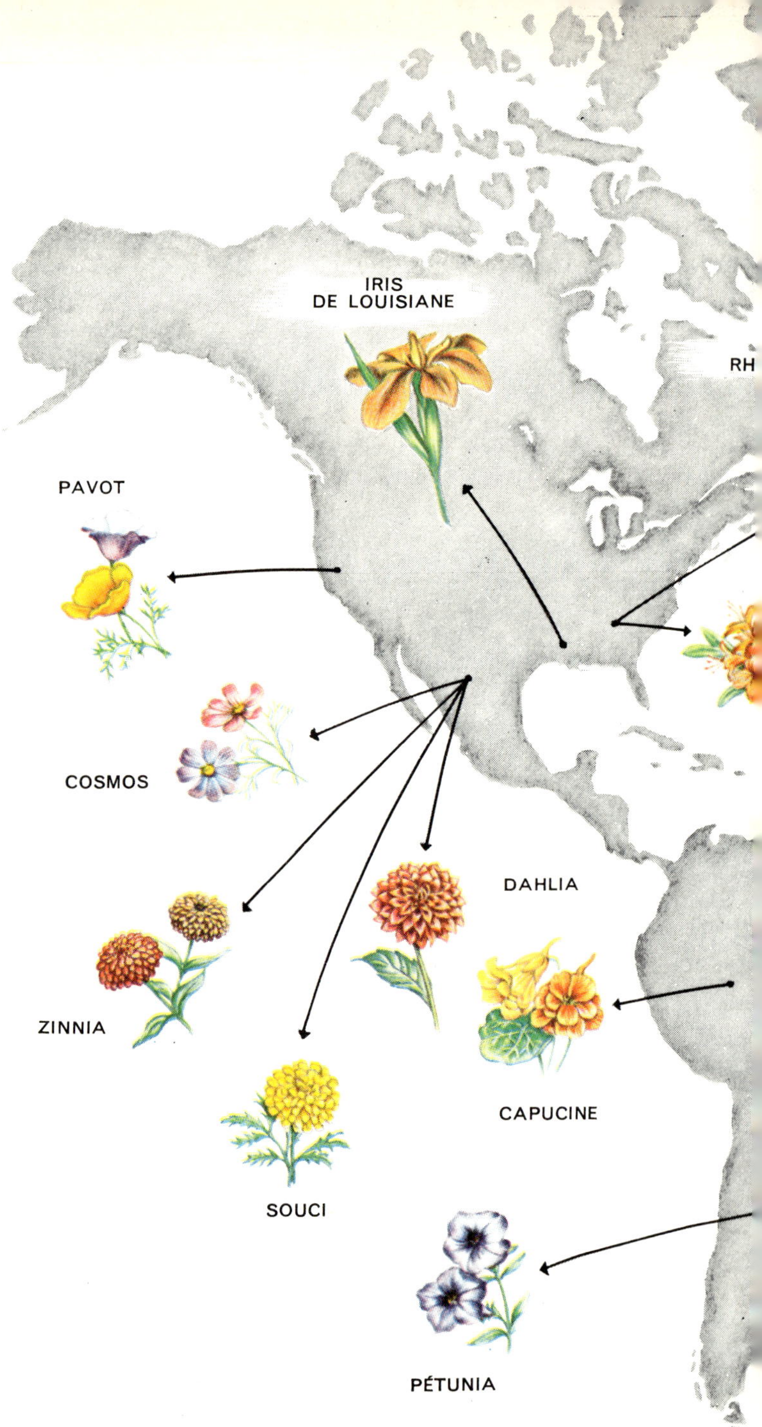

ORIGINE DE QUELQUES FLEURS COMMUNES
DE NOS JARDINS

Nos jardins de fleurs sont peuplés d'espèces d'origine étrangère, comme le sont nos potagers et nos vergers. On y trouve aussi des fleurs sauvages qui accompagnent les fleurs cultivées. Elles côtoient les Roses trémières qui viennent d'Asie, les Capucines de l'Amérique du Sud et les Glaïeuls d'Afrique.

Certaines des plantes de nos jardins sont originaires du Mexique. Ce pays a tant de belles fleurs qu'il est devenu la terre d'élection des amateurs de fleurs.

Il y a des plantes à fleurs qui ont dû faire un voyage long et compliqué avant de pousser dans nos jardins.

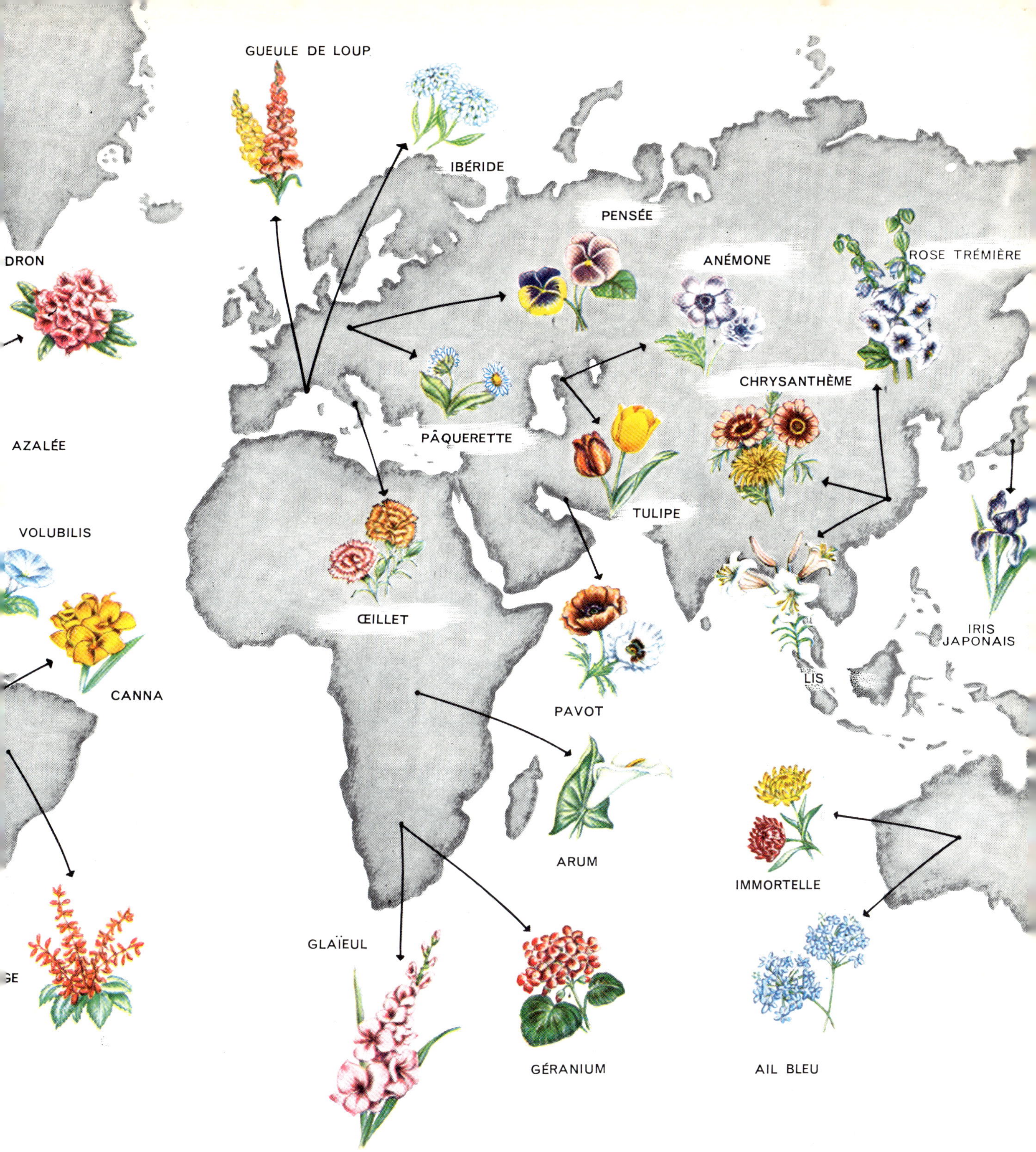

Si l'on compare la carte ci-dessus avec celle de la page 151, on voit que le Pétunia et la Pomme de terre nous sont venus de la même région de l'Amérique du sud. Cela n'est d'ailleurs pas surprenant, car ces 2 plantes sont cousines; elles appartiennent toutes deux à la famille des Morelles (Solanées). Le Volubilis et la Patate ont une origine également sud-américaine; elles viennent de la même région et sont aussi deux cousines; elles appartiennent à la famille des Liserons (Convolvulacées). Les Asperges, les Oignons, les Tulipes sont originaires du Sud-Ouest de l'Asie; et ces 3 espèces sont membres de la famille des Lis (Liliacées).

L'Ibéride et le Chou font partie de la famille des Moutardes (Crucifères). Ces 2 plantes sont européennes.

Certaines des belles fleurs de nos jardins étaient déjà cultivées au temps des empereurs de Chine et des jardins monastiques de l'Europe médiévale. Elles faisaient déjà une bordure magnifique et parfumée aux grandes routes qui menaient aux temples aztèques.

Les graines

Une graine comprend une plante minuscule, de la nourriture pour cette plante et une enveloppe protectrice. La petite plante à l'intérieur de la graine est parfois appelée l'embryon ou plantule.

Aucune autre partie de la graine ne peut se développer. Une graine peut paraître intacte à l'extérieur, mais si la plantule est morte, la graine ne germera jamais.

Les graines des jardins laissées plus d'une année sans être semées ne seront souvent plus bonnes l'année suivante. De nombreuses plantules seront mortes. Cependant, des graines vieilles de plus d'un siècle ont pu germer.

Le tableau de la page 126 montre que les plantes à fleurs sont divisées en deux grands groupes : les Monocotylédones et les Dicotylédones. Les Monocotylédones ont une plantule ne comportant qu'une seule feuille ou “ cotylédon ”, la plantule des Dicotylédones possède deux feuilles ou “ cotylédons ”. Ces deux grands groupes de plantes doivent leur nom à la constitution de leurs graines.

Un grain de Maïs présente la disposition d'ensemble d'une graine de Monocotylédone; la plantule n'occupe qu'une petite partie de la graine, le reste est rempli par les aliments qui ont été stockés et sont à sa disposition. La petite plante n'a qu'une feuille qui ne quitte jamais la graine; lorsqu'un grain de Maïs germe, sa plantule, en se développant, se fraie un chemin à travers l'enveloppe : par l'intermédiaire du cotylédon, elle digère les réserves stockées dans le grain.

Le Haricot et le Ricin sont des Dicotylédones. La graine de Haricot est constituée comme la plupart des graines de Dicotylédones. La plantule n'est pas entourée de réserves, mais les réserves sont stockées dans deux épaisses feuilles séminales ou “ cotylédons ”. Ce sont précisément ces deux cotylédons qui ont donné son nom au groupe. La petite plante remplit ainsi toute la graine. Lorsqu'un Haricot germe, la tige de la jeune plante soulève les deux cotylédons hors de l'enveloppe et même hors du sol. Bientôt, après que la plus grande partie des réserves a été utilisée, les cotylédons se détachent et tombent.

Dans les graines de Ricin, les deux cotylédons sont très minces. Mais ils sont entourés par les réserves. Il est facile de débarrasser une graine de Ricin de son enveloppe et de trouver les réserves qui constituent l'albumen. Cet albumen est formé d'amidon et d'huile.

Les graines sont de tailles très différentes. Les plus petites sont les graines d'Orchidées, qui sont si petites et si légères qu'elles peuvent être entraînées par un souffle comme de la poussière; les plus grosses sont les Noix de Coco qui peuvent peser plus d'une livre. Les graines sont formées et mûries dans les fleurs. Certaines fleurs sont énormes, d'autres sont toutes petites. Mais les grosses fleurs ne produisent pas nécessairement de grosses graines, bien au contraire.

Grain de Maïs

Graine de Ricin

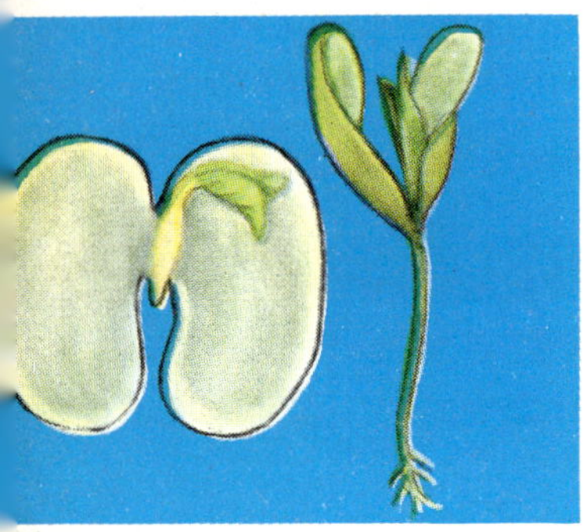

Graine et plantule de Haricot

Pétunia

Noyer

Pois de senteur

Peuplier de Virginie

Les Pétunias sont plus grands que les Pois de senteur, mais les graines de Pois sont beaucoup plus grosses que les graines de Pétunia. Les fleurs des Noyers sont beaucoup moins grandes que celles des Pois, mais leurs semences sont beaucoup plus grosses. Les graines des plus grosses et des plus belles Orchidées sont aussi petites que des grains de poussière.

Platane

Si toutes les graines du Platane devaient tomber sous l'arbre qui les porte, elles n'auraient guère de chances de donner un nouveau Platane. La plupart d'entre elles pourraient bien germer, mais les jeunes plantules périraient rapidement, car elles seraient si serrées qu'elles ne pourraient disposer de l'eau, de l'espace et de la lumière dont elles ont besoin. Aussi sont-elles pourvues d'un dispositif qui leur permet d'être dispersées.

Asclepias ou herbe à la ouate

De nombreuses semences voyagent dans l'air. Il en est ainsi de toutes celles qui sont représentées sur cette page. Elles sont toutes soutenues dans leur voyage dans l'air par une sorte de parachute de duvet. Comme on peut le penser, seules les graines légères sont ainsi munies de parachute.

Les parachutes du Platane, du Pissenlit, du Peuplier et de « l'herbe à la ouate », sont faits de poils courts et soyeux. Les parachutes de la Clématite sont tout à fait différents; ils ressemblent à d'élégantes plumes ondulées.

Pissenlit

Clématite

Les graines du Cotonnier sont pourvues d'un duvet si abondant qu'elles sont difficiles à voir. La plante en graines semble être couverte de boules de neige pelucheuses. Le duvet du Cotonnier est précieux. Les agronomes ont amélioré les Cotonniers sauvages par la culture pour obtenir davantage de duvet.

Les graines pourvues de parachute sont parfois appelées " graines volantes "; bien entendu elles flottent dans l'air plutôt qu'elles ne volent.

Les parachutes permettent réellement la dispersion des graines qui en sont pourvues. Certaines plantes dont les graines sont ainsi équipées sont répandues sur des milliers de kilomètres. Et les efforts que l'on doit constamment renouveler pour débarrasser les pelouses des Pissenlits sont la preuve de l'efficacité des parachutes comme moyen de dissémination des graines.

Cotonnier

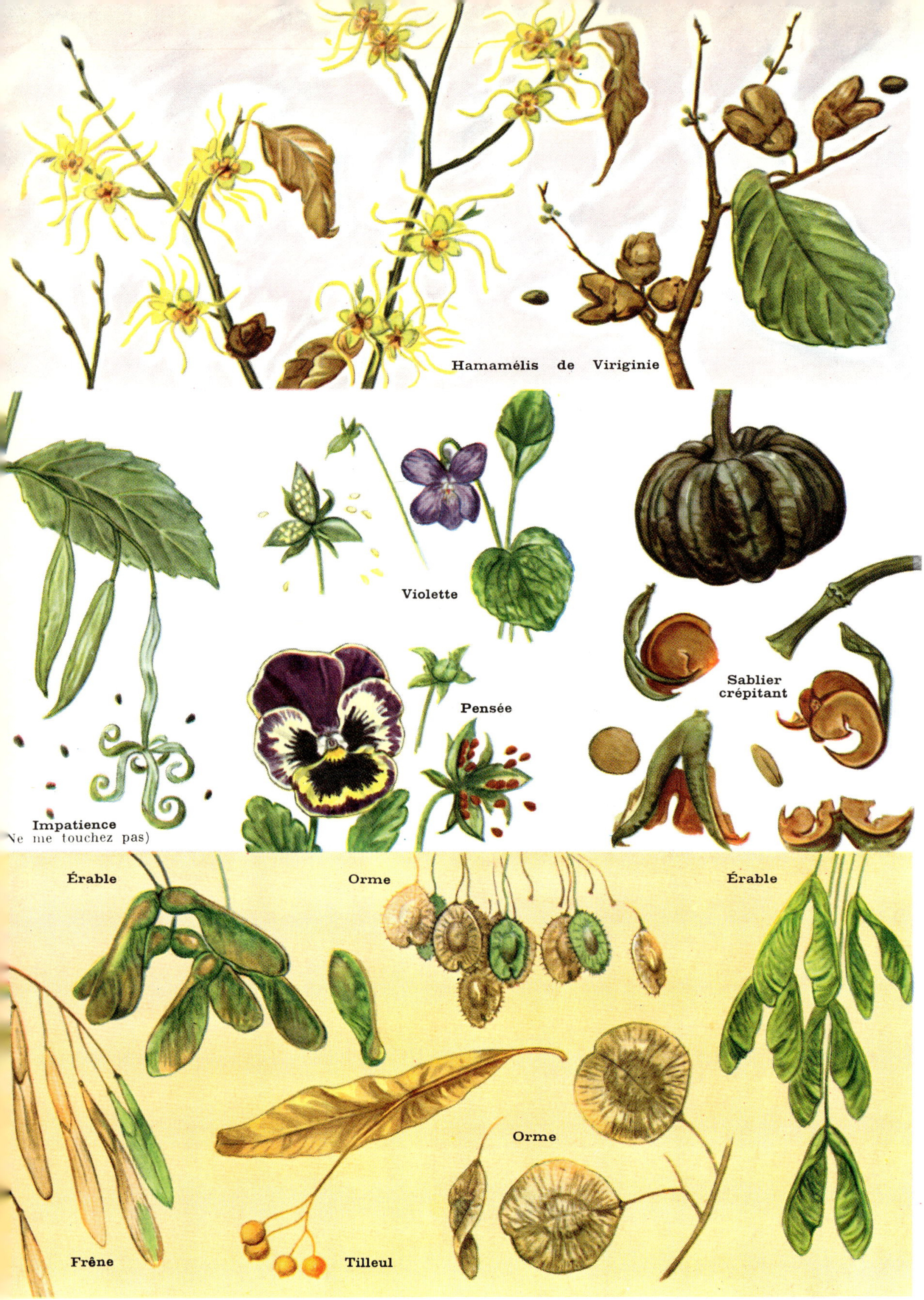

Les semences des érables voyagent aussi dans l'air, mais elles n'ont pas de parachute. Elles ont une sorte d'aile qui les soutient et les fait descendre en tournoyant, ce qui retarde leur chute et les disperse. La gravure ci-dessus représente de nombreuses espèces de graines d'arbres qui sont aussi pourvues d'ailes facilitant leur dissémination.

Les ailes soutiennent les graines non seulement dans l'air, mais aussi parfois dans l'eau. Ainsi peuvent-elles flotter à la surface des mares ou des étangs et parvenir jusqu'au rivage.

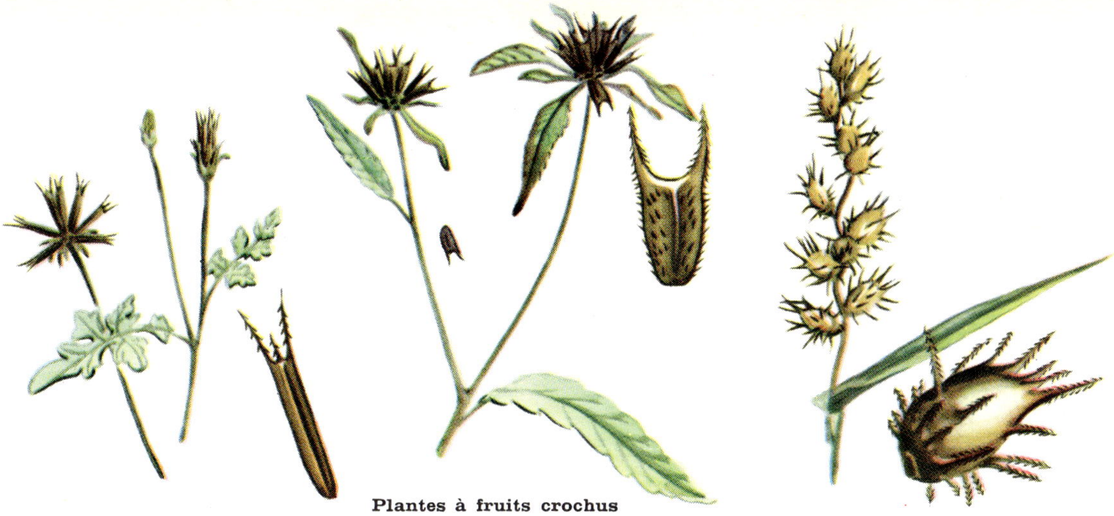

Plantes à fruits crochus

Certaines graines font de longs déplacements dans les airs sans le secours d'ailes ni de parachutes. Elles sont transportées par les oiseaux. Les oiseaux peuvent emporter de nombreuses graines collées sur leur bec ou bien encore entraînées avec la vase qui adhère à leurs pattes. Lorsqu'ils nettoient leur bec en le frottant, les graines se détachent. Le Gui est l'une des plantes qui sont dispersées de cette façon. Les oiseaux peuvent aussi emporter de petites graines dans leurs plumes.

Voyager sur les pattes, sur le bec ou dans les plumes d'un oiseau, c'est comme si le voyage s'effectuait à l'extérieur d'un avion. Il y a toujours risque de chute. Mais parfois les graines voyagent à l'intérieur. Les oiseaux mangent des fruits; si les graines sont petites comme c'est le cas des pépins des mûres ou des raisins, ils avalent les fruits et les graines. L'oiseau digère les parties molles du fruit, mais il ne peut pas digérer les graines. Celles-ci traversent alors le tube digestif de l'oiseau et sont encore capables de germer lorsqu'elles sont rejetées sur le sol.

Les oiseaux dispersent ainsi certaines graines d'une manière accidentelle, mais certains font des provisions de graines pour leur nourriture. Ils peuvent même les semer ! Le Geai, par exemple, creuse souvent des trous dans le sol et y dépose des graines. Et il arrive souvent qu'il ne revienne jamais chercher les graines ainsi enterrées; celles-ci peuvent alors germer. Les Ecureuils opèrent souvent de la même façon.

Les fruits de certaines plantes projettent leurs graines. Les capsules de l'Hamamélis de Virginie éclatent souvent comme un pétard et projettent ainsi leurs graines. La capsule mûre de l'Impatience projette ses graines si on la touche. Les capsules des Violettes et des Pensées éclatent de même en dispersant leurs graines.

Une autre plante fort curieuse dont les capsules explosent est le " Sablier crépitant " qui croît dans les terres chaudes et humides de l'Amérique du Sud. Des voyageurs ont donné un autre nom à cet arbre, ils l'appellent " la cloche du déjeuner des singes ". Ses capsules projettent leurs graines avec une telle force que le bruit est semblable à celui d'un coup de pistolet. Les gens disent que ce bruit appelle les singes des alentours pour déjeuner.

Les semences représentées à la partie supérieure de cette page sont des fruits crochus. Elles s'accrochent aux poils des animaux et aux vêtements des hommes par les aiguillons barbelés qui hérissent les parois dures protégeant les graines et sont ainsi entraînées. Elles sont souvent accrochées si fortement qu'il est difficile de les arracher. Tous ceux qui ont parfois porté leurs pas au milieu des " Gaillets gratterons " ou des Aigremoines savent combien les fruits de ces plantes s'accrochent facilement aux vêtements.

Les ailes permettent parfois aux semences de flotter sur de courtes distances. Mais le Lotus américain dispose d'un bien meilleur moyen pour faire voyager ses graines sur l'eau. Le fruit peut flotter sur de longues distances et les graines sont portées jusqu'à ce que le fruit se brise ou pourrisse.

De grosses semences comme les noix roulent parfois à quelque distance. Le vent peut rouler des plantes entières sur le sol et disséminer ainsi leurs graines. Des graines en gousse sont souvent entraînées; une gousse plate comme celle du Robinier faux acacia fait un bon traîneau.

Les graines et les semences sont ainsi dispersées par des moyens fort variés. Et c'est sans doute une des raisons qui ont permis aux plantes à graines, après leur apparition, de se répartir sur la plus grande partie du globe.

Lotus américain

Les plantes d'appartement

Tradescantia ou Coquette

Saint Paulia ou Violette africaine

Cactées

Sédum, Aloès et Pépéromia

Au milieu des rigueurs de l'hiver, alors que les arbres sont dépouillés et que partout, dans les jardins, on ne voit que des feuilles mortes, il est cependant possible de vivre au milieu de plantes en pleine végétation. En effet bien des espèces peuvent être cultivées dans nos appartements. Les boutiques des fleuristes regorgent de belles plantes : les unes nous séduisent par leurs fleurs, nous aimons les autres pour leur feuillage. Les gravures reproduites ci-contre représentent quelques-unes de ces plantes.

La coquette ou " Tradescantia " est une plante retombante qui ornait les suspensions de nos grand-mères et qui fait la joie des yeux par son joli feuillage bicolore.

Mais nous connaissons aussi des plantes grimpantes comme le Lierre anglais et le Philodendron. Ce dernier est parfois cultivé sans terre, il se développe en effet fort bien si l'on met simplement son rhizome dans l'eau.

Le Saint Paulia ou " Violette africaine " est une plante très appréciée parce qu'elle porte beaucoup de fleurs qui se renouvellent constamment; mais son feuillage est fragile et il faut éviter de le mouiller parce que les gouttes d'eau y font de vilaines taches.

Les fougères d'appartement et en particulier les Capillaires ou " cheveux de Vénus " sont également fort répandues. Mais ce sont des plantes fragiles qui ne peuvent prospérer que dans une atmosphère suffisamment humide. Aussi l'air trop sec des appartements leur est-il souvent funeste; leurs feuilles légères aux fines découpures se recroquevillent et se dessèchent et la plante meurt. Pour éviter une telle mésaventure il faut éloigner les fougères des sources de chaleur et projeter fréquemment de l'eau sur leur feuillage avec un vaporisateur.

On peut réaliser un très joli jardin d'appartement avec les Cactées. Ces plantes " grasses " ont des formes fort variées, certaines même sont des plus singulières.

Les Cactus n'ont pas de feuilles, mais seulement des épines; ils fleurissent parfois et leurs fleurs sont très belles.

Certaines Cactées sont minuscules et on peut en cultiver plusieurs dans une même assiette ou sur un plateau. On peut aussi y mettre des Sedum, aux feuilles toutes petites mais très épaisses. On voit aussi, sur le plateau représenté ci-contre, un Aloès aux feuilles tachetées et pointues et une autre plante aux feuilles en forme de cœur, un Pépéromia. On peut se procurer aisément toutes ces plantes chez les fleuristes.

Pour réussir dans la culture des plantes d'appartement, il importe de savoir que ces plantes ont des exigences variées. Les unes préfèrent une

Un terrarium véritable jardin dans une cage de verre

fenêtre ensoleillée au midi, pour d'autres il faut de l'ombre et l'exposition du nord. La résistance à la chaleur ou au froid n'est pas la même pour toutes et il en est de même pour leurs besoins en eau; certaines exigent un sol bien drainé alors que d'autres prospèrent parfaitement dans l'eau. En règle générale, il faut essayer de procurer aux plantes d'appartement des conditions analogues à celles qui leur permettent de prospérer dans la nature.

Un Cactus, par exemple, est une plante des régions désertiques, au sol sec et aux pluies rares, mais où surviennent parfois de violentes averses. Une telle plante doit être arrosée seulement de temps en temps, mais alors avec abondance. Un nouvel arrosage ne doit survenir qu'après une longue période, lorsque le sol est complètement desséché. Si la terre est maintenue toujours humide au pied d'un Cactus, la plante ne tarde pas à pourrir.

A l'occasion de certaines fêtes, à Noël et au Nouvel an en particulier, de nombreuses plantes sont offertes en cadeaux. Mais on voit souvent quelques jours plus tard ces plantes en pot, des Azalées par exemple, languir et perdre leurs fleurs; elles n'ont pas tenu plus longtemps qu'un bouquet de fleurs coupées. Quelques fleuristes joignent maintenant aux plantes en pot qu'ils livrent une notice indiquant les soins à donner à la plante. Ces instructions doivent être fidèlement suivies si l'on veut conserver durant de longues semaines ces plantes bien épanouies.

Un terrarium est un véritable jardin dans une cage de verre. On en voit un ci-dessus avec quatre sortes de végétaux : une petite plante aux jolies fleurs rouges, une petite Fougère, des Mousses et des Lichens.

On croit trop souvent qu'un aquarium ne doit contenir que des poissons. Mais s'il est convenablement aménagé, il peut constituer un très intéressant jardin aquatique. Et les Myriophylles et autres plantes amies de l'eau constituent une végétation submergée d'une grande élégance et fort agréable à contempler.

Point n'est besoin d'acheter des plantes chez un fleuriste pour réaliser un très intéressant jardin d'appartement. Les Mousses et les Lichens, certaines Fougères et bien d'autres plantes peuvent être récoltées dans les forêts : un pied de Muguet ou un rhizome de Sceau de Salomon recueilli dans un sous-bois fera une très jolie plante d'intérieur.

Les plantes à fleurs qui réussissent le mieux à l'intérieur sont les plantes à bulbes. Les bulbes peuvent même être simplement posés dans l'eau et maintenus par du gravier : les Crocus, les Jacinthes, les Tulipes et les Narcisses permettent de réaliser ainsi de magnifiques cultures. Par une sombre et froide matinée d'hiver, une coupe de Narcisses fleuris procure dans la maison un tel plaisir pour les yeux que l'on oublie la mauvaise saison.

Un aquarium peut être aussi un jardin aquatique

La multiplication des végétaux

Les plantes cultivées sont presque toutes des plantes à graines. Pour obtenir de nouvelles plantes on sème habituellement les graines des espèces désirées.

Pour qu'une graine germe, il faut la mettre dans des conditions telles que la plantule qui est à l'intérieur puisse se développer. Elle a besoin d'humidité, de chaleur et d'air. Bien des cultivateurs ou des jardiniers ne comprennent pas que les graines ont besoin d'air pour germer. Et pourtant si les plantules ne peuvent respirer elles sont asphyxiées, tout comme seraient asphyxiés des animaux. Trop d'eau peut être nuisible et les graines pourrissent alors. Il faut de la chaleur, mais une température trop élevée peut tuer les plantules.

Il est aussi très important d'enfouir les graines à une profondeur convenable. Chaque graine contient des réserves à la disposition de la plantule. Au cours de la germination ces aliments seront utilisés par la jeune plante et lui permettront de croître et d'atteindre la surface du sol où elle pourra épanouir ses feuilles à la lumière et subvenir ainsi à ses propres besoins.

Une graine de Haricot contient suffisamment de réserves nutritives pour permettre au jeune pied de Haricot d'atteindre une dizaine de centimètres. On peut donc enfouir une telle graine à plusieurs centimètres de profondeur sans craindre que la jeune plante soit étouffée. Il est même préférable de semer les grosses graines assez profondément; laissées trop près de la surface elles pourraient être mises à nu par une pluie trop violente.

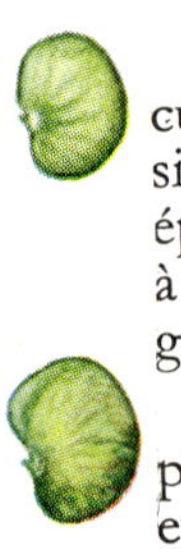

Une graine de Pétunia, au contraire, est minuscule; elle ne contient que fort peu de réserves et si elle est enfouie profondément, ses réserves seront épuisées avant que la jeune plante ait pu s'épanouir à la lumière. On doit à peine recouvrir de telles graines.

Il est parfois possible d'obtenir de nouvelles plantes sans semer des graines. Personne, par exemple, ne sème de graines de Tulipe, hormis les horticulteurs qui essaient d'obtenir de nouvelles variétés. La Tulipe est une plante à bulbe. Un bulbe est souvent constitué par des feuilles épaisses emboîtées les unes sur les autres; ces feuilles contiennent beaucoup de réserves et sur un bulbe se développera une plante forte et vigoureuse qui fleurira rapidement. Les Crocus et les Bégonias, les Narcisses, les Lis et les Jacinthes sont aussi des plantes bulbeuses.

Certaines plantes se reproduisent par leurs racines; c'est par exemple le cas des Dahlias dont les racines charnues contiennent beaucoup de réserves nutritives.

Une pomme de terre est une portion de tige souterraine très épaissie qui constitue un tubercule; les " yeux " de la pomme de terre sont des bourgeons. On peut obtenir de nouveaux pieds de Pomme de terre en coupant un tubercule en morceaux à la condition que chaque morceau ait un œil; il y a suffisamment de réserves dans un fragment de tubercule pour permettre au bourgeon de se développer.

Un rhizome est aussi une sorte de tige souterraine épaissie et gonflée de réserves; les Iris se multiplient habituellement par leurs rhizomes.

Les racines charnues des Dahlias, les tubercules de Pomme de terre, les rhizomes des Iris présentent les mêmes avantages que les bulbes.

On reproduit normalement les Géraniums par des boutures. Une bouture est un rameau de la plante mis en terre, mais il faut que des racines se développent sur ces rameaux au contact de la terre humide.

Des racines peuvent se développer sur les rameaux de certaines plantes qui sont en contact avec le sol. On peut alors recourber une branche jusqu'au sol et la fixer ainsi jusqu'à ce que des racines se soient développées; puis on sépare le rameau de la plante mère et on dispose ainsi d'un nouveau plant. C'est ce qu'on appelle le " marcottage ". Les Fraisiers présentent un marcottage naturel; il en est de même des Framboisiers. On peut aussi multiplier les plants de Vigne par marcottage.

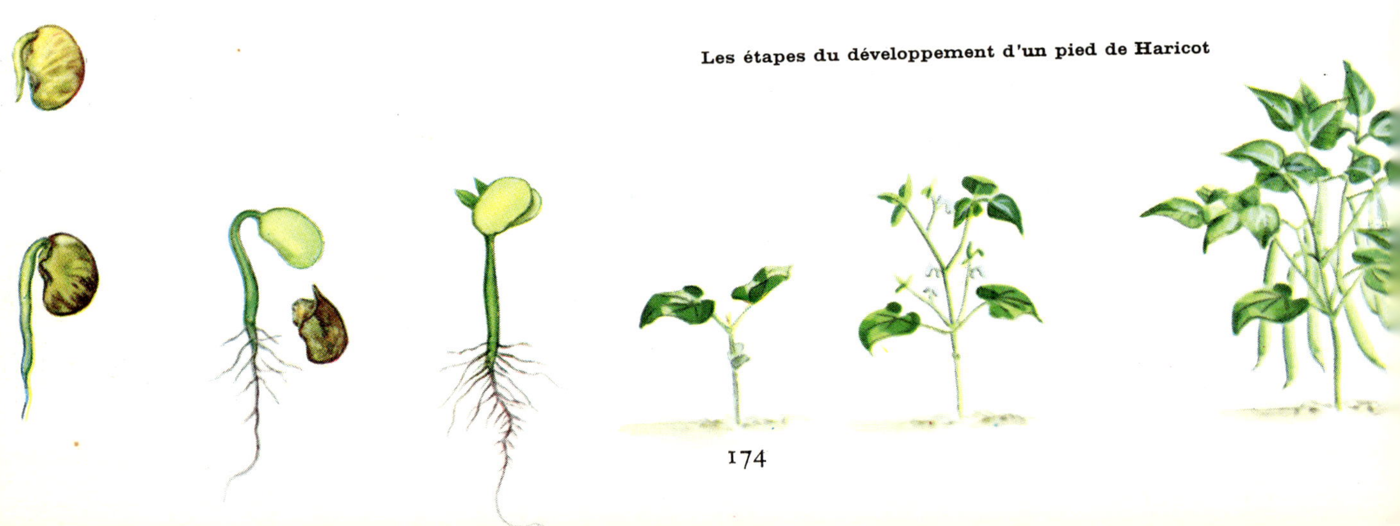

Les étapes du développement d'un pied de Haricot

Un bulbe de Lis

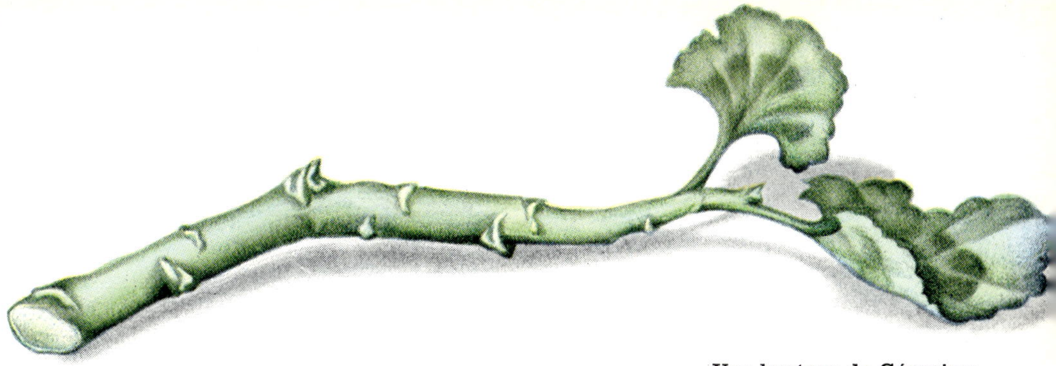

Une bouture de Géranium

Un bulbe de Crocus

Le rhizome du Sceau de Salomon

Il est parfois impossible d'obtenir une plante à graine en partant de ses graines. Cela est peut-être surprenant, mais pourtant bien exact. Supposons que l'on ait obtenu une nouvelle variété de Pommes par le croisement de deux variétés antérieures. Appelons " Pomme X " cette nouvelle variété. Les pommes qui mûrissent sur les pommiers de cette nouvelle variété contiennent bien des graines et si l'on sème ces graines elles germeront probablement; mais elles ne donneront pas des pommiers porteurs de pommes X.

Ces graines contiennent en effet des plantules qui ont deux parents. L'un de ces parents est bien le pommier de la variété X, mais l'autre est le pommier ayant fourni le pollen qui a fécondé les ovules du premier. C'est que chez les pommiers l'arbre qui a fourni le pollen doit être différent de celui qui portait les ovules et donnera les fruits et les graines. Ainsi ces graines résultent d'un croisement entre le pommier de la variété X et un autre pommier d'une autre variété, qui portait peut-être des pommes bien médiocres.

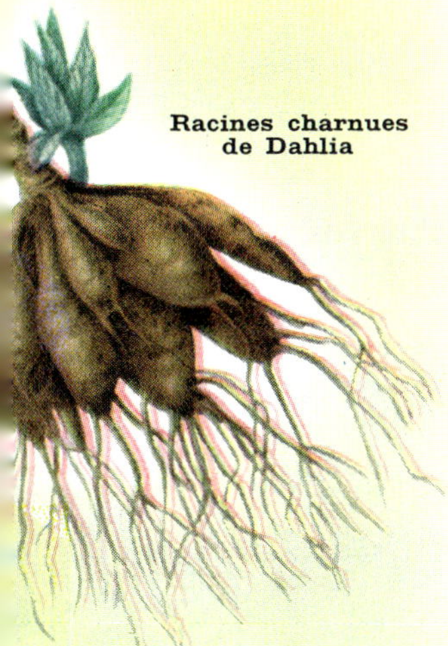

Racines charnues de Dahlia

Greffes

Pour obtenir de façon certaine de nouvelles plantes d'une variété intéressante, il faut faire des greffes. On taille une petite branche, le greffon, qui est alors fixée sur un arbre, le porte-greffe.

Un greffon de la " Pomme X " sera, par exemple, fixé sur un jeune pommier sauvage.

Les rameaux de ce pommier sauvage seront taillés et seul le greffon de la variété X pourra se développer.

Bientôt l'arbre ressemblera à celui qui a fourni le greffon. Personne, en le regardant, ne pourrait supposer qu'il a les racines d'un pommier sauvage. Il portera des pommes identiques à celles de l'arbre d'où provenait le greffon.

On a dit qu'il n'y avait réellement qu'un seul pommier " golden delicious " dans le monde entier. Cela est vrai si l'on considère que tous les pommiers de la variété " golden delicious ", sauf le premier, proviennent de greffons prélevés sur ce premier arbre ou sur des arbres résultant du développement de ces premières greffes et ainsi de suite.

On pourrait dire la même chose de beaucoup d'autres variétés d'arbres. Les arbres fruitiers, les pieds de Vigne, les Rosiers et les arbustes d'ornements ainsi que les arbres des pépinières sont généralement greffés. La greffe est le procédé le plus important pour multiplier les nouvelles variétés obtenues par la culture.

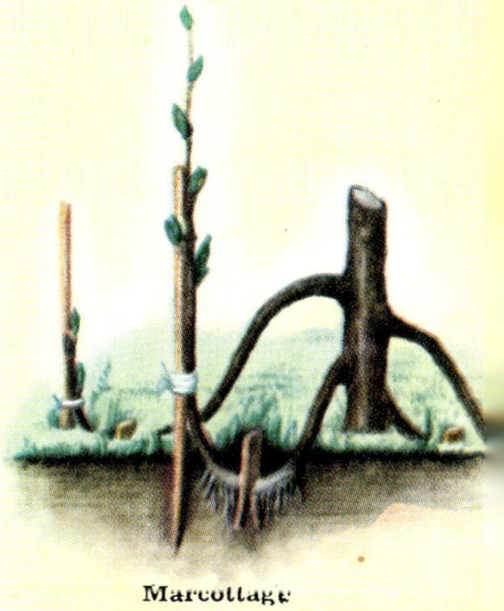

Marcottage

Plante des déserts

Cactus

Les adaptations des plantes

Nombreuses sont les plantes, comme sont aussi très nombreux les animaux, qui sont tout particulièrement adaptés au milieu où ces êtres prospèrent.

Certaines plantes sont si bien adaptées à leur milieu qu'elles ne peuvent vivre nulle part ailleurs. Une Algue marine et une Pâquerette ne peuvent pas échanger leur habitat, pas plus que ne le pourraient une Hirondelle et une Morue !

Un désert est l'un des endroits qui posent à la vie végétale le plus de difficultés. Le Sahara en Afrique ou le désert de l'Arizona aux confins du Mexique et des Etats-Unis sont des régions arides subissant le jour des températures élevées, mais très froides pendant la nuit. De plus, l'air, comme le sol, est très sec. Il pleut très rarement, mais lorsque surviennent des pluies, elles sont torrentielles. La plus grande partie de l'eau tombée dévale les pentes au lieu de s'infiltrer dans le sol.

Les Cactées sont les plantes qui ont le mieux résolu le problème de vivre dans de semblables conditions; elles sont parfaitement adaptées pour prospérer là où les pluies sont rares, mais tombent parfois en violentes averses.

Les Cactus n'ont pas de feuilles. Leur tige assume le rôle dévolu aux feuilles des plantes normales comme les Ormes ou les Choux; cette tige est épaisse, pulpeuse et constitue un excellent réservoir pour l'eau. Mais à quoi bon, pour un Cactus, posséder un tel réservoir, s'il ne pouvait l'emplir. Ses racines s'étalent dans le sol tout près de la surface et sont prêtes pour aspirer presque toute l'eau qui les baignera à la prochaine pluie.

N'ayant pas de feuilles, un Cactus ne transpire guère et peut conserver longtemps l'eau ainsi absorbée et emmagasinée. Au cours d'une chaude journée d'été des centaines de litres d'eau s'évaporent par les dizaines de milliers de feuilles d'un Erable parce que la surface de contact du feuillage avec l'atmosphère est énorme. Pour le Cactus, la surface d'évaporation est réduite à l'extrême; de plus ses tiges sont recouvertes d'une sorte d'enduit cireux qui contribue encore à diminuer l'évaporation.

Bien des animaux, dans les déserts, tirent des plantes qu'ils mangent une grande partie de l'eau dont ils ont besoin. Les Cactus gorgés d'eau n'auraient guère de chances d'échapper à la dent des herbivores s'ils n'étaient pas couverts d'épines. Les épines ne doivent-elles pas alors aussi être considérées comme une adaptation des Cactus à la vie dans les déserts ?

Fort nombreuses sont les autres plantes également adaptées aux régions arides. Certaines ont des feuilles épaisses, succulentes, qui accumulent des réserves d'eau, et qui sont souvent disposées en rosette appliquée à la surface du sol et se recouvrent ainsi les unes les autres. De cette façon la surface exposée au soleil est-elle fort réduite.

Un marécage est un habitat tout différent. Là, il y a beaucoup d'eau, mais cette eau peut être très pauvre en sels azotés qui sont pour les plantes des aliments minéraux d'une importance capitale. Habituellement les plantes absorbent ces aliments azotés dans le sol ou dans l'eau qui les supporte. Certaines plantes des marécages trouvent alors cet azote, tout comme nous le faisons, ainsi que

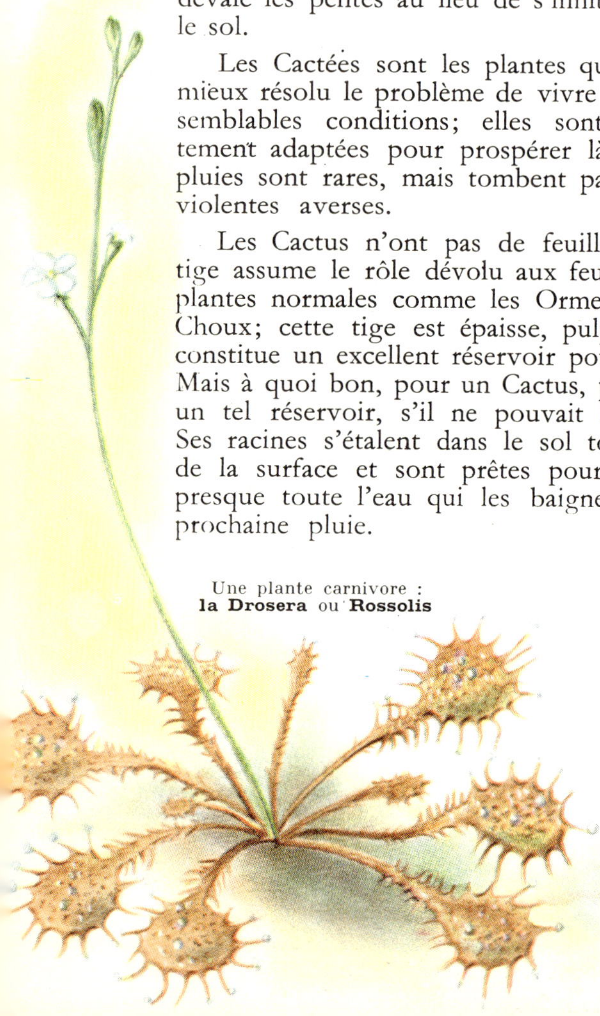

Une plante carnivore :
la Drosera ou **Rossolis**

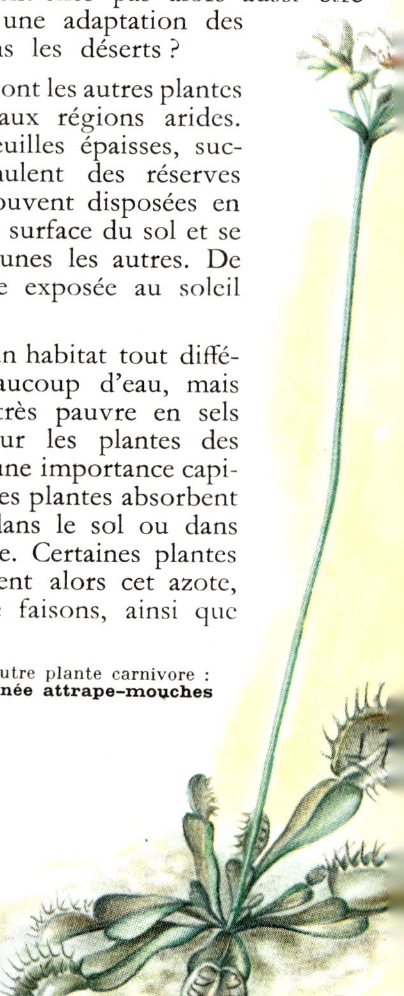

Une autre plante carnivore :
la Dionée attrape-mouches

Les Nymphéas étalent leurs larges feuilles et leurs corolles blanches à la surface des étangs.

tant d'animaux, dans la chair animale : ce sont des plantes carnivores.

La minuscule Drosera est l'une des plantes carnivores des marécages. Ses feuilles sont des pièges pour les insectes. Elles sont presque toutes étalées à plat sur le sol et sont couvertes de poils; chaque poil se termine par une goutte de liquide. On l'appelle encore Rossolis parce que ces gouttes de liquide ressemblent à des gouttelettes de rosée, mais d'une rosée qui ne disparaît pas quand le soleil brille. Et cette rosée est visqueuse. Si un petit insecte rampe sur la feuille, il s'englue dans cette rosée. Les poils se recourbent alors vers le centre de la feuille, maintenant prisonnier l'insecte dont les parties molles sont attaquées par les sucs contenus dans cette rosée; elles sont ainsi transformées en un liquide qui est absorbé par la feuille. Lorsque cette " digestion " est achevée, les poils se redressent, rejetant au loin les parties dures de l'insecte. Et la feuille est prête pour un nouveau repas.

La Dionée attrape-mouches est une autre plante carnivore des marécages américains. L'extrémité de ses feuilles constitue un piège excellent. Il attrape les insectes en se repliant autour. Sur chaque moitié du piège, à l'extrémité de la feuille sont dressés quelques poils raides. Ce sont les détentes qui déclenchent le piège. Dès qu'un insecte touche l'un de ces poils, le piège se referme, les poils raides le retiennent prisonnier et le piège reste fermé jusqu'à ce que l'insecte soit digéré. Alors le piège s'ouvre à nouveau.

Les Népenthès sont aussi des plantes carnivores; elles attrapent les insectes dans des urnes situées à l'extrémité des feuilles, urnes qui sont souvent à moitié remplies d'eau dans laquelle les insectes se noient.

Les Nénuphars et les Nympheas sont bien adaptés à la vie dans l'eau calme des lacs et des étangs. Leurs larges feuilles flottent à la surface. Elles sont bien différentes des feuilles des arbres. Comme toutes les plantes vertes, les Nénuphars peuvent faire la synthèse des sucres et de l'amidon grâce à la lumière solaire. Et pour faire cette synthèse ils ont besoin du gaz carbonique de l'air. A l'obscurité, ils ont besoin d'oxygène, tout comme les animaux. En règle générale les " stomates ", les ouvertures minuscules par lesquelles se font les échanges gazeux entre la plante et l'atmosphère, sont à la face inférieure des feuilles. Chez les Nénuphars, au contraire, les stomates sont à la face supérieure des feuilles. Ainsi étalées à la surface de l'eau, elles assurent néanmoins les échanges d'oxygène et de gaz carbonique entre la plante et l'atmosphère.

Dans les forêts denses, humides et chaudes des régions équatoriales, les plantes doivent lutter pour obtenir la lumière qui leur est indispensable. Quelques-unes sont perchées sur les hautes branches des arbres; ce sont des plantes " épiphytes ". Etre haut perché permet sans doute à une plante épiphyte d'avoir plus de lumière, mais cela rend plus difficile l'approvisionnement en eau. Ce problème peut être résolu de différentes manières. L'épiphyte représentée ci-dessous a des feuilles raides qui forment un entonnoir. Ainsi l'eau de pluie est-elle recueillie et accumulée dans une sorte de baril constitué par la base des feuilles.

Les crampons qui permettent au Lierre de s'accrocher à un mur, ceux qui fixent les Varechs bruns aux rochers de nos rivages marins, le revêtement poilu des feuilles du Bouillon-blanc, et combien d'autres dispositifs de soutien, de fixation ou de protection, représentent quelques exemples parmi les nombreuses adaptations des plantes aux conditions du milieu où elles vivent.

Une plante épiphyte

LA VIE AU COUR

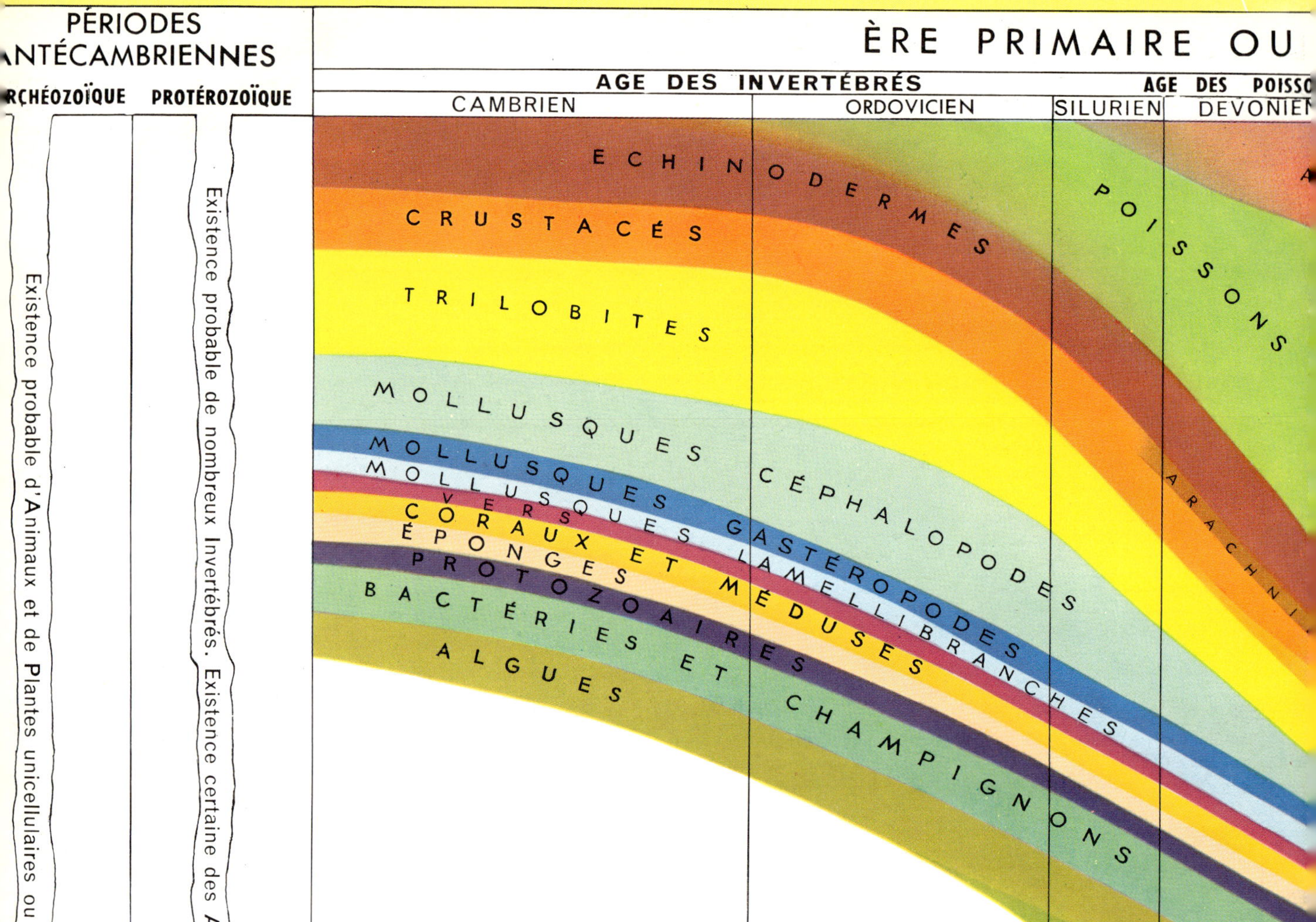

Ce tableau résume une partie de l'histoire de la vie sur la Terre durant plus d'un demi-milliard d'années. Il montre que certains groupes de plantes et d'animaux sont beaucoup plus récents que d'autres. Il montre aussi que plusieurs groupes d'êtres vivants sont beaucoup moins importants aujourd'hui qu'ils ne le furent dans le passé et que d'autres groupes ont même disparu complètement.

La vie n'est pas apparue brusquement sur la Terre au début de l'Ère Paléozoïque. Mais, en raison de la rareté des fossiles dans les couches les plus anciennes, les paléontologistes savent fort peu de choses sur les êtres qui vécurent durant les longues périodes qui précédèrent le Paléozoïque. Comme l'indique ce tableau, de nombreux Invertébrés vivaient fort probablement dans les mers des Périodes Protérozoïques, et des plantes y prospéraient certainement. Même au cours des Temps Archéozoïques il y avait probablement des êtres unicellulaires, animaux ou plantes. Ces périodes antérieures à l'Ère Primaire ou Périodes Antécambriennes ont duré fort longtemps et si le tableau était à l'échelle des temps, ces périodes couvriraient une vaste surface. Avant elles on peut même parler d'une Période Azoïque, pendant laquelle il n'y avait pas encore de vie sur la Terre.

DES TEMPS GÉOLOGIQUES

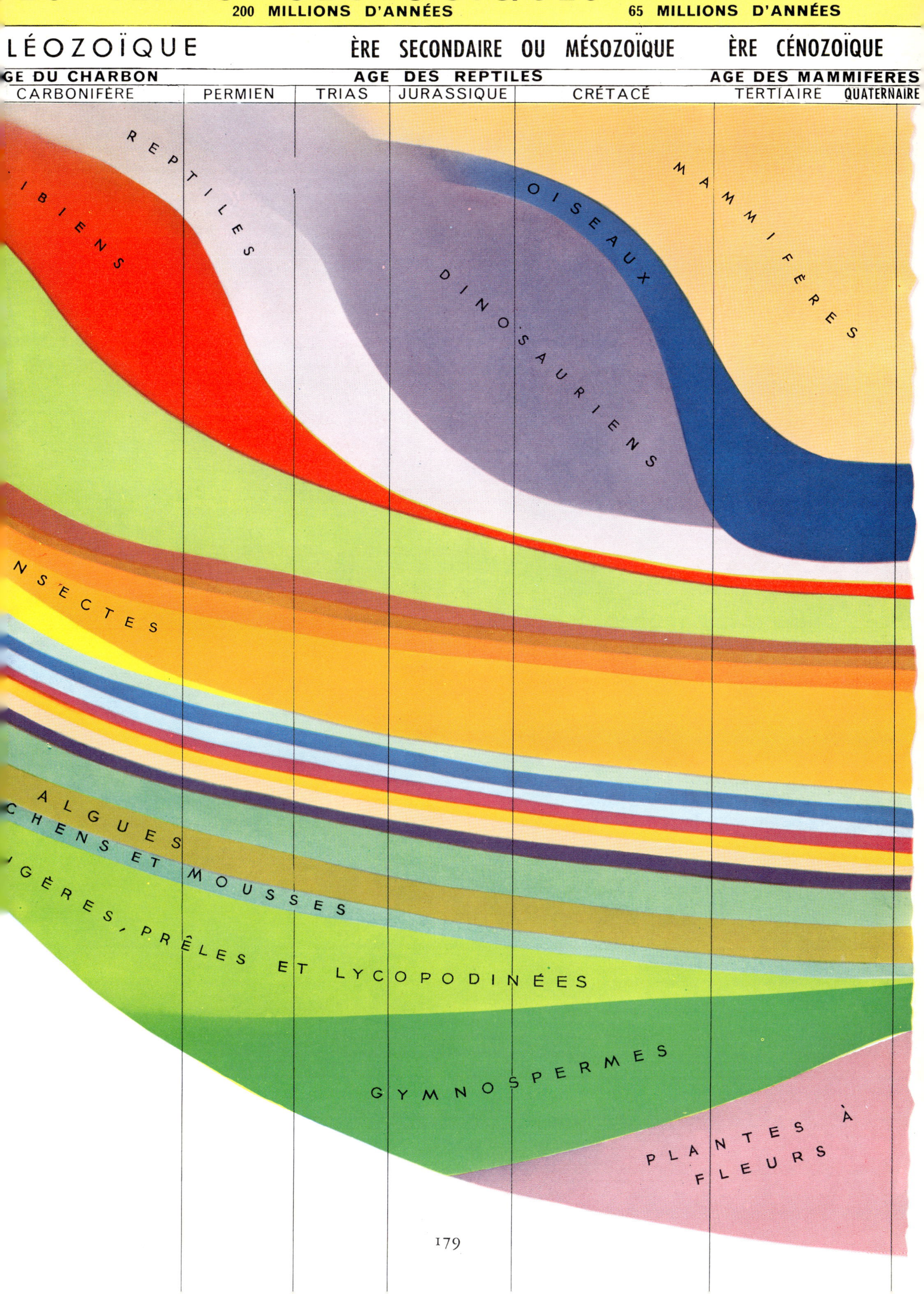

TAILLES COMPARÉES DE QUELQUES GÉANTS DU MONDE ANIMAL

LES ORDRES D'INSECTES, D'OISEAUX ET DE MAMMIFÈRES

LES INSECTES

THYSANOURES
Lépisme ou Poisson d'argent

PLÉCOPTÈRES
Ephémères

ODONATES
Libellules

ORTHOPTÈRES
Sauterelles, Criquets

PHASMIDES
Bacilles ou " bâtons "

MANTIDES
Mantes religieuses

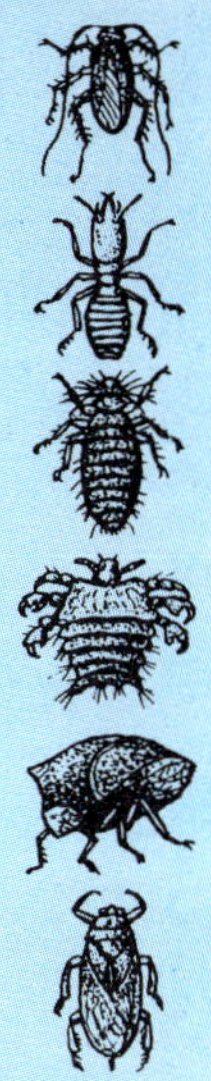

BLATTIDES
Cafards

ISOPTÈRES
Termites

MALLOPHAGES
Poux des Oiseaux

ANOPLOURES
Poux

HOMOPTÈRES
Pucerons et Cigales

HÉTÉROPTÈRES
Punaises

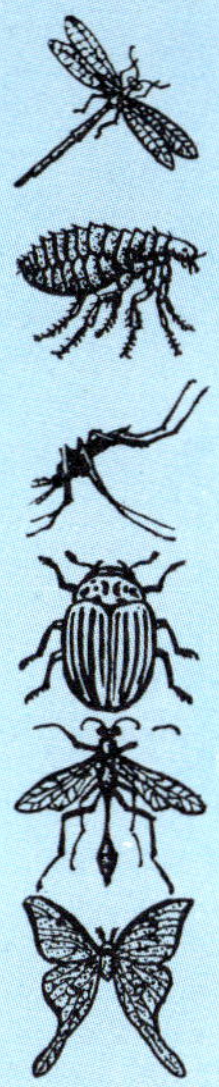

NÉVROPTÈRES
Fourmilions

APHANIPTÈRES
Puces

DIPTÈRES
Mouches et Moustiques

COLÉOPTÈRES
Doryphores, Hannetons

HYMÉNOPTÈRES
Fourmis, Abeilles, Guêpes

LÉPIDOPTÈRES
Chenilles et Papillons

LES OISEAUX

OISEAUX CARINATES OU COUREURS
Autruches, Casoars, Emeus, Kiwis

PLONGEURS OU PLONGEONS

GRÈBES

ALBATROS ET PÉTRELS

MANCHOTS

PÉLICANS ET CORMORANS

CIGOGNES, HÉRONS ET FLAMANTS

RALES ET GRUES

GOÉLANDS ET STERNES, PLUVIERS ET COMBATTANTS

CANARDS, OIES ET CYGNES

DINDONS ET POULES, PERDREAUX ET FAISANS

AIGLES, VAUTOURS ET FAUCONS

HIBOUX ET CHOUETTES

PIGEONS ET TOURTERELLES

PERROQUETS

COUCOUS

ENGOULEVENTS

OISEAUX-MOUCHES ET COLIBRIS

HUPPES ET CALAOS

PICS ET TOUCANS

PASSEREAUX

LES MAMMIFÈRES

MONOTREMES
Echidné et Ornithorhynque

MARSUPIAUX
Sarigues et Kangourous

INSECTIVORES
Hérissons et Taupes

CARNIVORES
Chats, Tigres et Lions,
Loups, Renards et Chiens

ONGULÉS A NOMBRE IMPAIR DE DOIGTS
Chevaux, Anes et Zèbres,
Tapirs et Rhinocéros

ONGULÉS A NOMBRE PAIR DE DOIGTS
Porcs et Sangliers,
Cerfs et Antilopes,
Bœufs et Moutons,

CÉTACÉS
Baleines et Dauphins

PROBOSCIDIENS
Éléphants

DUGONGS ET LAMANTINS

RONGEURS
Lièvres et Lapins
Rats et Souris
Ecureuils et Castors

ÉDENTÉS
Fourmiliers et Paresseux

PANGOLINS

ORYCTÉROPE

CHAUVES-SOURIS

LÉMURIENS

PRIMATES
Les Singes et l'Homme

QUELQUES FAMILLES DE PLANTES A FLEURS

MONOCOTYLÉDONES

TYPHACÉES — Typha

ALISMACÉES — Plantain d'eau

GRAMINÉES — Maïs, Blé, Riz, Orge, Avoine, Bambou, Canne à sucre

CYPÉRACÉES — Carex et Laiche

PALMIERS — Noix de coco, Palmier-dattier

BROMÉLIACÉES — Ananas

LILIACÉES — Ail et Oignon, Lis, Tulipe et Jacinthe, Asperge et Yucca

AMARYLLIDACÉES — Narcisse, Amaryllis

IRIDACÉES — Iris

ORCHIDACÉES — Orchidée, Cypripède, Ophrys et Vanille

DICOTYLÉDONES

SALICACÉES — Saule et Peuplier

FAGACÉES — Hêtre, Chêne et Châtaignier

URTICACÉES — Ortie, Orme, Houblon, Mûrier, Chanvre

CHÉNOPODIACÉES — Betterave, Épinards

CARYOPHYLLACÉES — Œillets, Lychnis et Silène

NYMPHEACÉES — Nénuphars et Nympheas, Lotus

RENONCULACÉES — Bouton d'or, Anémone, Hépatique

PAPAVÉRACÉES — Coquelicots et Pavots

CRUCIFÉRACÉES — Moutarde, Radis, Navets, Choux, Cresson

ROSACÉES — Rose, Spirée, Fraisier, Prunier, Pommier, Poirier, Pêcher

LÉGUMINEUSES — Pois, Haricot, Lupin Trèfle, Luzerne, Sainfoin

VIOLACÉES — Violettes et Pensées

OMBELLIFÈRES — Carotte, Persil, Céleri, Cerfeuil, Ciguë

ÉRICACÉES — Bruyères et Rhododendrons, Myrtilles et Azalées

PRIMULACÉES — Primevères

ASCLEPIADACÉES — Asclepias

CONVOLVULACÉES — Liserons et Volubilis

LABIÉES ou LABIATACÉES — Menthe, Sauge, Thym et Serpolet, Lavande

SOLANACÉES — Pétunia et Tabac, Tomate et Pomme de terre

CAPRIFOLIACÉES — Chèvrefeuille

CUCURBITACÉES — Melons et Citrouilles, Concombres et Coloquintes

COMPOSÉES — Marguerite, Pâquerette, Aster, Chrysanthème, Pissenlit, Laitue

INDEX DES GRAVURES

TABLE DES MATIÈRES

AUX EDITIONS DES DEUX COQS D'OR
LES OUVRAGES SUR LA NATURE :

Collection Animaux Nature

Je découvre et j'aime la Nature
Volcans et tremblements de terre
Le livre des chiens
Où ? Quand ? Comment vivent les oiseaux ?
Oú ? Quand ? Comment vivaient les dinosaures ?
Oú ? Quand ? Comment vivaient les animaux de la préhistoire ?
Mon premier livre de la Nature

Collection Super Guide Junior

Le super guide junior de la nature
Le super guide junior des oiseaux
Le super guide junior du plein air

Collection Grands Livres de

Le grand livre des animaux
Le grand livre des plantes
Le grand livre de la mer
Le grand livre de la terre
Le grand livre du ciel
Le grand livre de la nature

« Loi N° 49-956 du 16 juillet 1949 sur les publications destinées à la jeunesse ».
Dépôt légal septembre 1985 — Deux Coqs d'Or éditeur, n° 27.8619.5.85 — Imprimé en Italie (22).